COMPUTATIONAL ECONOMICS
コンピューテーショナル・エコノミクス

釜 国男 著

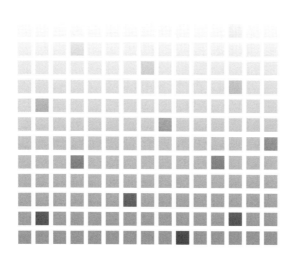

多賀出版

はしがき

　経済予測は天気予報とよく比較される。天気予報の精度は格段に向上して、いまでは日々の生活に欠かせないものとなっている。一方、毎年12月に発表される翌年の景気見通しがマスコミに大きく取り上げられることはない。実績が芳しくないからである。天気予報が進歩した理由は三つある。第1に、情報収集能力が向上したことである。いまでは地球規模の気象データをリアルタイムで収集し、高性能のコンピュータで瞬時に処理している。短期の予測には迅速な情報処理が欠かせない。第2に、数値予報が進歩したことである。コンピュータの導入によって複雑な数値計算が可能となった。コンピュータが発明されなかったら、数値予報はたんなる夢に終わったであろう。第3に、信頼できる理論モデルが存在することである。複雑な気象現象を物理学の理論で説明する方法が確立している。物理学で天気を予測するアイデアがイギリスで生まれたのは、ニュートンに始まる物理学の長い伝統があったからである。

　翻って景気予測はどうであろうか。情報量の差は歴然としている。人工衛星を利用して膨大な気象データを収集しているのに対して、経済データは質量ともに貧弱である。将来の見通しはおろか、足元の景況さえはっきりしない場合が少なくない。計算能力に関しては悲観する理由はない。いまでも予算さえあれば高性能のコンピュータが利用できる。実際、スーパー・コンピュータを使った研究が一部で行われている。最大の問題は物理学のニュートン力学に相当する信頼できる理論がないことである。日本にはマクロ計量経済モデルの長い伝統があるが、期待されたほどの成果をあげているとは言い難い。天気予報では数値計算が重要な役割を担っている。実際、本書で取り上げる一部の解法は数値予報に利用されている。第6章で扱う大規模方程式の解法は、もともと気象関連の方程式を解くために開発されたものである。現代のマクロ経済学では数値計算を用いた研究が増えている。解析解のない複雑なモデルを扱うようになったからである。数値計算は今後ますます重要になるであろう。

　本書は、主にマクロ経済学で用いる数値計算の方法を検討している。取り上げ

るテーマは多岐にわたるが、どれも経済研究に役立つはずである。第1章では、数学的な最適化の方法について概説する。1次元探索、ニュートン法、最急降下法、共役勾配法、滑降シンプレックス法、制約付き最適化、動的計画法について検討する。補論ではMATLABの簡単な説明を行う。第2章では、変分問題の基底関数法、差分法、有限要素法について検討する。第3章では、金融工学のブラック・ショールズ方程式の数値解法を取り上げる。検討するのは差分法、ツリー法、およびモンテカルロ法である。動学的調整過程の分析では、モデルを線形近似する方法が使われる。しかし、この方法では定常点の回りの性質しか分からない。第4章では、オイラー方程式から時間を消去して安定経路を求める方法について説明する。前著では離散時間の動的計画法を取り上げたが、最近連続時間モデルを用いた研究が増えている。第5章では、連続時間のベルマン方程式の数値解を求める方法について説明する。理工学分野の大規模な数値計算では、計算時間の大半は連立1次方程式に費やされる。最新のコンピュータでも数年かかることも珍しくない。経済関係の数値計算でも連立1次方程式がさまざまな問題に関連して現れる。現在使われている代表的な解法は、共役勾配法とクリロフ部分空間法である。第6章では、クリロフ部分空間法について説明する。鞍点問題に対する宇沢とArrow＝Hurwiczの解法も取り上げる。最近のマクロ経済学では、いろいろな問題で確率微分方程式が使われる。第7章では、確率解析の基礎となる伊藤の公式とオイラー・丸山の近似解法について検討する。強収束と弱収束の概念、および数値解の安定性についても議論する。最近、経済格差の問題に対する社会的な関心が高まっている。歴史的には、ヨーロッパ諸国の所得分布に関するパレートの研究が有名である。所得の他にも都市の人口、企業の売上高、ウェブサイトの閲覧数などさまざまな現象がべき分布に従うことがわかっている。第8章では、とくに都市の人口について議論する。人口が幾何ブラウン運動に従って変化すると、長期的にべき分布となることを示す。都市の死滅と再生を考慮したり、ケステン過程についても論じる。第9章では、動的計画法のベルマン方程式を差分法で解く方法について説明する。風上差分を使うと、計算速度は格段に速くなることを示す。石油、石炭、天然ガスなどのエネルギー資源は、数十年すれば枯渇するとみられている。枯渇性資源の有効利用は、経済成長と環境保護を両立させる上で重要である。第10章では、ホテリングモデルに基づいて資源採掘問題について論じる。平均場ゲーム理論を用いて、企業行動と市場均衡を分析す

る。生産量はしばらく増加したあと減少する、独特のパターンに従うことを示す。完全競争市場に加えて、資源保護と独占の関係についても議論する。先進国で問題となっている経済格差のメカニズムを解明するには、異質的主体のモデルが必要である。第11章では、ヒューゲットモデルを用いて資産格差が発生するメカニズムを分析する。消費者は固有リスクに備えて債券を保有し、資産はべき分布に従う。第12章では、RBC 理論に基づいて戦後日本の景気循環を分析する。標準的な RBC モデルは主要な景気循環の特徴を再現できるが、実質賃金と労働供給の関係は説明できない。政府支出ショックを考慮すれば労働供給のパズルは解決することを示す。

　以上の内容から明らかなように、本書で扱うのは動学的一般均衡モデルと平均場ゲーム理論の数値解析である。マクロ経済学ではモデルの精緻化により数値計算が必須のツールとなっている。本書によって、数値計算がきわめて有効な方法であることをご理解いただければ幸いである。

2018年1月

釜　国男

目次

はしがき iii

第1章　数値計算の基礎 …………………………………………… 3

　1.1　1次元探索　3
　1.2　ニュートン法　8
　1.3　準ニュートン法　11
　1.4　最急降下法　13
　1.5　共役勾配法　16
　1.6　滑降シンプレックス法　18
　1.7　制約付き最適化　21
　1.8　数値積分　24
　1.9　動的計画法　27
　1.10　コルモゴロフ方程式　44
　補論　MATLABの基本的なコマンド　46

第2章　偏微分方程式の数値解法 ………………………………… 61

　2.1　変分法の基本原理　61
　2.2　差分法　68
　2.3　直接法　70
　2.4　有限要素法　73
　2.5　結語　84

第3章　オプション価格の数値解析 …… 85

3.1　オプションの仕組み　85
3.2　ブラック・ショールズ方程式　86
3.3　差分法　91
3.4　コックス・ロス・ルービンシュタインモデル　96
3.5　モンテカルロ法　98
3.6　結語　102

第4章　動学的調整過程の数値解析 …… 105

4.1　時間消去法　105
4.2　ラムゼイモデル　109
4.3　宇沢・ルーカスモデル　113
4.4　結語　118

第5章　連続時間DPの数値解析 …… 121

5.1　動的計画問題　121
5.2　最適成長モデルへの応用　124
5.3　LQ制御問題　130
5.4　確率的制御　132
5.5　確率的最適成長モデルへの応用　137
5.6　結語　140

第6章　大規模連立1次方程式の数値解法 …… 143

6.1　はじめに　143
6.2　共役勾配法　144
6.3　クリロフ部分空間法　156
6.4　一般化最小残差法　163

6.5　共役残差法　164
　　　6.6　鞍点問題　165
　　　6.7　結語　167

第 7 章　確率微分方程式の数値解法　………………………………　171

　　　7.1　確率微分方程式　171
　　　7.2　SDE の数値解法　176
　　　7.3　数値解の収束性　178
　　　7.4　数値解の安定性　183
　　　7.5　多変数の確率微分方程式　185
　　　7.6　多変数 SDE の数値解法　187
　　　7.7　結語　189

第 8 章　人口分布の数量分析　……………………………………　191

　　　8.1　都市の人口分布　191
　　　8.2　ランダム成長仮説　192
　　　8.3　都市の死滅と再生　196
　　　8.4　べき乗則からの逸脱　197
　　　8.5　ケステン過程　199
　　　8.6　ジブラの法則　201
　　　8.7　結語　202

第 9 章　最適成長モデルの数値解析　…………………………………　205

　　　9.1　差分スキームの収束条件　205
　　　9.2　熱伝導方程式　206
　　　9.3　最適成長モデル　208
　　　9.4　確率的最適成長モデル　215
　　　9.5　結語　220

第10章　ホテリングモデルの数値解析 ……………………………… 221

    10.1　はじめに　221

    10.2　確定的モデル　222

    10.3　確率的モデル　227

    10.4　独占のケース　229

    10.5　結語　233

第11章　資産分布の数値解析 ……………………………………… 237

    11.1　異質的消費者　237

    11.2　数値解法　240

    11.3　定常均衡　245

    11.4　調整過程　248

    11.5　結語　251

    補論　コルモゴロフ方程式　252

第12章　RBC モデルによる景気変動の分析 ……………………… 257

    12.1　プロトタイプモデル　258

    12.2　景気変動の特徴　262

    12.3　基本モデル　263

    12.4　結語　268

索引　271

コンピュテーショナル・エコノミクス

第1章　数値計算の基礎

　最初に、数学的な最適化に関する数値計算の方法について説明しよう。最適化問題は数値計算の重要なテーマである。最も簡単な最適化問題は関数の最大値や最小値を求める問題である。数値計算で関数の最小値を求める二つの方法がある。一つは目的関数の微分情報を用いる方法である。ニュートン法と最急降下法、および共役勾配法がよく使われる。もう一つは変数空間を直接探索する方法であり、黄金分割法と滑降シンプレックス法が代表的な探索法である。どちらの方法も一長一短があり、問題に応じて使い分けている。マクロ経済学の動学的最適化には動的計画法が使われる。ベルマン方程式は適当な条件のもとで唯一の解をもつが、厳密解を求めることはできない。このため数値計算によって近似解を求めている。詳細は前著（2015）に譲り、ここでは動的計画法の原理とベルマン方程式の数値解法について簡単に説明する。補論では例題の計算で用いたMATLABのミニガイドを行う。

1.1　1次元探索

　最初に、1変数関数の最小点を見つける問題を取り上げる。直接探索法は、変数の値域を狭めて最小点を探す方法である。3分割法と黄金分割法がよく使われる。

(1)　3分割法

　関数$f(x)$の最小点は、区間$[a, b]$に含まれることが分かっているとしよう。区間を3等分して、探索点x_1、x_2 $(x_1 < x_2)$における関数値$f(x_1)$、$f(x_2)$を求める。(i) $f(x_1) > f(x_2)$であれば最小点は区間$[x_1, b]$に含まれる。そこで、x_1をaとする。(ii) $f(x_1) \leq f(x_2)$であれば最小点は区間$[a, x_2]$に含まれる。このためx_2をbとする。新しい区間に同様の操作を行って、最小点を含んだ区間に絞り込む。実際にはつぎのように計算する。

［ステップ１］区間$[a, b]$を3等分するx_1とx_2を求める。
$$x_1 = a + \frac{1}{3}(b-a), \quad x_2 = a + \frac{2}{3}(b-a)$$
［ステップ２］$f(x_1)$と$f(x_2)$を計算する。
［ステップ３］微小な正数εに対して、$b-a<\varepsilon$であれば終了する。そうでなければ次のステップへ進む。
［ステップ４］$f(x_1)>f(x_2)$であればaをx_1で置きかえてステップ１へ戻る。そうでなければbをx_2で置きかえてステップ１へ戻る。

　この方法は関数の微分を必要としないので、適用範囲が広い。最大点を探すには関数の符合を変えればよい。Program 1は、3分割法を実行するMATLABのプログラムである。補論ではMATLABについて簡単に説明している。

Program 1　3分割法

```
function x=Three_section(f,a,b)
h=b-a;
x1=a+h/3;
x2=a+2*h/3;
f1=feval(f,x1);
f2=feval(f,x2);
while h>10^-6
        if f1>f2
                a=x1;
                h=b-a;
                x1=a+h/3;
                x2=a+2*h/3;
                f1=feval(f,x1);
                f2=feval(f,x2);
        else
                b=x2;
                h=b-a;
                x1=a+h/3;
                x2=a+2*h/3;
                f1=feval(f,x1);
                f2=feval(f,x2);
        end
```

```
          end
          disp('solution')
          x=(a+b)/2
```

[例1] 区間[1, 5]で3次曲線

$$f(x) = x^3 - 5x^2 + 10$$

の最小点を3分割法で探しだす。ただし、$\varepsilon = 0.001$ とする。
（1回目）
ステップ1：$x_1 = 1 + \dfrac{4}{3} = \dfrac{7}{3}$, $x_2 = 1 + \dfrac{8}{3} = \dfrac{11}{3}$
ステップ2：$f(x_1) = f(7/3) = -4.518518$, $f(x_2) = f(11/3) = -7.925925$
ステップ3：$b - a = 4 > \varepsilon$ で収束条件を満たしていない。
ステップ4：$f(x_1) > f(x_2)$ であり、a を $x_1 = 7/3$ で置きかえてステップ1へ戻る。
（2回目）
ステップ1：$x_1 = \dfrac{7}{3} + \dfrac{5 - 7/3}{3} = \dfrac{29}{9}$, $x_2 = \dfrac{7}{3} + \dfrac{2(5 - 7/3)}{3} = \dfrac{37}{9}$
ステップ2：$f(x_1) = f(29/9) = -8.458161$, $f(x_2) = f(37/9) = -5.023319$
ステップ3：$b - a = 2.666667 > \varepsilon$ で収束条件を満たしていない。
ステップ4：$f(x_2) > f(x_1)$ であり、b を $x_2 = 37/9$ で置きかえてステップ1へ戻る。
同じような計算を21回繰り返すと、収束条件を満たすようになる。最小点は区間 [3.333112, 3.333914] に含まれる。区間の中点は最小点である10/3にほぼ等しい。表1.1は最小点に近づく様子を示している。探索を繰り返すうちに a は増加し、b は減少している。

　最小点を含んだ区間からはじめると必ず解が見つかるが、この方法は収束速度が遅いのが欠点である。1回の操作で区間の幅は2/3に縮まる。このため n 回反復すれば、区間の幅は

$$E = (b - a)\left(\dfrac{2}{3}\right)^n$$

となる。上の例では

$$E = 4\left(\dfrac{2}{3}\right)^n < 0.001$$

から

表1.1　3分割法の計算結果

探索回数	a	b	x_1	x_2	$f(x_1)$	$f(x_2)$
0	1.000000	5.000000	2.333333	3.666666	-4.518518	-7.925925
2	2.333333	4.111111	2.925925	3.518518	-7.756236	-8.340700
4	2.925925	3.716049	3.189300	3.452674	-8.417779	-8.445606
6	3.189300	3.540466	3.306355	3.423411	-8.514899	-8.477218
8	3.267337	3.423411	3.319361	3.371386	-8.517545	-8.511223
10	3.302020	3.371386	3.325142	3.348264	-8.518183	-8.517400
12	3.317435	3.348264	3.327711	3.337987	-8.518360	-8.518410
14	3.327711	3.341413	3.332278	3.336846	-8.518512	-8.518456
16	3.330756	3.336845	3.332786	3.334816	-8.518517	-8.518507
18	3.332109	3.334816	3.333011	3.333914	-8.518518	-8.518516
20	3.332711	3.333914	3.333112	3.333513	-8.518518	-8.518518
21	3.333112	3.333914	3.333379	3.333646	-8.518518	-8.518518

$$n > \frac{\log(4) - \log(0.001)}{\log(3) - \log(2)} = 20.4556$$

となる。したがって少なくとも21回反復しなければならない。問題によっては収束速度を速くする工夫が必要となる。

(2) 黄金分割法

3分割法は等間隔で区間を分割するが、黄金分割法では黄金比で分割する。区間を $\alpha:\beta = \beta:(\alpha+\beta)$ と分割する α と β の比率を黄金比という。$\alpha=1$ とすると、$\beta^2 = \beta+1$ から

$$\beta = \frac{1+\sqrt{5}}{2} = 1.61803$$

となる。黄金分割法では、探索点を $0.38197:0.61803$ となるようにとる。つまり

$$x_1 = a + 0.38197(b-a), \quad x_2 = a + 0.61803(b-a)$$

とする。$f(x_1) > f(x_2)$ であれば、$a = x_1$、$f(x_1) \leq f(x_2)$ なら $b = x_2$ とする。新しい探索点と関数値を計算して区間幅を狭くする。誤差が ε 以下となる回数を n とすると

$$(b-a)(1-\gamma)^n < \varepsilon, \quad \gamma = 0.38197$$

から

$$n > \frac{\log(\varepsilon) - \log(b-a)}{\log(1-\gamma)}$$

となる。例えば $b-a = 4$, $\varepsilon = 0.001$ とすると、18回反復すれば十分である。したがって3分割法よりも速く収束する。Program 2は、黄金分割法を実行するプログラムの一例である。

Program 2　黄金分割法

```
function x=Golden(f,a,b)
r=0.61803;
h=b-a;
x1=b-r*h;
x2=a+r*h;
f1=feval(f,x1);
f2=feval(f,x2);
while h>=10^-6
    if f1>=f2
        a=x1;
        h=b-a;
        x1=x2;
        f1=f2;
        x2=a+r*h;
        f2=feval(f,x2);
    else
        b=x2;
        h=b-a;
        x2=x1;
        f2=f1;
        x1=b-r*h;
        f1=feval(f,x1);
    end
end
disp(' solution');
x=(a+b)/2
```

1.2 ニュートン法

1.2.1 1変数関数の場合

ニュートン法は方程式の根を求めるのに使われるが、関数の最小点を見つける問題にも適用できる。2回連続微分可能な関数 $f(x)$ のテイラー展開を

$$g(x) = f(x_0) + f'(x_0)(x - x_0) + \frac{1}{2}f''(x_0)(x - x_0)^2 \tag{1.1}$$

とする。$g(x)$ は2次曲線であり最小点は

$$x_1 = x_0 - \frac{f'(x_0)}{f''(x_0)}$$

で与えられる。$f''(x_0) > 0$ であれば、$f(x_1)$ は $f(x_0)$ より小さい。そこで x_1 の回りでテイラー展開して x_2 を求める。同じ操作を最小点に達するまで繰り返す。つぎの反復式を用いる。

$$x_{k+1} = x_k - \frac{f'(x_k)}{f''(x_k)} \qquad (k = 0, 1, 2, \cdots\cdots) \tag{1.2}$$

$x_{k+1} = x_k = x^*$ であれば $f'(x^*) = 0$ となり、x^* は最小点である。ニュートン法は2次収束するが、関数は2回微分可能でなければならない。

つぎの関数の最小点を求めよう。

$$f(x) = x + \frac{4}{x}$$

1次と2次の微分は

$$f'(x) = 1 - \frac{4}{x^2}, \ f''(x) = \frac{8}{x^3}$$

であり、(1.2) は

$$x_{k+1} = x_k - \left(1 - \frac{4}{x_k^2}\right) \bigg/ \left(\frac{8}{x_k^3}\right) = \frac{12x_k - x_k^3}{8}$$

となる。初期値を $x_0 = 1$ とすると、最小点である $x = 2$ に収束する。

1.2.2 多変数関数の場合

ニュートン法は、多変数関数の最小点を求める問題にも適用される。関数 $f(x)$ を

$$g(x) = f(x_k) + \nabla f(x_k)^T (x - x_k) + \frac{1}{2}(x - x_k)^T H(x_k)(x - x_k) \qquad (1.3)$$

で近似する。ここで x_k は n 変数のベクトルを表す。∇f は勾配ベクトル

$$\nabla f = \left[\frac{\partial f}{\partial x_1} \cdots \frac{\partial f}{\partial x_n} \right]^T$$

であり

$$H = \begin{bmatrix} \dfrac{\partial^2 f}{\partial x_1^2} & \cdots & \dfrac{\partial^2 f}{\partial x_1 \partial x_n} \\ \cdot & & \cdot \\ \cdot & & \cdot \\ \dfrac{\partial^2 f}{\partial x_n \partial x_1} & \cdots & \dfrac{\partial^2 f}{\partial x_n^2} \end{bmatrix}$$

はヘッセ行列である。H が正定値行列であれば、$g(x)$ は凸2次関数となる。そこで $g(x)$ の最小点を次の探索点として

$$x_{k+1} = x_k - H(x_k)^{-1} \nabla f(x_k) \qquad (1.4)$$

とする。$f(x)$ は C^3 級の関数で、ヘッセ行列が正則行列であれば、最小点の近くに初期値をとると x_k は厳密解に収束する。2次関数の場合は、1回計算しただけで最小点が見つかる。実際にはヘッセ行列の逆行列を計算する必要はない。方向ベクトルを

$$d_k = x_{k+1} - x_k$$

とすると

$$H(x_k) d_k = -\nabla f(x_k) \qquad (1.5)$$

が成り立つ。この連立1次方程式から d_k を求めて、$x_{k+1} = x_k + d_k$ とすればよい。Program 3 はニュートン法の関数ファイルである。

Program 3　ニュートン法

```
        function x= Newton_opt(F, J, D, x0)
        it=1;
        error=10^5;
        disp('    iteration      x           f(x)')
        while error>10^-6
            x1=x0-feval(D, x0)¥feval(J, x0);
            error=norm(x1-x0);
            v=feval(F, x1);
            disp([it x1' v])
            if it>100
                disp('    ニュートン法は収束しなかった')
                break
            end
            x0=x1;
            it=it+1;
        end
        disp(' solution')
        x=x'
```

［例2］つぎの関数の最小点を見つけよう。

$$f(x, y) = x^2 + y^3 - 3x - 3y + 5$$

勾配ベクトルとヘッセ行列は

$$\nabla f = \begin{bmatrix} 2x-3 \\ 3y^2-3 \end{bmatrix}, H = \begin{bmatrix} 2 & 0 \\ 0 & 6y \end{bmatrix}$$

となる。初期値を $x_0 = (-1, 2)$ とすると

$$\nabla f = \begin{bmatrix} -5 \\ 9 \end{bmatrix}, H = \begin{bmatrix} 2 & 0 \\ 0 & 12 \end{bmatrix}$$

であり

$$\begin{bmatrix} 2 & 0 \\ 0 & 12 \end{bmatrix} \begin{bmatrix} d_1 \\ d_2 \end{bmatrix} = -\begin{bmatrix} -5 \\ 9 \end{bmatrix}$$

から方向ベクトルは

表1.2 ニュートン法による探索結果

探索回数	x	y	Δx	Δy	$f(x, y)$
0	-1.0	2.0	—	—	11.0
1	1.5	1.25	2.5	-0.750	0.95312
2	1.5	1.025	0	-0.225	0.75189
3	1.5	1.0	0	-0.025	0.75

$$\begin{bmatrix} d_1 \\ d_2 \end{bmatrix} = \begin{bmatrix} 2.5 \\ -0.75 \end{bmatrix}$$

となる。新しい探索点を

$$x_1 = \begin{bmatrix} -1 \\ 2 \end{bmatrix} + \begin{bmatrix} 2.5 \\ -0.75 \end{bmatrix} = \begin{bmatrix} 1.5 \\ 1.25 \end{bmatrix}$$

とする。同じ計算を3回繰り返すと、最小点の$(1.5, 1)$に到達する（表1.2）。

ニュートン法は2次のオーダーで収束するが、初期値によっては発散する。また複数の極小点がある場合、最小点に達するとは限らない。このような場合は、ステップ幅を調整する方法が有効である。つまり

$$x_{k+1} = x_k + \alpha d_k$$

として、$f(x_{k+1})$が最小となるようにαを調整する。上の例では

$$x_1 = \begin{bmatrix} -1 \\ 2 \end{bmatrix} + \alpha \begin{bmatrix} 2.5 \\ -0.75 \end{bmatrix}$$

から

$$f(x_1) = 11 - \frac{77}{4}\alpha + \frac{77}{8}\alpha^2 - \frac{27}{64}\alpha^3$$

となる。$\alpha = 1.076$とすれば$f(x_1)$は最小となる。最適なステップ幅が陽表的に得られない場合は、3分割法や黄金分割法で決定する。複雑な関数ではステップ幅を調整する必要がある。

1.3 準ニュートン法

ヘッセ行列が計算の途中で正定値でなくなると、上のプログラムは停止する。これは多変数関数の最小値を求めるときによく発生する問題である。準ニュート

ン法は、ヘッセ行列を適当な正定値行列で近似して、この問題を回避する。つまり正定値行列 B_k を用いて

$$g(x) = f(x_k) + \nabla f(x_k)^T (x - x_k) + \frac{1}{2} (x - x_k)^T B_k (x - x_k)$$

とする。新しい探索点は

$$x_{k+1} = x_k - (B_k)^{-1} \nabla f(x_k) \tag{1.6}$$

で与えられる。つぎのステップを実行する。

[ステップ1] 初期値 x_0 と微小な正数 ε を選び、$B_0 = I$ (単位行列)、$k = 0$ とおく。

[ステップ2] $\nabla f(x_k)$ を計算して、$\|\nabla f(x_k)\| < \varepsilon$ であれば終了する。そうでなければ次のステップへ進む。

[ステップ3] $B_k d_k = -\nabla f(x_k)$ から方向ベクトル d_k を求める。

[ステップ4] $f(x_k + \alpha d_k)$ を最小化する α を求めて、$x_{k+1} = x_k + \alpha d_k$ とする。

[ステップ5] つぎのいずれかの方法で B_k を更新する。

DFP (Davidon-Fletcher-Powell) 法

$$B_{k+1} = \left(I - \frac{z_y y_k^T}{z_k^T y_k} \right) B_k \left(I - \frac{y_k z_k^T}{z_k^T y_k} \right) + \frac{z_k z_k^T}{z_k^T y_k} \tag{1.7}$$

BFGS (Broyden-Fletcher-Goldfarb-Shanno) 法

$$B_{k+1} = B_k - \frac{B_k z_k (B_k z_k)^T}{z_k^T B_k z_k} + \frac{y_k y_k^T}{z_k^T y_k} \tag{1.8}$$

$$z_k = x_{k+1} - x_k, \quad y_k = \nabla f(x_{k+1}) - \nabla f(x_k)$$

[ステップ6] $k = k+1$ としてステップ1へ戻る。

単位行列を初期値とすると、方向ベクトルはつねに目的関数の降下方向と一致する。準ニュートン法はヘッセ行列を計算する必要はないが、適当な初期値を選ぶ問題は残る。

つぎの関数の最小点を求めてみよう。

$$f(x_1, x_2) = \frac{1}{2} (1 - x_1)^2 + \frac{1}{2} (x_2 - x_1^2)^2$$

最小点は $x^* = [1\ 1]'$ であり、勾配ベクトルは

$$\nabla f(x) = \begin{bmatrix} 2x_1(x_1^2 - x_2) + x_1 - 1 \\ -x_1^2 + x_2 \end{bmatrix}$$

である。$x^{(0)} = [0\ 0]'$、$B_0 = I$ とすると、$f(x^{(0)}) = 0.5$ となる。$\nabla f(x^{(0)}) = \begin{bmatrix} -1 \\ 0 \end{bmatrix}$ から、$d_0 = -B_0^{-1} \nabla f(x^{(0)}) = [1\ \ 0]'$ である。$\alpha = 0.5898$ のとき、$f(x^{(0)} + \alpha d_0)$ は最小となる。よって

$$x^{(1)} = \begin{bmatrix} 0 \\ 0 \end{bmatrix} + 0.5898 \begin{bmatrix} 1 \\ 0 \end{bmatrix} = \begin{bmatrix} 0.5898 \\ 0 \end{bmatrix}$$

$$\nabla f(x^{(1)}) = \begin{bmatrix} 1.4042 \times 10^{-4} \\ -0.3479 \end{bmatrix},\ f(x^{(1)}) = 0.1446$$

となり

$$z_0 = x^{(1)} - x^{(0)} = \begin{bmatrix} 0.5898 \\ 0 \end{bmatrix},\ y_0 = \nabla f(x^{(1)}) - \nabla f(x^{(0)}) = \begin{bmatrix} 1.0001 \\ -0.3479 \end{bmatrix}$$

$$B_0 z_0 = \begin{bmatrix} 0.5898 \\ 0 \end{bmatrix},\ z_0^T B_0 z_0 = 0.3479$$

$$z_0^T y_0 = 0.5899,\ y_0 y_0^T = 1.1212$$

BFGS 公式を適用すると

$$B_1 = \begin{bmatrix} 1 & 0 \\ 0 & 1 \end{bmatrix} - \frac{1}{0.3479} \begin{bmatrix} 0.5898 \\ 0 \end{bmatrix} [0.5898\ \ 0]$$

$$\quad + \frac{1}{0.5899} \begin{bmatrix} 1.0001 \\ -0.3479 \end{bmatrix} [1.0001\ \ -0.3479]$$

$$= \begin{bmatrix} 1.6955 & -0.5898 \\ -0.5898 & 1.2052 \end{bmatrix}$$

となる。$k = 1, 2, \cdots\cdots$ について同様の計算を行うと、最小点に達する。

1.4 最急降下法

最急降下法は関数の勾配を用いて最小点を見つける方法である。2 変数の関数 $f(x, y)$ の最小点を探す問題について考える。関数が微分可能であるとき、$\nabla f = \begin{bmatrix} \dfrac{\partial f}{\partial x} & \dfrac{\partial f}{\partial y} \end{bmatrix}'$ を勾配ベクトルという。例えば

図1.1 関数の等高線と勾配ベクトル

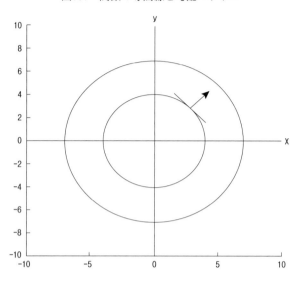

$$f(x, y) = x^2 + y^2$$

の勾配ベクトルは $\nabla f = [2x\ 2y]'$ であり、点 $(1, 1)$ において $\nabla f = [2\ 2]'$ となる。図1.1は、この関数の等高線と勾配ベクトルを示している。等高線の接線と直交する直線が、勾配ベクトルである。勾配ベクトルと反対方向に移動すれば、関数値は最も減少する。つまり $d = -\nabla f(x)$ が最急降下方向である。

以下の手順で計算する。

［ステップ1］初期値 x_0 を与えて $k = 0$ とする。

［ステップ2］$\nabla f(x_k)$ を計算して、$\|\nabla f(x_k)\| < \varepsilon$ であれば計算を終了する。そうでなければ $f(x_k + \alpha d_k)$ が最小となる α を求める。

［ステップ3］$x_{k+1} = x_k + \alpha d_k$ とする。$k = k+1$ としてステップ2へ戻る。

初期値によってはローカルな最小点に収束する。これを避けるために、複数の初期値を試みるのが望ましい。最急降下法は直感的で分かりやすい方法であるが、収束速度は速くない。

［例3］つぎの関数の最小点を探そう。

$$f(x, y) = x^2 + y^2 + x - 2y - xy + 1$$

勾配ベクトルは

$$\nabla f(x, y) = \begin{bmatrix} 2x - y + 1 \\ -x + 2y - 2 \end{bmatrix}$$

である。初期値を点$(-3, 8)$にとると

$$\nabla f(-3, 8) = \begin{bmatrix} -13 \\ 17 \end{bmatrix}$$

となる。

$$\begin{bmatrix} x_1 \\ y_1 \end{bmatrix} = \begin{bmatrix} -3 \\ 8 \end{bmatrix} + \alpha \begin{bmatrix} 13 \\ -17 \end{bmatrix} = \begin{bmatrix} -3 + 13\alpha \\ 8 - 17\alpha \end{bmatrix}$$

とおくと

$$f(x_1, y_1) = 679\alpha^2 - 458\alpha + 79$$

となり、$\alpha = 0.33726$のときに関数値は最小となる。次の探索点を

$$x_1 = -3 + 13 \times 0.33726 = 1.3844, \quad y_1 = 8 - 17 \times 0.33726 = 2.2666$$

とする。同様の計算を繰り返すと、最小点である点$(0, 1)$に収束する。この場合、どの初期点からはじめても最小点に達する。

例3ではαを筆算で求めたが、通常は直線探索を行う。Program 4は先に説明した黄金分割法を用いた最急降下法のプログラムである。このプログラムを使って、つぎの関数の最小点を求めてみよう。

$$f(x, y) = \frac{x - y}{x^2 + y^2 + 2}$$

勾配ベクトルは

$$f_x(x, y) = \frac{-x^2 + 2xy + y^2 + 2}{(x^2 + y^2 + 2)^2}, \quad f_y(x, y) = \frac{-x^2 - 2xy + y^2 - 2}{(x^2 + y^2 + 2)^2}$$

で与えられる。初期値を$x_0 = [0.5, 0.5]'$とすると、$f(x_0) = 0$、$d_0 = [-0.4, 0.4]$となる。$g(\alpha) = f(x_0 + \alpha d_0)$は$\alpha = 2.7951$のときに最小となる。したがって

$$x_1 = x_0 + \alpha d_0 = [-0.6180, 1.6180]', \quad f(x_1) = -0.4471$$

である。$k=1$とすると

$$d_1 = [-0.0894, -0.0894]', \alpha = 5.5902$$
$$x_2 = [-1.1180, 1.1180]', f(x_2) = -0.4969$$

同様の計算を繰り返すと、$k=3$で最小点である点$(-1, 1)$に収束する。

Program 4　最急降下法

```
% steepest descent method
global X D
x0=[0.5,0.5]';
for k=1:50
        D=-DD(x0);
        X=x0;
        alpha=Golden(@F,0,3);
        x1=x0+alpha*D;
        if abs(x1-x0)<0.000001
                break
        end
        x0=x1;
end
x1

function y=F(x)
global X D
z=X+x*D;
y=(z(1)-z(2))/(z(1)^2+z(2)^2+2);

function dy=DD(x)
dy=[(-x(1)^2+2*x(1)*x(2)+x(2)^2+2)/(x(1)^2+x(2)^2+2)^2
    (-x(1)^2-2*x(1)*x(2)+x(2)^2-2)/(x(1)^2+x(2)^2+2)^2];
```

1.5　共役勾配法

最急降下法では、探索点が最小点に向かってジグザグに進む場合がある。この

ような場合は、反復回数を増やしても正確な解は得られない。共役勾配法はこの点を改良した探索法である。つぎの関数の最小点を求めよう。

$$f(x) = \frac{1}{2}x'Ax - b'x, \ x \in R^n$$

A は n 次の正定値行列で、b は定数ベクトルである。適当な初期値 x_0 をとり、$d_0 = -\nabla f(x_0)$, $k = 0$ とする。$\nabla f(x_k) = 0$ となるまでつぎのステップを繰り返す。

$$d_k = -\nabla f(x_k) + \frac{\|\nabla f(x_k)\|^2}{\|\nabla f(x_{k-1})\|^2} d_{k-1}, \quad k \geq 1$$

$$x_{k+1} = x_k + \alpha_k d_k$$

$$\alpha_k = -\frac{d_k^T \nabla f(x_k)}{d_k^T A d_k}, \quad k = k+1$$

n 回反復すれば最小点に達することが証明できる。

共役勾配法を用いてつぎの関数の最小点を見つけよう。

$$f(x_1, x_2) = x_1^2 - x_1 x_2 + \frac{3}{2}x_2^2 - 3x_1 - x_2$$

$x^{(0)} = [0 \ \ 0]'$ として以下の計算を行う。

(i) $k = 0$ のとき

$\nabla f(x^{(0)}) = [-3 \ \ -1]'$ から, $d_0 = [3 \ \ 1]'$, $\|\nabla f(x^{(0)})\|^2 = 10$ となる。
$d_0^T \nabla f(x^{(0)}) = -10$, $d_0^T A d_0 = 15$ であり、$\alpha_0 = 2/3$ とする。次の点は

$$x^{(1)} = \begin{bmatrix} 0 \\ 0 \end{bmatrix} + \frac{2}{3}\begin{bmatrix} 3 \\ 1 \end{bmatrix} = \begin{bmatrix} 2 \\ 2/3 \end{bmatrix}, \quad \nabla f(x^{(1)}) = \begin{bmatrix} 1/3 \\ -1 \end{bmatrix}$$

$$\|\nabla f(x^{(1)})\|^2 = 10/9, \quad \frac{\|\nabla f(x^{(1)})\|^2}{\|\nabla f(x^{(0)})\|^2} = \frac{1}{9}$$

となる。$\|\nabla f(x^{(1)})\| \neq 0$ であり計算を続行する。

(ii) $k = 1$ のとき

$$d_1 = \begin{bmatrix} -1/3 \\ 1 \end{bmatrix} + \frac{1}{9}\begin{bmatrix} 3 \\ 1 \end{bmatrix} = \begin{bmatrix} 0 \\ 10/9 \end{bmatrix}$$

$d_1^T \nabla f(x^{(1)}) = -10/9$、$d_1^T A d_1 = 100/27$ であり、
$\alpha_1 = 3/10$ とする。次の探索点は

$$x^{(2)} = \begin{bmatrix} 2 \\ 2/3 \end{bmatrix} + \frac{3}{10} \begin{bmatrix} 0 \\ 10/9 \end{bmatrix} = \begin{bmatrix} 2 \\ 1 \end{bmatrix}$$

$\nabla f(x^{(2)}) = [0 \ \ 0]'$であり計算を終了する。
関数の最小点は点$(2, 1)$であり、2回反復するだけで到達する。

　$f(x)$が2次形式の関数でない場合は、つぎのアルゴリズムを使う。
［ステップ1］初期値$x^{(0)}$を設定して、勾配の反対方向へ探索する。

$$d_0 = -\nabla f(x^{(0)}), \qquad k = 0$$

［ステップ2］$\nabla f(x^{(k)}) = 0$であれば終了する。そうでなければ

$$d_k = -\nabla f(x_k) + \frac{\|\nabla f(x_k)\|^2}{\|\nabla f(x_{k-1})\|^2} d_{k-1}$$

とする。
［ステップ3］d_kのステップ幅を求める。

$$\alpha_k = \underset{\alpha > 0}{\operatorname{argmin}} f(x^{(k)} + \alpha d_k)$$

［ステップ4］次の探索点を設定する。

$$x_{k+1} = x_k + \alpha_k d_k$$

$k = k+1$としてステップ2へ戻る。

　探索方向を$d_k = -\nabla f(x_k)$とすれば、最急降下法となる。いくつかの条件を満たすと、有限回の反復で最小点に達することが分かっている。共役勾配法は、関数の最小化だけでなく連立1次方程式の解を求める問題にも用いられる。この点について第6章で検討する。

1.6　滑降シンプレックス法

　これまで説明したのは関数の勾配を用いた方法である。滑降シンプレックス法は関数値のみを使用し、微分不可能な関数の最小点を探す問題にも適用される。平面上の三角形に反射、拡大、収縮、縮小の操作を加えて関数の最小点を探す。多変数関数でもかまわないが、説明の便宜上、2変数関数の最小点を見つける問題について考える。つぎの1～5のステップを実行する。

［ステップ1］三角形の頂点 x_1, x_2, x_3 を定め、$f(x_1) \leq f(x_2) \leq f(x_3)$ となるように並びかえて $x_{\min} = x_1$、$x_{\max} = x_3$ とする。関数値が最も大きい x_3 は最悪点で、x_1 は最良点である。

［ステップ2］$x_{\min}$ と x_2 の中間点を $x_m = (x_1 + x_2)/2$ とする。$f(x_{\max})$ は他の関数値より大きいので x_m の方向に動かして

$$x_{ref} = 2x_m - x_{\max}$$

とする。x_{ref} は反射点という（図1.2）。$f(x_{ref}) \leq f(x_{\max})$ であればステップ3へ進み、そうでなければステップ4へ進む。

［ステップ3］拡張点

$$x_{\exp} = 3x_m - 2x_{\max}$$

を求める（図1.3）。$f(x_{ref}) \leq f(x_{\exp})$ であれば $x_3 = x_{ref}$ としてステップ1へ戻る。そうでなければ $x_3 = x_{\exp}$ としてステップ1へ戻る。

［ステップ4］x_m と x_{ref} の中間点

$$x_{con} = \frac{3x_m - x_{\max}}{2}$$

を収縮点という（図1.4）。$f(x_{con}) \leq f(x_{\max})$ であれば $x_3 = x_{con}$ としてステップ1へ戻る。そうでなければ次のステップへ進む。

［ステップ5］全体を縮小するために、x_2 と x_3 を $x_{\min}$ の方向へ移動させて

$$x_2 = \frac{x_2 + x_{\min}}{2}, \quad x_3 = \frac{x_3 + x_{\min}}{2}$$

とする（図1.5）。三角形が十分小さくなるまで同様の操作を繰り返す。

　滑降シンプレックス法は関数の勾配を必要としないが、変数が多くなると最小点に達するまで時間がかかる。多くの場合、他の反復解法の初期値を探すときに用いる。

［例4］つぎの関数の最小点を求めてみよう。

$$f(x, y) = x^2 + y^2 - 3x - 6y + 5$$

最初の三角形 T_0 の頂点を

図1.2 反射点

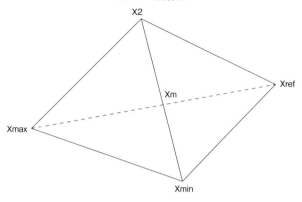

図1.3 拡張点

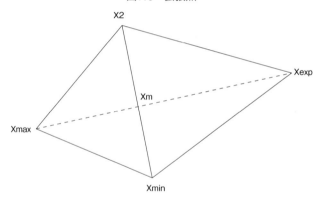

図1.4 収縮点

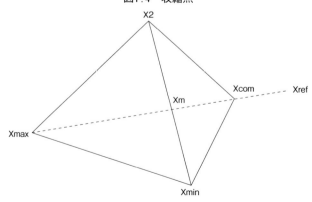

図1.5 縮小点

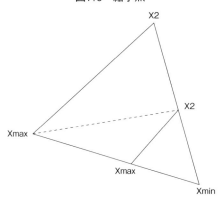

$$x_1 = (0,\ 0),\ x_2 = (-3,\ 4),\ x_3 = (-2,\ -2)$$

とする。関数値は

$$f(0,\ 0) = 5,\ f(-3,\ 4) = 15,\ f(-2,\ -2) = 31$$

であり $f(x_1) < f(x_2) < f(x_3)$ となる。x_m と x_{ref} は

$$x_m = \frac{x_1 + x_2}{2} = (-1.5,\ 2),\ x_{ref} = 2x_m - x_{max} = (-1,\ 6)$$

となる。$f(x_{ref}) = 9$ であり、$f(x_{max}) = 31$ より小さい。三角形 T_1 の頂点は $(0,\ 0)$、$(-3,\ 4)$、$(-1,\ 6)$ となる。このプロセスを続けると、最小点 $(1.5,\ 3)$ に向かう三角形の列が生成される（図1.6）。20回反復すれば終了し、最良点は $(1.5051,\ 3.0006)$ となる。関数の最小点に達する前に停止するが、これは最小点の近くは関数がフラットで、関数値がほとんど変化しないからである。

1.7　制約付き最適化

これまで制約条件の付かない問題を取り上げたが、経済学で扱う問題の多くは制約条件が付いている。例えば価格や取引量には非負制約が付く。制約付き最適化問題を解く一つの方法は、制約条件の付かない問題へ変換することである。もう一つの方法は、クーン・タッカーの条件を導いて解くことである。第一のアプローチとして、ペナルティ法とラグランジュの未定乗数法がある。ラグランジュ

図1.6 三角形の列

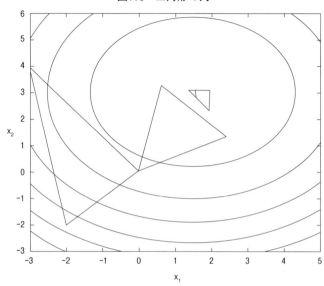

法はよく知られているので、ペナルティ法についてのみ説明する。
つぎの問題について考えよう。

$$\begin{aligned}
&\text{minimize} \quad f(x) \\
&s.t. \quad g_i(x) = 0 \quad (i = 1, \cdots\cdots, m) \\
& h_j(x) \leq 0 \quad (j = 1, \cdots\cdots, l)
\end{aligned} \quad (1.9)$$

これはm個の等号制約とl個の不等号制約のもとで、関数$f(x)$を最小化する問題である。ペナルティ法では、$f(x)$のかわりに

$$F(x) = f(x) + rp(x)$$

を最小化する。$r > 0$はペナルティ係数で、$p(x)$はペナルティ関数である。xが制約条件を満たさないときは、ペナルティを課す。rを大きくすると、$F(x)$の最小点は(1.9)の最小点に近づく。ただし、問題によっては数値的に不安定となる。このため、rと$p(x)$は慎重に選ばなければならない。最初はrを小さくとり、途中から大きくする方法がよく使われる。

図1.7 ペナルティ法

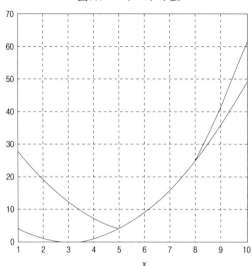

[例5] 関数

$$f(x) = (x-3)^2$$

を制約条件

$$h_1(x) = x-8 \leq 0, \quad h_2(x) = -x+5 \leq 0$$

のもとで最小化する。ペナルティ関数を

$$p(x) = \begin{cases} -x+5 & (x < 5) \\ 0 & (5 \leq x \leq 8) \\ x-8 & (x > 8) \end{cases}$$

とすると

$$F(x) = \begin{cases} (x-3)^2 + r(-x+5) & (x < 5) \\ (x-3)^2 & (5 \leq x \leq 8) \\ (x-3)^2 + r(x-8) & (x > 8) \end{cases}$$

となる。図1.7は$f(x)$と$F(x)$を示している($r=6$)。制約条件を満たす区間では二つの曲線は一致するが、それ以外の区間では$F(x) > f(x)$となる。最小点のx

の値は $x=5$ である。

1.8 数値積分

経済学のさまざまな問題に関連して定積分が現れる。数値計算でもしばしば定積分の計算が必要となる。不定積分がわかれば問題ないが、つねに不定積分があるわけではない。このような場合は数値計算によって積分を求める。被積分関数が普通の関数であれば、補間公式やモンテカルロ法が使える。しかし関数によっては特別の工夫が必要となる。ここでは二重指数関数型変換を用いた森（1998）の方法について説明する。

定積分

$$I = \int_a^b f(x)\,dx \tag{1.10}$$

を数値的に求める問題について考える。積分範囲は有限区間、半無限区間、全無限区間のいずれでもよい。$f(x)$ は端点を除いて解析的でなければならない。つぎのような変数変換を行う。

$$x = \varphi(t)$$
$$a = \varphi(-\infty)$$
$$b = \varphi(\infty)$$

ここで、$\varphi(t)$ は急激に大きくなる変数 t の関数である。(1.10) の積分は

$$I = \int_{-\infty}^{\infty} f(\varphi(t))\varphi'(t)\,dt \tag{1.11}$$

に等しくなる。変換式 $\varphi(t)$ は、変換後の被積分関数が二重指数関数的に 0 に近づくような関数とする。すなわち $\varphi(t)$ は

$$\lim |t| \to \infty |f(\varphi(t))\varphi'(t)| \cong \exp(-c\exp(|t|)) \tag{1.12}$$

となる関数である。数値積分の台形公式を使って (1.11) の定積分を

$$I_h = h \sum_{k=-\infty}^{\infty} f(\varphi(kh))\varphi'(kh)$$

で近似する。無限和の打切り項数を M、N とすると、森の積分公式

$$I_h^{(L)} = h \sum_{k=-M}^{N} f(\varphi(kh))\,\varphi'(kh), \quad L = M+N+1 \tag{1.13}$$

が導かれる。ただし、M と N は離散化誤差と打切り誤差がほぼ等しくなるように選ぶ必要がある。つぎの 3 つの代表的なケースがある。

[1] 区間 $[-1, 1]$ における定積分

$$I = \int_{-1}^{1} f(x)\,dx$$

の場合、変換式を

$$\varphi(t) = \tanh\left(\frac{\pi}{2}\sinh(t)\right)$$

とする。

$$\varphi'(t) = \frac{\dfrac{\pi}{2}\cosh(t)}{\cosh^2\left(\dfrac{\pi}{2}\sinh(t)\right)}$$

であり、積分公式から

$$I_h^{(L)} = h \sum_{k=-M}^{N} f\left(\tanh\left(\frac{\pi}{2}\sinh(kh)\right)\right) \frac{\dfrac{\pi}{2}\cosh(kh)}{\cosh^2\left(\dfrac{\pi}{2}\sinh(kh)\right)} \tag{1.14}$$

となる。

二重指数関数型積分の誤差は

$$E = \left| I - I_h^{(L)} \right| \cong \exp\left(-c_1 \frac{L}{\log L}\right)$$

で与えられる。近似式の項数を増やすと誤差は急速に 0 に近づく。(1.14) は

$$I = \int_{-1}^{1} \frac{1}{\sqrt{1-x^2}}\,dx$$

のように積分区間の端点が特異点となる場合に有効である。

一例として

$$I = \int_{1}^{2} \frac{1}{\sqrt{x}}\,dx$$

を求めよう。$y = 2x-3$ により積分区間を $[-1, 1]$ に変更すると

$$I = \frac{1}{2}\int_{-1}^{1}\sqrt{\frac{2}{y+3}}\,dy$$

となる。刻み幅を $h = 0.2$ として $t = [-4, 4]$ の区間で計算すると、$I_h^{(L)} = 0.82842712474619$ を得る。正確な定積分は $I = 2(\sqrt{2}-1)$ であり、数値解は小数点以下14桁まで一致する。

[2] 半無限区間における定積分

$$I = \int_0^\infty f(x)\,dx, \quad 変換式:x = \exp\left(\frac{\pi}{2}\sinh(t)\right) \tag{1.15}$$

$$I = \int_0^\infty f(x)\exp(-x)\,dx, \quad 変換式:x = \exp(t - \exp(-t)) \tag{1.16}$$

とする。(1.15) の場合は

$$I_h^{(L)} = \frac{\pi h}{2}\sum_{k=-M}^{N} f\left(\exp\left(\frac{\pi}{2}\sinh(kh)\right)\right)\cosh(kh)\exp\left(\frac{\pi}{2}\sinh(kh)\right) \tag{1.17}$$

となる。

[3] 無限区間における定積分

$$I = \int_{-\infty}^{\infty} f(x)\,dx$$

については変換式

$$x = \sinh\left(\frac{\pi}{2}\sinh(t)\right)$$

を用いる。積分公式は

$$I_h^{(L)} = \frac{\pi h}{2}\sum_{k=-M}^{N} f\left(\sinh\left(\frac{\pi}{2}\sinh(kh)\right)\right)\cosh(kh)\cosh\left(\frac{\pi}{2}\sinh(kh)\right) \tag{1.18}$$

である。

例えば、無限区間の定積分

$$I = \int_{-\infty}^{\infty}\frac{1}{1+x^2}\,dx$$

を求めよう。この場合は、$t = 0$ を中心とした先の尖った関数に変換する。$h = 0.2$ として $t = [-4, 4]$ の区間で計算すると、$I_h^{(L)} = 3.14159265358979$ となる。求積解は $I = \pi$ であり、数値解は小数点以下14桁まで一致する。

1.9 動的計画法

動的計画法（Dynamic Programming, DP と略）は、さまざまな動学的最適化問題に用いられている。簡単な問題は解析的に解けるが、少し複雑な問題になると解析的な方法で解を求めることは難しくなる。このため数値計算によって近似解を求める。はじめに、簡単な例を用いて DP の基本的な考え方を示そう。その後、数値解法を説明して最適成長モデルに応用する。

1.9.1 動的計画法の原理

具体的な問題を使って、動的計画法の原理を説明しよう[1]。つぎの最大化問題について考える。

$$\text{maximize } g_1(x_1) + g_2(x_2) + \cdots\cdots + g_N(x_N)$$
$$s.t. \ x_1 + x_2 \cdots\cdots + x_N = x \quad (N \geq 2) \tag{1.19}$$

ここで、$g_i(x_i)$, $i = 1, \cdots\cdots, N$ は微分可能な増加関数とする。目的関数の最大値を

$$f_N(x) = \max_{x_1 + x_2 + \cdots\cdots + x_N = x} (g_1(x_1) + g_2(x_2) + \cdots\cdots + g_N(x_N))$$

と表すと

$$f_N(x) = \max_{x_N} (\max_{x_1 + x_2 + \cdots\cdots + x_{N-1} = x - x_N} (g_1(x_1) + g_2(x_2) + \cdots\cdots$$
$$+ g_{N-1}(x_{N-1}) + g_N(x_N))$$
$$= \max_{x_N} (g_N(x_N) + \max_{x_1 + x_2 + \cdots\cdots + x_{N-1} = x - x_N} (g_1(x_1) + g_2(x_2) + \cdots\cdots$$
$$+ g_{N-1}(x_{N-1})))$$

と書ける。$f_N(x)$ の定義により

$$f_{N-1}(x - x_N) = \max_{x_1 + x_2 + \cdots\cdots + x_{N-1} = x - x_N} (g_1(x_1) + g_2(x_2) + \cdots\cdots + g_{N-1}(x_{N-1}))$$

となるので

$$f_N(x) = \max_{x_N}(g_N(x_N) + f_{N-1}(x - x_{N-1})) \tag{1.20}$$

と書きかえられる。$N=1$ の場合は

$$f_1(x) = \max_{x_1 = x} g_1(x_1) = g_1(x)$$

となる。$N \geq 2$ の場合は

$$f_N(x) = \max_{x_N}(g_N(x_N) + f_{N-1}(x - x_{N-1}))$$

が成り立つ。(1.20) は最適性の原理を表している。つまり、N 変数の問題は $N-1$ 変数の問題が最適に解かれると仮定して、その評価関数を用いて x_N を決定する。

連続変数の場合は、ラグランジュ乗数法を使うこともできる。

$$L = \sum_{i=1}^{N} g_i(x_i) + \lambda\left(\sum_{i=1}^{N} x_i - x\right)$$

として

$$\frac{\partial L}{\partial x_i} = 0 \quad (i = 1, 2, \cdots\cdots, N), \quad \frac{\partial L}{\partial \lambda} = 0$$

から x_i と λ を決定する。1階の条件から

$$g_i'(x_i) + \lambda = 0 \quad (i = 1, 2, \cdots\cdots, N)$$

$$\sum_{i=1}^{N} x_i - x = 0$$

が成り立つ。最初の式から $x_i = x_i(\lambda)$ を求めて二番目の式に代入すると

$$\sum_{i=1}^{N} x_i(\lambda) - x = 0$$

と書ける。この式から λ を求めて $x_i(\lambda)$ に代入すると、x_i が得られる。

経済学ではラグランジュ乗数法を使うが、離散的な問題には DP が有効である。

[例6] 制約条件

$$x_1, x_2, x_3, x_4, x_5 \geq 0, \quad \sum_{i=1}^{5} x_i = x$$

のもとで2乗和 $S = \sum_{i=1}^{5} x_i^2$ を最小化する。

S の最小値を $f_N(x)$ と表すと、求める解は $f_5(x)$ である。(1.20) から

$$f_1(x) = x^2$$
$$f_N(x) = \min_{x_N} (x_N^2 + f_{N-1}(x - x_N)) \qquad (N = 2,\ 3,\ 4,\ 5)$$

が成り立つ。$N = 2$ のとき

$$f_2(x) = \min_{x_2} (x_2^2 + f_1(x - x_2))$$
$$= \min_{x_2} (x_2^2 + (x - x_2)^2)$$

$g_2(x_2) = x_2^2 + (x - x_2)^2$ とおくと

$$\frac{dg_2(x_2)}{dx_2} = 2x_2 - 2(x - x_2) = 0$$

から

$$x_2 = \frac{x}{2}$$

を得る。このとき

$$f_2(x) = \left(\frac{x}{2}\right)^2 + \left(x - \frac{x}{2}\right)^2 = \frac{x^2}{2}$$

となる。この値となるのは

$$x_1 = x - x_2 = \frac{x}{2},\ \ x_2 = \frac{x}{2}$$

としたときである。

$N = 3$ のときは

$$g_3(x_3) = x_3^2 + \frac{(x - x_3)^2}{2}$$

$g_3'(x_3) = 0$ から、$x_3 = x/3$ となる。このとき

$$f_3(x) = \frac{x^2}{3},\ \ x_1 = x_2 = \frac{x}{3}$$

同様に

$$f_4(x) = \frac{x^2}{4},\ \ x_1 = x_2 = x_3 = x_4 = \frac{x}{4}$$

$$f_5(x) = \frac{x^2}{5}, \quad x_1 = x_2 = x_3 = x_4 = x_5 = \frac{x}{5}$$

となる。S の最小値は $S = f_5(x) = x^2/5$ であり、最適解は $x_i = x/5$ ($i = 1, 2, 3, 4, 5$) となる。

[例7] ケーキを3つの期間に分けて食べる問題について考える。制約条件

$$w_{t+1} = w_t - c_t \quad (t = 1, 2, 3)$$
$$c_t \geq 0, \quad w_4 \geq 0$$

のもとで効用

$$u = \log(c_1) + \beta \log(c_2) + \beta^2 \log(c_3)$$

を最大化する。ただし、w_1 は最初から与えられている。

最大効用を $u_N(w_1)$ と表す。ここで求めたいのは $u_3(w_1)$ である。(1.20) から次式が成り立つ。

$$u_1(w_1) = \log(w_1)$$
$$u_N(w_1) = \max_{c_N} (\beta^{N-1} \log(c_N) + u_{N-1}(w_1 - c_N))$$

$N = 2$ のとき

$$u_2(w_1) = \max_{c_2} (\beta \log(c_2) + u_1(w_1 - c_2))$$
$$= \max_{c_2} (\beta \log(c_2) + \log(w_1 - c_2))$$

右辺を最大化する c_2 の値は

$$c_2 = \frac{\beta w_1}{1 + \beta}$$

である。このとき

$$c_1 = w_1 - c_2 = \frac{w_1}{1 + \beta}, \quad u_2(w_1) = A_2 + B_2 \log(w_1)$$
$$A_2 = \log\left(\frac{1}{1+\beta}\right) + \beta \log\left(\frac{\beta}{1+\beta}\right), \quad B_2 = 1 + \beta$$

となる。$N = 3$ のときは

$$u_3(w_1) = \max_{c_3}\left(\beta^2 \log(c_3) + u_2(w_1 - c_3)\right)$$
$$= \max_{c_3}\left(\beta^2 \log(c_3) + A_2 + B_2 \log(w_1 - c_3)\right)$$

右辺を最大化する c_3 の値は

$$c_3 = \frac{\beta^2 w_1}{1 + \beta + \beta^2}$$

である。このとき

$$c_2 = \frac{\beta w_1}{1 + \beta + \beta^2}, \ c_1 = \frac{w_1}{1 + \beta + \beta^2}$$

$$u_3(w_1) = A_3 + B_3 \log(w_1)$$

$$A_3 = \log\left(\frac{1}{1+\beta+\beta^2}\right) + \beta \log\left(\frac{\beta}{1+\beta+\beta^2}\right) + \beta^2 \log\left(\frac{\beta^2}{1+\beta+\beta^2}\right)$$

$$B_3 = 1 + \beta + \beta^2$$

となる。なお、$c_1 + c_2 + c_3 = w_1$ から $w_4 = 0$ となる。

この問題はラグランジュ乗数法を使って解くこともできる。

$$L = \sum_{t=1}^{3} \beta^{t-1} \log(c_t) + \lambda\left(w_1 - \sum_{t=1}^{3} c_t - w_4\right) + \phi w_4$$

とする。L を c_t で微分して 0 とおくと

$$\beta^{t-1} \frac{1}{c_t} = \lambda$$

を得る。これより

$$\frac{1}{c_t} = \beta \frac{1}{c_{t+1}}$$

が成り立つ。$c_{t+1} = \beta c_t$ から

$$c_2 = \beta c_1, \ c_3 = \beta^2 c_1$$

となり

$$(1 + \beta + \beta^2) c_1 = w_1 - w_4$$

が成り立つ。w_4 の 1 階条件は

$$\lambda = \phi$$

である。クーン・タッカー条件 $\phi w_4 = 0$ から

$$w_4 = 0$$

でなければならない。$(1+\beta+\beta^2)c_1 = w_1$ より

$$c_1 = \frac{w_1}{1+\beta+\beta^2}$$

となる。また

$$c_2 = \beta c_1 = \frac{\beta w_1}{1+\beta+\beta^2}, \quad c_3 = \beta^2 c_1 = \frac{\beta^2 w_1}{1+\beta+\beta^2}$$

を得る。

1.9.2 無限期間の問題

これまで有限期間の問題を取り上げたが、マクロ経済学では無限期間の問題を扱うことが多い。無限期間の最適化問題は

$$\text{maximize} \sum_{t=0}^{\infty} \beta^t r(x_t, u_t) \tag{1.21}$$

$$s.t. \quad x_{t+1} = g(x_t, u_t)$$

$$x_0: given$$

と表される。ここで x_t は状態変数であり、u_t は政策変数を表す。

$$V(x_0) = \max_{\{u_s\}_{s=0}^{\infty}} \sum_{t=0}^{\infty} \beta^t r(x_t, u_t)$$

は value function と呼ばれている。最適性の原理により

$$V(x) = \max_u \{r(x, u) + \beta V(g(x, u))\} \tag{1.22}$$

が成り立つ。この式は、DP を考案したベルマンにちなんでベルマン方程式と呼ばれる。政策変数は状態変数の関数であり、policy function という。

無限期間のケーキを食べる問題は

$$\max_{\{c_t\}_1^\infty} \sum_{t=1}^{\infty} \beta^{t-1} u(c_t)$$

$$w_{t+1} = w_t - c_t$$

と表される。(1.22) は

$$V(w) = \max_c \{u(c) + \beta V(w')\}$$

となる。つぎの性質が成り立つ。

(1) 消費の 1 階条件は

$$u'(c) = \beta V'(w')$$

である。

(2) $V(w)$ が微分可能であれば

$$V'(w) = u'(c)$$

となる。

(3) $V'(w') = u'(c')$ と (1) の性質から

$$u'(c) = \beta u'(c')$$

が成り立つ。

(4) 最適消費を $c = \phi(w)$ とすると、$w' = w - \phi(w)$ から

$$u'[\phi(w)] = \beta u'\{\phi[w - \phi(w)]\}$$

となる。

対数効用関数を仮定して、$u(c) = \log(c)$ とすると

$$V(w) = \max_c \{\log(c) + \beta V(w')\}$$

と書ける。一般にベルマン方程式は解析的を持たないが、この場合は解析解がある。Value function は

$$V(w) = A + B \log(w)$$

と表されると推測する。これより

$$A+B\log(w) = \max_c \{\log(c)+\beta(A+B\log(w'))\}$$
$$= \max_c \{\log(c)+\beta(A+B\log(w-c))\}$$

となる。1階の条件

$$\frac{1}{c} = \frac{\beta B}{w-c}$$

から

$$c = \frac{w}{1+\beta B}$$

となり

$$A+B\log(w) = \log\left(\frac{w}{1+\beta B}\right)+\beta\left[A+B\log\left(\frac{\beta Bw}{1+\beta B}\right)\right]$$
$$= (1+\beta B)\log(w)-(1+\beta B)\log(1+\beta B)+\beta(A+B\log(\beta B))$$

を得る。この式から

$$1+\beta B = B$$

つまり $B = 1/(1-\beta)$ であり

$$c = \frac{w}{1+\beta B} = (1-\beta)w$$

となる。また

$$w' = w-c = \beta w$$

であり、$0<\beta<1$ から w は長期的に 0 となる。

1.9.3 最適成長モデル

つぎの最適成長モデルに動的計画法を適用しよう。

$$\max_{\{c_t,k_{t+1}\}_{t=0}^{\infty}} \sum_{t=0}^{\infty} \beta^t u(c_t)$$

$$k_{t+1} = f(k_t) + (1-\delta)k_t - c_t \tag{1.23}$$

ここで k_t は資本ストックで、c_t は消費、δ は資本減耗率、$f(k_t)$ は生産関数である。初期の資本 k_0 は与えられている。DP を適用すると、ベルマン方程式は

$$V(k) = \max_{c} \{u(c) + \beta V(k')\} \tag{1.24}$$

$$k' = F(k) - c, \quad F(k) = f(k) + (1-\delta)k$$

と表される。これは

$$V(k) = \max_{k'} \{u(F(k)-k') + \beta V(k')\}$$

と書き換えられる。来期の資本は今期の資本によって決まり、$k' = \phi(k)$ と表す。長期的に資本ストックは定常状態の資本 k^* に収束する。定常資本は

$$1 = \beta F'(k^*)$$

を満たす。$V(k)$ は value 反復法、または policy 反復法で求める[2]。

1.9.4 Value 反復法

これは value function を反復計算で求める方法である。つぎの手順に従って計算する。

［ステップ 1］初期値 V_0 を設定する。
［ステップ 2］つぎの式から V_1 を求める。

$$V_1(k) = \max_{k'} \{u(F(k)-k') + \beta V_0(k')\}$$

［ステップ 3］V_0 と V_1 を比較して、収束条件を満たしているかチェックする。収束条件を満たしていないときは、$k \to k+1$ としてステップ 2 へ戻る。収束していれば最新の V を解とする。

このアルゴリズムを上のモデルに適用しよう。効用関数は

$$u(c) = \frac{c^{1-\sigma}-1}{1-\sigma}$$

で生産関数は $f(k) = k^\alpha (0 < \alpha < 1)$ とする。資源制約は

$$c = k^\alpha + (1-\delta)k - k'$$

と表される。(1.24) は

$$V(k) = \max_{k'} \left\{ \frac{(k^\alpha + (1-\delta)k - k')^{1-\sigma} - 1}{1-\sigma} + \beta V(k') \right\} \qquad (1.25)$$

となる。定常状態の資本は

$$k^* = \left(\frac{1-\beta(1-\delta)}{\alpha\beta} \right)^{\frac{1}{\alpha-1}}$$

で与えられる。資本ストックを $K = \{k_1, k_2, \ldots, k_n\}$ と離散化して、$V_i = V(k_i)$ とおく。(1.25) は

$$\begin{aligned}
V_1 &= \max\{r(k_1, k_1) + \beta V_1, \; r(k_1, k_2) + \beta V_2, \ldots, r(k_1, k_n) + \beta V_n\} \\
V_2 &= \max\{r(k_2, k_1) + \beta V_1, \; r(k_2, k_2) + \beta V_2, \ldots, r(k_2, k_n) + \beta V_n\} \\
&\qquad \cdots\cdots\cdots\cdots\cdots \\
V_n &= \max\{r(k_n, k_1) + \beta V_1, \; r(k_n, k_2) + \beta V_2, \ldots, r(k_n, k_n) + \beta V_n\}
\end{aligned} \qquad (1.26)$$

ただし、

$$r(k_i, k_j) = \frac{(k_i^\alpha + (1-\delta)k_i - k_j)^{1-\sigma} - 1}{1-\sigma}$$

である。(1.26) は、$V_1, V_2, \ldots, V_n$ を未知数とする連立方程式である。この方程式の解を反復法で求める。Program 5 は、モデルの解を求める MATLAB のプログラムである。パラメータは $\alpha = 0.3$, $\beta = 0.98$, $\delta = 0.3$, $\sigma = 1.5$ としている。$k^* = 0.9103$ であり、この値を中心に 200 の分点をとっている。Value function と消費の決定式は単調に増加する凹関数となる（図1.8、図1.9）。

Program 5　最適成長モデル

```
% ラムゼイモデルf（確定的ケース）
alpha=0.3;
beta=0.98;
```

```
sigma=1.5;
delta=0.3;
n=200;
ks=((1-beta*(1-delta))/(alpha*beta))^(1/(alpha-1));
kmin=0.5*ks;
kmax=1.5*ks;
k=linspace(kmin,kmax,n)';
r=zeros(n,n);
c=zeros(n,n);
for i=1:n
    for j=1:n
        p=k(i)^alpha+(1-delta)*k(i)-k(j);
        c(i,j)=max(0,p);
    end
end
r=(c.^(1-sigma)-1)/(1-sigma);
v=zeros(n,1);
it=0;
error=10^5;
while error>10^-6
    [tv,id]=max((r+beta*ones(n,1)*v')');
    tv=tv';
    error=max(abs(v-tv));
    it=it+1;
    disp([it error])
    v=tv;
end
figure(1)
plot(k,v)
title('Value function')
xlabel('capital stock')
ylabel('utility')
grid on
```

```
q(1:n)=k(id(1:n));
consumption=k.^alpha+(1-delta)*k-q';
figure(2)
plot(k,consumption)
title('Consumption function')
xlabel('capital stock')
ylabel('consumption')
grid on
```

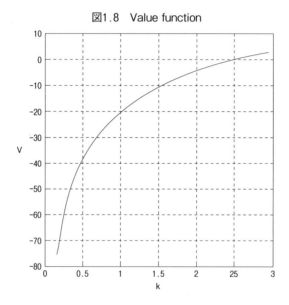

図1.8 Value function

1.9.5 Policy 反復法

Value 反復法の計算は簡単であるが、収束するまでに多数回反復する必要がある。とくに割引率が1に近い場合はなかなか収束しない。この点を改良したのが、ハワード（1960）の policy 反復法である。最適成長モデルを用いて説明しよう。説明の便宜上、$\sigma = 1$, $\delta = 1$ とする。モデルは

$$\max_{\{c_t, k_{t+1}\}_{t=0}^{\infty}} \sum_{t=0}^{\infty} \beta^t \log(c_t)$$

図1.9 消費の決定式

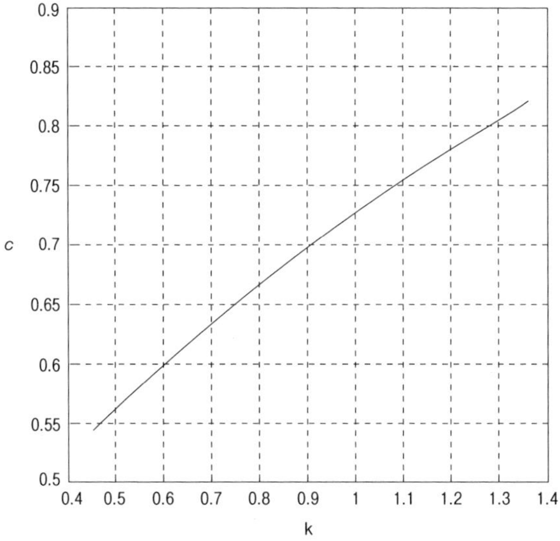

$$s.t. \quad c_t + k_{t+1} = k_t^\alpha$$

と表される。$k_{t+1} = f_0 k_t^\alpha$ とすると

$$\log(k_t) = \log(f_0)\frac{1-\alpha^t}{1-\alpha} + \alpha^t \log(k_0)$$

となる。効用関数に代入すると

$$V_0(k_0) = F + \frac{\alpha}{1-\alpha\beta}\log(k_0)$$

新しい係数 f_1 を

$$\log(k^\alpha - k') + \beta\left(F + \frac{\alpha}{1-\alpha\beta}\log(k')\right)$$

が最大となるように決める。1階の条件

$$-\frac{1}{k^\alpha - k'} + \left(\frac{\alpha\beta}{1-\alpha\beta}\right)\frac{1}{k'} = 0$$

から $k' = \alpha\beta k^\alpha$ となる。したがって $f_1 = \alpha\beta$ である。この場合は1回計算しただけで最適政策 $k' = \alpha\beta k^\alpha$ を得る。ただし解析解があるのは特別なケースに限られる。一般的なケースは数値解法を適用する。つぎのアルゴリズムを用いる。

［ステップ1］ $u_t = f_0(x_t)$ を設定する。

［ステップ2］ $f_j(x_t)$ を用いて value を計算する。

$$Vf_j(x_t) = \sum_{t=0}^{\infty} \beta^t r(x_t, f_j(x_t))$$

$$x_{t+1} = g(x_t, f_j(x_t))$$

［ステップ3］ つぎの問題を解いて新しい政策関数 $u_t = f_{j+1}(x_t)$ を求める。

$$\max_{u_t} \{r(x_t, u_t) + \beta V f_j[g(x_t, u_t)]\}$$

［ステップ4］ V_f が収束条件を満たすまでステップ2と3を繰り返す。

ステップ2ではつぎの方法で value を算出する。$v = [V_1, V_2, \cdots, V_N]'$、$R = [r(x_1, f(x_1)), r(x_2, f(x_2)), \cdots, r(x_N, f(x_N))]'$ とする。つぎの行列を定義する。

$$Q = \begin{bmatrix} q_{11} & q_{12} & \cdots & q_{1N} \\ q_{21} & q_{22} & \cdots & q_{2N} \\ & \cdots & & \\ q_{N1} & q_{N2} & \cdots & q_{NN} \end{bmatrix}$$

ここで

$$q_{ij} = \begin{cases} 1 & if \ g(x_i, f(x_i)) = x_j \\ 0 & otherwise \end{cases}$$

である。つぎの式が成り立つ。

$$\begin{bmatrix} V_1 \\ V_2 \\ \cdot \\ V_N \end{bmatrix} = \begin{bmatrix} r(x_1, f(x_1)) \\ r(x_2, f(x_2)) \\ \cdots \\ r(x_N, f(x_N)) \end{bmatrix} + \beta \begin{bmatrix} q_{11} & q_{12} & \cdots & q_{1N} \\ q_{21} & q_{22} & \cdots & q_{2N} \\ & \cdots & & \\ q_{N1} & q_{N2} & \cdots & q_{NN} \end{bmatrix} \begin{bmatrix} V_1 \\ V_2 \\ \cdot \\ V_N \end{bmatrix}$$

または

$$v = R + \beta Q v$$

これより

$$v = (I - \beta Q)^{-1} R$$

となる。前節のモデルに適用すると、59回反復しただけで収束する。一回当たりの計算量は増えるが、value 反復法ほど時間はかからない。

1.9.6 確率的最適成長モデル

つぎに全要素生産性は確率的に変化すると仮定する。生産関数は $y = zf(k)$ であり、z は全要素生産性を表す。確率的最適成長モデルに DP を適用すると、ベルマン方程式は

$$V(k, z) = \max_{k'} \{u(c) + \beta E(V(k', z'))\} \tag{1.27}$$

と表される。状態変数は資本と全要素生産性である。右辺の E は期待値を表す。

$$k' = zf(k) + (1-\delta)k - c$$

を代入すると

$$V(k, z) = \max_{k'} \{u(zf(k) + (1-\delta)k - k') + \beta E(V(k', z'))\} \tag{1.28}$$

と書き換えられる。z と z' は独立に変化する。z は m 個の状態からなるマルコフ連鎖に従い、遷移行列を

$$P = \begin{bmatrix} p_{11} & p_{12} & \cdots\cdots & p_{1m} \\ p_{21} & p_{22} & \cdots\cdots & p_{2m} \\ & \cdots\cdots\cdots & & \\ & \cdots\cdots\cdots & & \\ p_{m1} & p_{m2} & \cdots\cdots & p_{mm} \end{bmatrix}$$

とする。ここで、

$$p_{ij} = \Pr(z' = z_j \mid z = z_i) \qquad (i, j = 1, 2, \cdots\cdots, m)$$

である。資本を n 個の分点に離散化して、$K = \{k_1, k_2, \cdots\cdots, k_n\}$ とする。(1.28) を

$$V(k_l, z_i) = \max_{k'} \left\{ u(z_i f(k_l) + (1-\delta)k_l - k') + \beta \sum_{j=1}^{m} p_{ij} V(k', z_j) \right\}$$

$$(l = 1, \cdots\cdots, n, \ i = 1, \cdots\cdots, m)$$

で近似する。前節と同じ効用関数を仮定すると

$$V(k_l, z_i) = \max_{k'} \left\{ \frac{(z_i k_l^\alpha + (1-\delta) k_l - k')^{1-\sigma} - 1}{1-\sigma} + \beta \sum_{j=1}^m p_{ij} V(k', z_j) \right\}$$

となる。簡単化のため、z は2つの状態からなるとする。そして

$$V_1 = \{V(k_l, z_1)\}, \quad V_2 = \{V(k_l, z_2)\} \qquad (l = 1, 2, \cdots\cdots, n)$$

$$R_1 = \{r(k_l, k_j, z_1)\}, \quad R_2 = \{r(k_l, k_j, z_2)\} \qquad (l, j = 1, 2, \cdots\cdots, n)$$

$$r(k_l, k_j, z_i) = \frac{(z_i k_l^\alpha + (1-\delta) k_l - k_j)^{1-\sigma} - 1}{1-\sigma} \qquad (i = 1, 2)$$

とする。反復法では $V = [V_1, V_2]$ を $TV = [TV_1, TV_2]$ に変換する。ただし、

$$TV_1 = \max\{R_1 + \beta p_{11} IV_1' + \beta p_{12} IV_2'\}$$
$$TV_2 = \max\{R_2 + \beta p_{21} IV_1' + \beta p_{22} IV_2'\}$$

である。ここで I は1を要素とするベクトルを表す。はじめに $V^0 = 0$ とおいて、$V^1 = TV^0$ を計算する。$\|V^0 - V^1\| < \varepsilon$ であれば計算を終了し、そうでなければ $V^{i+1} = TV^i$ の計算を繰り返す。Program 6は数値解を求めるプログラムである。パラメータの値は確定的な場合と変わらない。変数 z の二つの状態と遷移行列を

$$z \in \begin{bmatrix} 0.5 \\ 1.5 \end{bmatrix}, \quad P = \begin{bmatrix} 0.4 & 0.6 \\ 0.6 & 0.4 \end{bmatrix}$$

としている。定常状態の資本は

$$k_1^* = \left(\frac{1 - \beta(1-\delta)}{z_1 \alpha \beta} \right)^{\frac{1}{\alpha-1}} = 0.3382$$

$$k_2^* = \left(\frac{1 - \beta(1-\delta)}{z_2 \alpha \beta} \right)^{\frac{1}{\alpha-1}} = 1.6245$$

となる。定常状態において、$\Pr(z = z_1) = 0.5$, $\Pr(z = z_2) = 0.5$ となる。したがって資本ストックは等確率で k_1^* か k_2^* に等しい。Program 6を実行して数値解を求めた。図1.10は value function を示している。上の曲線と下の曲線はそれぞれ $z = 1.5$ と $z = 0.5$ に対応している。全要素生産性が上昇すると、生涯の効用は高くなる。ここでは二つの状態を仮定したが、上のアルゴリズムは三つ以上の状態がある場合にも適用できる。

Program 6　確率的最適成長モデル

```
% ラムゼイモデル (確率的ケース)
alpha=0.3;
beta=0.98;
sigma=1.5;
delta=0.3;
n=200;
z1=0.5;
z2=1.5;
P=[0.4,0.6;0.6,0.4];
ks1=((1-beta*(1-delta))/(z1*alpha*beta))^(1/(alpha-1));
ks2=((1-beta*(1-delta))/(z2*alpha*beta))^(1/(alpha-1));
k=linspace(0.01,2*ks2,n);
r1=zeros(n,n);
r2=zeros(n,n);
c1=zeros(n,n);
c2=zeros(n,n);
for i=1:n
    for j=1:n
        a1=z1*k(i)^alpha+(1-delta)*k(i)-k(j);
        a2=z2*k(i)^alpha+(1-delta)*k(i)-k(j);
        c1(i,j)=max(0,a1);
        c2(i,j)=max(0,a2);
        r1(i,j)=(c1(i,j)^(1-sigma)-1)/(1-sigma);
        r2(i,j)=(c2(i,j)^(1-sigma)-1)/(1-sigma);
    end
end
V=zeros(n,2);
v1=zeros(n,1);
v2=zeros(n,1);
error=10^5;
it=0;
while error>10^-6
    v1=V(:,1);
    v2=V(:,2);
```

```
                tv1=max((r1+beta*P(1,1)*ones(n,1)*v1'+beta*P(1,2)*ones(n,1)*v2')');
                tv2=max((r2+beta*P(2,1)*ones(n,1)*v1'+beta*P(2,2)*ones(n,1)*v2')');
                TV=[tv1',tv2'];
                error=max(max(abs(V-TV)));
                disp([it+1 error])
                V=TV;
                it=it+1;
        end
        plot(k,v1,k,v2)
        title('Value functions')
        xlabel('Capital stock')
        ylabel('Value')
        grid on
```

1.10 コルモゴロフ方程式

変数 $x(t)$ はつぎの確率微分方程式に従うとする。

$$\begin{cases} dx(t) = \mu(x,t)dt + \sigma(x,t)dW(t) \\ x(0) = x_0 \end{cases} \tag{1.29}$$

$\mu(x,t)$ はドリフト係数、$\sigma(x,t)$ は拡散係数である。$W(t)$ は標準ブラウン運動を表す。$x(t)$ の遷移確率密度関数 $p(x,t)$ はつぎのコルモゴロフ方程式を満たす[3]。

$$\frac{\partial p(x,t)}{\partial t} = -\frac{\partial}{\partial x}[\mu(x,t)p(x,t)] + \frac{1}{2}\frac{\partial^2}{\partial x^2}[\sigma^2(x,t)p(x,t)] \tag{1.30}$$

例えば、$x(t)$ はオルンシュタイン・ウーレンベック過程

$$dx(t) = -\mu x dt + \sigma dW(t), \quad (\mu > 0)$$

に従うとする。この場合 (1.30) は

$$\frac{\partial p(x,t)}{\partial t} = \frac{\partial}{\partial x}[\mu x p(x,t)] + \frac{\sigma^2}{2}\frac{\partial^2}{\partial x^2}p(x,t) \tag{1.31}$$

となる。定常状態の分布を $p(x)$ とすると、(1.31) の左辺を 0 とおいて

$$0 = \frac{d}{dx}[\mu x p(x)] + \frac{\sigma^2}{2}\frac{d^2}{dx^2}p(x)$$

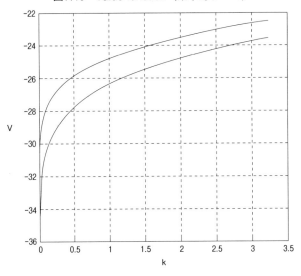

図1.10 Value function（確率的ケース）

が成り立つ。$x(0) = 0$であれば、この方程式の解は

$$p(x) = \sqrt{\frac{\mu}{\sigma^2 \pi}} \exp\left(-\frac{\mu x^2}{\sigma^2}\right)$$

で与えられる。(1.29)で$\mu(x, t) = 0$、$\sigma(x, t) = 1$とすれば(1.30)は

$$\frac{\partial p(x, t)}{\partial t} = \frac{1}{2} \frac{\partial^2 p(x, t)}{\partial x^2}$$

となる。これは1次元熱伝導方程式である。初期条件を$p(x, 0) = \delta(x)$（デルタ関数）とすれば

$$p(x, t) = \frac{1}{\sqrt{2\pi t}} \exp\left(-\frac{x^2}{2t}\right)$$

となる。したがって$x(t)$は正規分布$N(0, t)$となる。

簡単な偏微分方程式は解析的に解けるが、通常は数値的な方法で解を求める。よく使われるのは差分法である。(1.30)は放物型偏微分方程式であり、既存の解法を少し修正すれば済む。図1.11はランジュバン方程式

$$dx(t) = -x(t)dt + \sigma dW(t)$$

に対応するコルモゴロフ方程式の解である。初期時点の分布はデルタ関数で、

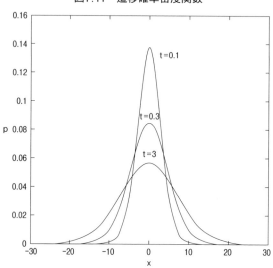

図1.11 遷移確率密度関数

$t = 0.1, 0.3, 3.0$ における密度関数をプロットしている。密度関数は急速に定常分布へ収束するのがわかる。

補論　MATLABの基本的なコマンド

数値計算を行うには、コンピュータプログラムを書く必要がある。文系にとって、FORTRANやC、C^{++}、Javaなどの言語をマスターするのは容易ではない。幸いなことに、いまはプロの開発した使い勝手の良いソフトを利用できる。経済分野ではMATLABがよく使われる。例題の計算にはこのソフトを使っている。掲載したプログラムが理解できるように、補論でMATLABの基本的なコマンドを説明しよう。

1. ベクトルと行列の入力

・ベクトルの入力

行ベクトルはつぎのようにインプットする。

>>　A = [1 2 3 4 5];

末尾の";"を省略すると、結果が自動的に表示される。コマンドラインに

```
>> A
```
と入力すると
```
A = 1 2 3 4 5
```
と表示される。FORTRANのように配列を定義する必要はない。列ベクトルは
```
>>  A = [1;2;3;4;5];
```
または
```
>>  A = [1 2 3 4 5]';
```
と書く。ここで " ' " は行列の転置を意味する。等差数列のベクトルは
```
>>  A = 1:0.5:2;
>>  A = 1:5;
```
とすればよい。増分が1であれば省略してもかまわない。linspace (a, b, n) は、aとbの間でn個の数値からなるベクトルを作成する。
```
>>  A = linspace (0, 5, 8)
   A = 0   0.7143   1.4286   2.1429   2.8571   3.5714   4.2857   5.0000
```

・行列の入力

行列は
```
>>  A = [1 2 3;4 5 6;7 8 9]
    A = 1  2  3
        4  5  6
        7  8  9
```
と入力する。ベクトルから行列を作成する方法もある。例えば、x = 1:5とy = 2:6から
```
>>  A = [x;y]
```
と入力すると
```
A = 1  2  3  4  5
    2  3  4  5  6
```
が生成される。

・特殊行列

特殊な行列には特別のコマンドが用意されている。0を要素とする行列は
```
>>  A = zeros (2, 3)
    A = 0  0  0
```

```
              0   0   0
```
とする。zeros のかわりに ones とすると
```
>>   A = ones (2, 3)
     A = 1   1   1
         1   1   1
```
と 1 を要素とする行列が定義される。単位行列はつぎのように入力する。
```
>>   A = eye (3)
     A = 1   0   0
         0   1   0
         0   0   1
```
対角行列は
```
>>   A = diag ([1 2 3])
     A = 1   0   0
         0   2   0
         0   0   3
```
一様乱数の行列はつぎのように生成する。
```
>>   A = rand (2, 3)
     A = 0.9501   0.6068   0.8913
         0.2311   0.4860   0.7621
```
randn とする標準正規乱数の行列となる。
```
>>   A = randn (3)
     A = -0.4326    0.2877    1.1892
         -1.6656   -1.1465   -0.0376
          0.1253    1.1909    0.3273
```
行列やベクトルを追加して、新しい行列を作ることもできる。空行列にベルトルを追加していく例を示す。
```
>>   A = [];
>>   A = [A;[1 3 5]];
>>   A = [A;[5 2 8]]
     A = 1   3   5
         5   2   8
```

この方法は変数に計算結果を次々と格納するときに使う。
つぎの行列が与えられている。

$$A = \begin{bmatrix} 2 & -3 & 5 \\ 0 & 8 & -1 \\ 2 & 4 & 1 \end{bmatrix}$$

1行3列目の要素を取り出すには
　>>　A (1,3)
　　　ans = 5
とする。2行と3行を取り出すには
　>>　A (2:3,1:3)
　　　ans = 0　8　-1
　　　　　　2　4　　1
とすればよい。

2. 行列の演算
【加算と減算】
　行列 A, B の加算は A+B、減算は A-B と入力する。二つの行列のサイズが合わないとエラーメッセージがでる。二つの行列を

$$A = \begin{bmatrix} 1 & 3 \\ 6 & 4 \end{bmatrix}, B = \begin{bmatrix} 2 & 5 \\ 6 & 3 \end{bmatrix}$$

とする。
　>>　C = A+B
　　　C = 3　8
　　　　 12　7

　>>　D = A-B
　　　D = -1　-2
　　　　　 0　　1
となる。

【乗算と除算】
　行列の積は A*B と表す。積を計算できないときはエラーが表示される。

$$A = \begin{bmatrix} 1 & 2 \\ 3 & 4 \end{bmatrix}, \quad B = \begin{bmatrix} 5 & 6 & 7 \\ 8 & 9 & 10 \end{bmatrix}$$

とすれば
```
>>  C = A * B
    C = 21  24  27
        47  54  61
```
となる。行列をスカラー倍するには
```
>>  A = [1 6 8 ; 2 1 4];
>>  B = 2*A
    B = 2  12  16
        4   2   8
```
とする。除算は連立1次方程式の解を求めるときに用いる。

$$Ax = b$$

の解は逆行列を使って $x = A\backslash b$ と計算する。

$$A = \begin{bmatrix} 1 & 1 & 1 \\ 3 & 2 & -2 \\ 2 & -1 & 3 \end{bmatrix}, \quad b = \begin{bmatrix} 3 \\ 2 \\ 5 \end{bmatrix}$$

```
>>  x = A\b
    x = 1.0000
        0.7500
        1.2500
```
となる。

【べき乗】正方行列

$$A = \begin{bmatrix} 1 & 5 \\ -3 & 2 \end{bmatrix}$$

の3乗は
```
>>  B = A^3
```

$$B = \begin{matrix} -59 & -40 \\ 24 & -67 \end{matrix}$$

となる。一般に C = A^m と入力する。

【和と最大・最小値】

sum で行列の列和を求める。max と min は列方向の最大値と最小値を出力する。

$$A = \begin{bmatrix} 1 & 6 & 2 \\ 3 & 8 & 5 \end{bmatrix}$$

とすると

>> s = sum（A）

s = 4　14　7

>> a = max（A）

a = 3　8　5

>> b = min（A）

b = 1　6　2

【要素ごとの演算】

要素ごとの演算には "." を用いる。例えば

$$A = \begin{bmatrix} 2 & 1 \\ 4 & 6 \end{bmatrix}, \ B = \begin{bmatrix} 3 & 5 \\ 2 & 8 \end{bmatrix}$$

とする。A の要素に B の対応する要素を掛けるには

>> A.*B

ans = 6　5

8　48

とする。べき乗は

>> A.^2

ans = 4　1

16　36

となる。

【行列関数】

つぎのような行列関数が用意されている。

関数名	意味
size	行列のサイズ
rank	行列のランク
det	行列式
inv	逆行列
eig	固有ベクトルと固有値
chol	行列のコレスキー分解
lu	行列のLU分解

size（A）は行列の行数と列数を出力する。

$$A = \begin{bmatrix} 0 & 2 & 5 \\ -1 & 3 & 4 \end{bmatrix}$$

>> [n1, n2] = size（A）

n1 = 2

n2 = 3

rank（A）は行列の一次独立である行数、または列数を与える。例えば

$$A = \begin{bmatrix} 1 & 2 & 3 \\ 4 & 5 & 6 \\ 7 & 8 & 9 \end{bmatrix}$$

のランクは

>> r = rank（A）

r = 2

となる。正方行列の行列式は det（A）で求める。

$$A = \begin{bmatrix} 1 & 5 & 2 \\ 3 & 2 & 6 \\ 5 & 2 & 1 \end{bmatrix}$$

>> a = det（A）

a = 117

正則行列

$$A = \begin{bmatrix} 1 & 2 & 3 \\ 2 & 1 & 4 \\ 2 & 2 & 1 \end{bmatrix}$$

の逆行列は

```
>>  B = inv (A)
    B = -0.6364    0.3636    0.4545
         0.5455   -0.4545    0.1818
         0.1818    0.1818   -0.2727
```
で与えられる。

eigは行列の固有ベクトルと固有値を出力する。

$$A = \begin{bmatrix} 1 & 5 & -1 \\ 3 & 2 & 4 \\ -2 & 2 & 1 \end{bmatrix}$$

の固有ベクトルと固有値は

```
>>  [u v] = eig (A)
    u =  0.6488   -0.8081    0.7682
        -0.6008   -0.2349    0.6372
         0.4671    0.5402   -0.0620
    v = -4.3500    0         0
         0        3.1221     0
         0        0         5.2278
```
となる。固有値は-4.3500、3.1221、5.2278である。

正定値行列

$$A = \begin{bmatrix} 20 & 15 & -5 \\ 15 & 18 & 0 \\ -5 & 0 & 10 \end{bmatrix}$$

のコレスキー分解は

```
>>  c = chol (A)
    c = 4.4721    3.3541   -1.1180
        0         2.5981    1.4434
        0         0         2.5820
```
となる。行列が正定値でなければエラーが表示される。

正方行列

$$A = \begin{bmatrix} 1 & 2 & 3 \\ 2 & -4 & 6 \\ 3 & -9 & -3 \end{bmatrix}$$

の LU 分解は

>> [l u p] = lu (A)

l = 1.0000   0   0
    0.3333 1.0000   0
    0.6667 0.4000 1.0000

u = 3.0000 -9.0000 -3.0000
       0   5.0000   4.0000
       0   0   6.4000

p =   0   0   1
       1   0   0
       0   1   0

となる。

3. 繰り返しと分岐

【for 文】

for 文で同じ操作を繰り返す。

>> s = 0;
>> for i = 1 : 5
   s = s+i;
   end
>> s = 15

一般的な書式は

  for index = n1: increment: n2
   statements
  end

である。増分を指定しないと、increment は 1 となる。break でループの実行を中止する。for 文をネストすれば 2 重ループとなる。

例えば

$$A = \begin{bmatrix} 4 & 1 & 3 & 6 \\ 3 & 2 & 0 & 5 \\ 8 & 1 & 2 & 3 \end{bmatrix}$$

について要素の総和を求めるには

```
>>  s1 = 0;
>>  for i = 1:3
        s2 = 0;
        for j = 1:4
            s2 = s2 + A (i, j) ;
        end
        s1 = s1 + s2;
    end
>>  s1 = 38
```

とする。

【while 文】

while 文で不定回数繰り返す。

```
while 条件
    statements
end
```

条件が満たされる間はステートメントを実行する。

```
>>  s = 0; i = 0;
>>  while i<6
        s = s + i;
        i = i + 1;
    end
>>  s = 15
```

$s = 1+2+3+4+5$ を出力する。

【if 文】

if 文は条件によって分岐する。一般的な書式は

```
if expression
    statements
```

```
            end
または
        if expression
            statements 1
        else
            statements 2
        end
あるいは
        if expression 1
            statements 1
        elseif expression 2
            statements 2
        else
            statements 3
        end
```

判定条件には関係演算子と論理演算子を使う。

（関係演算子）

x＞y　　：xはyより大きい　　x＜y　　：xはyより小さい

x＞＝y：以上　　　　　　　　x＜＝y：以下

x＝＝y：等しい　　　　　　　x～＝y：等しくない

&　　　：and　　　　　　　　|　　　：or

（論理演算子）

~p　　：pの否定

p&q　　：pとqの論理積

p|q　　：pとqの論理和

4. スクリプトファイルと関数ファイル

　MATLABにはスクリプトファイルと関数ファイルがある。スクリプトは入出力引数のないファイルであり、一連のコマンドを実行するときに用いる。ファイル名を打ち込んで実行する。例えば自然数の2乗和はつぎのように計算する。

　Squares_sum

```
clear all; n = 100;
s = 0;
for x = 1:n
  s = s + x^2;
end
disp(s)
```

結果は

```
>> Squares_sum
   338350
```

となる。関数ファイルはつぎのように構成する。

　　　定義行：function 出力引数＝関数名（入力引数）
　　　コメント行
　　　プログラム本体

関数名がファイル名となる。平均値を求める関数は

```
function out = ave(x)
n = length(x);
out = sum(x)/n;
```

プログラムを実行すると

```
>> x = [1 5 4 6 2];
>> y = ave(x)
   y = 3.6000
```

関数は inline 文で定義することもできる。例えば

$$f(x) = \frac{\cos(x)}{1+x^2}$$

はつぎのように定義する。

```
>> f = inline('cos(x)/(1+x^2)')
   f = Inline function:
   f(x) = cos(x)/(1+x^2)
>> f(2)
 ans = -0.0832
```

多変数関数も同じように定義する。例えば

$$g(x, y) = \sin(x) + y\cos(x)$$

は

>> g = inline ('sin (x)+y*cos (x) ','x','y')
　　g = Inline function:
　　g (x, y) = sin (x)+y*cos (x)

と入力する。関数値は

>> g (1, -2)
　　ans = -0.2391

sin (x) や cos (x) などよく使われ関数が組み込まれている。例えば $g(x) = x^3 - 6x^2 + x + 8$ の根は fzero コマンドを使って求める。

>> g = inline ('x^3-6*x^2+x+8')
>> x = fzero (g, 5)
x = 5.5616

関数名と零点の近似値を引数として与える。roots を使うと多項式の根が求められる。例えば多項式

$$p(x) = x^3 - 6x^2 + x + 8$$

は MATLAB では

>> p = [1 -6 1 8];

と表される。$p(x) = 0$ のすべての根を求めるには

>> roots (p)
　　ans = 5.5616
　　　　　1.4384
　　　　　-1.0000

とする。

MATLAB には常微分方程式を解くための関数が組み込まれている。例として、つぎの連立微分方程式の解を求める。

$$\frac{dx_1}{dt} = x_2^2 - 3x_1$$

$$\frac{dx_2}{dt} = x_1 - 2x_2 - tx_2^2$$

$$x_1(0) = 0, \quad x_2(0) = 1$$

右辺の関数をつぎのように定義する。

function dx ＝ xdot（t, x）
dx ＝ zeros（2, 1）;
dx（1）＝ x（2）^2 −3*x（1）;
dx（2）＝ x（1）−2*x（2）−t*x（2）^2;

この関数を保存して

>> ［T X］＝ ode 45（@xdot,［0, 2］,［0, 1］）;

データを可視化するには plot 文を使う。例えば

t ＝0: pi/100: 2*pi;
y1＝ sin（t）;
y2＝ sin（t−0.5）;
plot（t, y1, t, y2）
grid on

と入力すると、sin（t）と sin（t−0.5）のグラフを重ねて表示する。他にも度数分布や等高線を描くコマンドもある。上坂（2011）は MATLAB についてさらに詳しく説明している。

[注]

1) この節は杉山（1976）の第1章と Adda＝Cooper（2003）の Ch2, 3を参照した。
2) 他の方法については釜（2015）の第5章−第8章を参照せよ。
3) 第11章の補論はコルモゴロフ方程式を簡単な方法で導出している。

[参考文献]

上坂吉則（2011）『MATLAB プログラミング入門』牧野書店。
釜国男（2015）『経済モデルの数値解析』多賀出版。

杉山昌平（1976）『動的計画法』日科技連。
森正武（1998）「二重指数関数型変換のすすめ」『数理解析研究所講究録』1040巻、pp. 143-153。
Adda, J and R. W. Cooper. (2003) *Dynamic Economics*, MA: MIT Press.
Howard, R. A. (1960) *Dynamic Programming and Markov Process*, MA: MIT Press.

第2章　偏微分方程式の数値解法

　最近の動学的なマクロ経済学の研究では、偏微分方程式がよく使われる。前章で示したコルモゴロフ方程式は、その一例である。この方程式は第8章と第10‐11章でも扱う。偏微分方程式は特別な場合を除いて解析解をもたない。このため数値的な方法で近似解を求める。よく使われるのは差分法と有限要素法、および境界要素法である。特殊な偏微分方程式は変分問題を解く過程で現れる。このため最初に変分法の数値解法について検討する。その後、差分法と1次元および2次元の有限要素法について説明する。

2.1　変分法の基本原理

　変分問題とは、与えられた制約条件を満たしながら汎関数の極値を求める問題である。つまり汎関数

$$I[y] = \int_a^b F(y(x),\ y'(x),\ x)\,dx \tag{2.1}$$
$$y(a) = \alpha,\ y(b) = \beta$$

が最小となるような関数 $y(x)$ を求める問題である。$I[y]$ は関数から実数への写像であり、$F(y, y', x)$ は y, y', x に関して C^2 級である。適当な条件のもとで、停留関数と呼ばれる唯一の解が存在する。はじめに、変分法の基本となる方程式を導出しよう。

　停留関数を $y^{\ast}(x)$ とすると、任意の関数 $y(x)$ は

$$y(x) = y^{\ast}(x) + \varepsilon h(x)$$
$$h(a) = h(b) = 0$$

と表される。ここで ε は十分小さい数である。$y(x)$ を (2.1) に代入すると、

$$I(\varepsilon) = \int_a^b F(y(x)+\varepsilon h(x),\ y'(x)+\varepsilon h'(x),\ x)\,dx$$

つまり汎関数は ε の関数となる。$I(\varepsilon)$ を ε で微分して 0 とおくと

$$\int_a^b F_y h(x)\,dx + \int_a^b F_{y'} h'(x)\,dx = 0$$

が成り立つ。第二項は部分積分により

$$\int_a^b F_{y'} h'(x)\,dx = [F_{y'} h(x)]_a^b - \int_a^b h(x) \frac{d}{dx} F_{y'}\,dx$$

$$= -\int_a^b h(x) \frac{d}{dx} F_{y'}\,dx$$

となる。最小化の条件

$$\int_a^b \left(F_y - \frac{d}{dx} F_{y'}\right) h(x)\,dx = 0$$

から変分法の基礎であるオイラー方程式

$$F_y - \frac{d}{dx} F_{y'} = 0 \tag{2.2}$$

が導かれる。(2.2) に

$$\frac{d}{dx} F_{y'} = F_{y'x} + F_{y'y} y' + F_{y'y'} y''$$

を代入すると、オイラー方程式は

$$F_{y'y'} y'' + F_{y'y} y' + F_{y'x} - F_y = 0 \tag{2.3}$$

と表すこともできる。ただし、方程式の解が得られても、(2.1) の最小値を与えるとは限らない。2 階の条件も満たしているか調べる必要がある。

一般にオイラー方程式は

$$\frac{d^2 y}{dx^2} = f\left(\frac{dy}{dx},\ y,\ x\right)$$

$$y(a) = \alpha,\ y(b) = \beta \tag{2.4}$$

と表される。問題によってはオイラー方程式が解析的に解ける場合もある。つぎの問題について考えよう[1]。

［例1］中央銀行は金融政策により

$$I[\pi] = \int_0^T e^{-\rho t} f(\pi, \pi') dt$$

$$\pi(0) = \pi_0, \ \pi(T) = 0$$

を最小化している。変数πは期待インフレ率である。損失関数は

$$f(\pi, \pi') = \left(\frac{\pi'}{\beta\phi}\right)^2 + \omega\left(\frac{\pi'}{\phi} + \pi\right)^2$$

とする。変分法を適用すると、オイラー方程式は

$$\pi'' - \rho\pi' - \Psi\pi = 0, \ \Psi = \frac{\omega\beta^2\phi(\rho+\phi)}{1+\omega\beta^2}$$

となる。これは2階の微分方程式であり、一般解は

$$\pi(t) = C_1 e^{r_1 t} + C_2 e^{r_2 t}$$

と表される。ここでr_1とr_2は

$$r_1, r_2 = \frac{1}{2}\left(\rho \pm \sqrt{\rho^2 + 4\Psi}\right)$$

である。積分定数は

$$C_1 = \frac{-\pi_0 e^{r_2 T}}{e^{r_1 T} - e^{r_2 T}}$$

$$C_2 = \frac{\pi_0 e^{r_1 T}}{e^{r_1 T} - e^{r_2 T}}$$

で与えられる。パラメータを$\omega = 0.5, \beta = 2, \phi = 0.6, \rho = 0.98$とすると

$$r_1 = 1.424, \ r_2 = -0.444$$

となる。$T = 2$、$\pi_0 = 1$であれば期待インフレ率は

$$\pi(t) = -0.0244 e^{1.424 t} + 1.0244 e^{-0.444 t}$$

と表される。インフレ率は時間とともに低下して、最終的に$\pi(2) = 0$となる。

このように厳密解が得られるのは、例外的なケースである。多くの問題は数値的な方法で近似解を求める。ただし、(2.4)は2点境界値問題であり、特別な工

夫が必要である。いくつかの方法があるが、ここではシューティング法について説明しよう。$y(a)$ は与えられており、$y'(a)$ がわかると差分法で $y(b)$ を求めることができる。シューティング法では、$y(b) = \beta$ となるように $y'(a)$ を決める。$y'(a) = t$ とおくと、$x = b$ における y の値は $y(b, t)$ と表される。誤差を $m(t) = y(b, t) - \beta$ とすると、$m(t) = 0$ のとき $y(b, t) = \beta$ となり制約条件を満たす。したがって t に関する方程式、$m(t) = 0$ を解けばよい。$y(b, t)$ の関数形はわからないのでニュートン法を使うことはできない。このため微分を必要としないセカント法を用いる[2]。はじめに t_0 と t_1 を選んで、$m(t_0)$ と $m(t_1)$ を計算する。次に反復式

$$t_{k+1} = t_k - \frac{t_k - t_{k-1}}{m(t_k) - m(t_{k-1})} m(t_k), \quad (k = 1, 2, \cdots\cdots) \tag{2.5}$$

を用いて $t_2, t_3, \cdots\cdots$ を計算する。$|m(t_k)| \leq 0.00001$ であれば停止する。問題によっては複数の解があるので、はじめに $m(t)$ の関数形を調べたほうがよい。

[例 2] つぎの変分問題について考えよう。

$$I[y] = \int_0^1 \{(1-y^2)(y')^2 - 4y\} dx$$

$$y(0) = 0, \ y(1) = -0.5$$

(2.1) において、$F = (1-y^2)(y')^2 - 4y$ であり

$$F_{y'y'} = 2(1-y^2), \ F_{y'y} = -4yy'$$
$$F_{y'x} = 0, \ F_y = -2y(y')^2 - 4$$

となる。オイラー方程式は

$$\frac{d^2y}{dx^2} = \frac{y}{1-y^2}\left(\frac{dy}{dx}\right)^2 - \frac{2}{1-y^2}$$

と表される。この微分方程式は解析的な方法では解けない。シューティング法を適用すると、$m(t)$ は右上がりの曲線で横軸と $t = 0.5258$ で交わる。したがって $y'(0) = 0.5258$ とすればよい。近似解は原点と点 $(1, -0.5)$ を通る曲線で表される。

変分問題の解は一つとは限らない。問題によっては複数の解がある。つぎの問題について考えよう。

$$I[y] = \frac{1}{2} \int_0^4 \{(y')^2 + h(y)\} dx$$

$$h(y) = \begin{cases} y^2 & for \ y > 0 \\ -y^2 & for \ y \leq 0 \end{cases}$$

$$y(0) = 0, \ y(4) = -1$$

オイラー方程式は

$$\frac{d^2 y}{dx^2} = -|y|$$

である。方程式 $m(t) = 0$ には $t = -0.073477$ と $t = 2.06856$ の二つの解がある。解析解は $y = -0.073477 \sinh(x)$ と $y = 2.06856 \sin(x)$ である。

以上の議論は2つの従属変数がある場合にも当てはまる。従属変数が y_1 と y_2 である変分問題は

$$I[y_1, \ y_2] = \int_a^b F(y_1, \ y_2, \ y'_1, \ y'_2, \ x) \, dx$$

$$y_1(a) = \alpha_1, \ y_1(b) = \beta_1$$

$$y_2(a) = \alpha_2, \ y_2(b) = \beta_2$$

と表される。オイラー方程式は

$$\frac{\partial F}{\partial y_1} - \frac{d}{dx}\left(\frac{\partial F}{\partial y'_1}\right) = 0$$

$$\frac{\partial F}{\partial y_2} - \frac{d}{dx}\left(\frac{\partial F}{\partial y'_2}\right) = 0 \tag{2.6}$$

である。

[例3] つぎの変分問題の停留関数を求めよう。

$$I[y_1, \ y_2] = \int_0^{\pi/2} \{(y'_1)^2 + (y'_2)^2 + 2 y_1 y_2\} dx$$

$$y_1(0) = 0, \ y_1(\pi/2) = 1$$

$$y_2(0) = 0, \ y_2(\pi/2) = -1$$

オイラー方程式は

$$2y_2 - \frac{d}{dx}(2y_1') = 0$$

$$2y_1 - \frac{d}{dx}(2y_2') = 0$$

である。簡単化すると

$$y_1'' - y_2 = 0$$
$$y_2'' - y_1 = 0$$

これより

$$\frac{d^4 y_1}{dx^4} - y_1 = 0$$

が導かれる。この方程式の一般解は

$$y_1 = C_1 e^x + C_2 e^{-x} + C_3 \sin(x) + C_4 \cos(x)$$

である。$y_2 = y_1''$ から

$$y_2 = C_1 e^x + C_2 e^{-x} - C_3 \sin(x) - C_4 \cos(x)$$

と表される。境界条件から積分定数は

$$C_1 = 0, \ C_2 = 0, \ C_3 = 1, \ C_4 = 0$$

となる。したがって厳密解は

$$y_1 = \sin(x), \ y_2 = -\sin(x)$$

である。

　この問題は数値的に解くこともできる。$y_1(0)$ と $y_2(0)$ は与えられているが、$y_1'(0)$ と $y_2'(0)$ はわからない。この場合もシューティング法を適用する。$y_1'(0) = t_1$、$y_2'(0) = t_2$ とおくと、$y_1(\pi/2)$ と $y_2(\pi/2)$ は t_1 と t_2 の関数となる。誤差を $m_1(t_1, t_2) = y_1(\pi/2) - 1$、$m_2(t_1, t_2) = y_2(\pi/2) + 1$ として、$m_1 = 0$、$m_2 = 0$ を解いて t_1 と t_2 を求める。例3の問題では

$$m_1 = at_1 + bt_2 - 1, \ m_2 = bt_1 + at_2 + 1$$

とする。ただし

$$a = (e^{\pi/2} - e^{-\pi/2} + 2)/4, \ b = (e^{\pi/2} - e^{-\pi/2} - 2)/4$$

である。$m_1 = 0, \ m_2 = 0$ から $t_1 = 1, \ t_2 = -1$ となる。したがって $y_1(0) = 0$、$y_1'(0) = 1$、$y_2(0) = 0$、$y_2'(0) = -1$ である。誤差関数の形がわからないときはセカント法を適用する。

つぎに二つの独立変数がある場合を考えよう。2変数の汎関数

$$I[u] = \iint_R F(u, \frac{\partial u}{\partial x}, \frac{\partial u}{\partial y}, x, y) dxdy \tag{2.7}$$

の停留関数を求める。一つの独立変数がある場合と同じ方法を適用すると、1階の条件は

$$\frac{\partial F}{\partial u} - \frac{\partial}{\partial x}\left(\frac{\partial F}{\partial u_x}\right) - \frac{\partial}{\partial y}\left(\frac{\partial F}{\partial u_y}\right) = 0 \tag{2.8}$$

となる[3]。とくに

$$F = \left(\frac{\partial u}{\partial x}\right)^2 + \left(\frac{\partial u}{\partial y}\right)^2$$

であればオイラー方程式は

$$\frac{\partial^2 u}{\partial x^2} + \frac{\partial^2 u}{\partial y^2} = 0 \tag{2.9}$$

となる。つまりオイラー方程式はラプラス方程式となる。ポアソン方程式

$$\frac{\partial^2 u}{\partial x^2} + \frac{\partial^2 u}{\partial y^2} = f(x, y) \tag{2.10}$$

は汎関数

$$I[u] = \iint_R \left\{\left(\frac{\partial u}{\partial x}\right)^2 + \left(\frac{\partial u}{\partial y}\right)^2 + 2uf\right\} dxdy$$

のオイラー方程式である。このように一部の偏微分方程式は変分問題の解と一致する。この性質を利用して偏微分方程式の解を求めることができる。

2.2 差分法

有限要素法を検討する前に、もう一つの解法である差分法について説明しよう。差分法は方程式の1次や2次の微分係数を差分近似して解を求める方法である。一例として、(2.10) のポアソン方程式の数値解を求める問題について考える。境界条件は

$$u(a, y) = g_1(y), \ c < y < d$$
$$u(b, y) = g_2(y), \ c < y < d$$
$$u(x, c) = g_3(x), \ a \leq x \leq b$$
$$u(x, d) = g_4(x), \ a \leq x \leq b$$

である。$x-y$ 平面を網状に区切り、分点

$$x_i = a + ih, \ i = 0, 1, \cdots\cdots, n, \ h = (b-a)/n$$
$$y_j = c + jk, \ j = 0, 1, \cdots\cdots, m, \ k = (d-c)/m$$

をとる。$u(x_i, y_j)$ の近似解を $u_{i,j}$ として、$f(x_i, y_j)$ を $f_{i,j}$ と表す。メッシュの刻み幅が十分小さいと

$$\frac{\partial^2 u}{\partial x^2} \cong \frac{u_{i+1,j} - 2u_{i,j} + u_{i-1,j}}{h^2}$$

$$\frac{\partial^2 u}{\partial y^2} \cong \frac{u_{i,j+1} - 2u_{i,j} + u_{i,j-1}}{k^2}$$

が成り立つ。これを (2.10) に代入すると

$$\frac{u_{i+1,j} - 2u_{i,j} + u_{i-1,j}}{h^2} + \frac{u_{i,j+1} - 2u_{i,j} + u_{i,j-1}}{k^2} = f_{i,j}$$

両辺に $h^2 k^2$ を掛けて整理すると

$$k^2 u_{i+1,j} + k^2 u_{i-1,j} + h^2 u_{i,j+1} + h^2 u_{i,j-1} - 2(h^2 + k^2) u_{i,j} = h^2 k^2 f_{i,j} \quad (2.11)$$

となる。境界条件を

$$u_{0,j} = g_1(y_j), \ u_{n,j} = g_2(y_j), \ j = 1, 2, \cdots\cdots, m-1$$
$$u_{i,0} = g_3(x_i), \ u_{i,m} = g_4(x_i), \ i = 0, 1, \cdots\cdots, n$$

と表す。ヤコビ法では、(2.11) から

$$u_{i,j} = \frac{h^2(u_{i,j+1}+u_{i,j-1})+k^2(u_{i+1,j}+u_{i-1,j})-h^2k^2f_{i,j}}{2(h^2+k^2)} \tag{2.12}$$

を計算する。積分領域の内点では初期値$u_{i,j}^{(0)}$を設定し、これと境界条件から$u_{i,j}^{(1)}$を求める。つぎに$u_{i,j}^{(1)}$を (2.12) の右辺に代入して、$u_{i,j}^{(2)}$を計算する。つぎの収束条件を満たすまで繰り返し計算する。

$$\frac{\sum_{i=1}^{n-1}\sum_{j=1}^{m-1}|u_{i,j}^{(k+1)}-u_{i,j}^{(k)}|}{\sum_{i=1}^{n-1}\sum_{j=1}^{m-1}|u_{i,j}^{(k+1)}|} < e$$

ガウス・ザイデル法はつぎの反復式を用いる。

$$u_{i,j}^{(k+1)} = \frac{h^2(u_{i,j+1}^{(k)}+u_{i,j-1}^{(k+1)})+k^2(u_{i+1,j}^{(k)}+u_{i-1,j}^{(k+1)})-h^2k^2f_{i,j}}{2(h^2+k^2)} \tag{2.13}$$

前の計算結果を使うので、ヤコビ法より速く収束する。

　もう一つの方法は、ガウス・ザイデル法の改良版である SOR（Successive Over Relaxation）法である。(2.13) の右辺をつぎのように書きかえる。

$$u_{i,j}^{(k+1)} = u_{i,j}^{(k)} + \left\{\frac{h^2(u_{i,j+1}^{(k)}+u_{i,j-1}^{(k+1)})+k^2(u_{i+1,j}^{(k)}+u_{i-1,j}^{(k+1)})-h^2k^2f_{i,j}}{2(h^2+k^2)} - u_{i,j}^{(k)}\right\}$$

大括弧の値は$u_{i,j}^{(k)}$の修正量を表す。つぎのように修正量に加速係数ωを掛けると速く収束する。

$$u_{i,j}^{(k+1)} = u_{i,j}^{(k)} + \omega\left\{\frac{h^2(u_{i,j+1}^{(k)}+u_{i,j-1}^{(k)})+k^2(u_{i+1,j}^{(k)}+u_{i-1,j}^{(k+1)})-h^2k^2f_{i,j}}{2(h^2+k^2)} - u_{i,j}^{(k)}\right\} \tag{2.14}$$

加速係数は

$$\omega = \frac{2}{1+\sin(\pi/n)}$$

とする。nはxの格子数で、$1.8 \leq \omega \leq 1.9$とすると速く収束する。$\omega=1$とするとガウス・ザイデル法となる。

［例4］つぎのラプラス方程式の解を差分法で求めてみよう。

図2.1 温度分布

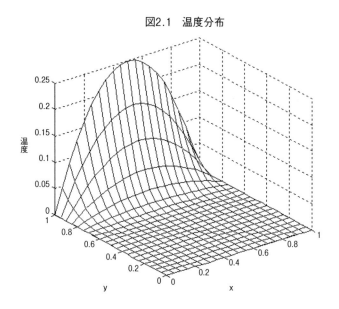

$$\frac{\partial^2 u}{\partial x^2} + \frac{\partial^2 u}{\partial y^2} = 0, \ (0 \leq x \leq 1, \ 0 \leq y \leq 1)$$

$u(0, y) = 0, \ u(1, y) = 0$

$u(x, 0) = 0, \ u(x, 1) = x(1-x)$

$m = n = 20, \ h = k = 0.05$ とする。図2.1はヤコビ法による数値解を示している。境界条件を反映して、温度分布は x に関して左右対称となる。

2.3 直接法

停留関数を直接求める方法もよく使われる。リッツ法、ガレルキン法、および有限要素法が代表的な直接解法である。

2.3.1 リッツ法

リッツ法は、基底関数 $\varphi_i(x)$ の1次結合で停留関数を表す。

$$y(x) = c_0 \varphi_0(x) + c_1 \varphi_1(x) + \cdots\cdots + c_n \varphi_n(x) \tag{2.15}$$

基底関数として多項式や三角関数、スプライン曲線を用いる。

$$I[y] = \int_a^b F\left(\sum_{i=0}^n c_i \varphi_i(x),\ \sum_{i=0}^n c_i \varphi_i'(x),\ x\right) dx$$

であり汎関数は係数の関数となる。これを $I[y] = f(c_0,\ c_1,\ \cdots\cdots,\ c_n)$ と表そう。$I[y]$ が極値をとるための条件は

$$\frac{\partial f}{\partial c_i} = 0,\ i = 1,\ 2,\ \cdots\cdots,\ n$$

である。この式から c_i を求めて (2.15) に代入すれば、停留関数の近似式が得られる。

[例 5] つぎの変分問題の解をリッツ法で求めよう。

$$\text{minimize} \quad I[y] = \int_0^1 \{(y')^2 - y^2 - 2xy\} dx$$
$$y(0) = y(1) = 0$$

基底関数を、$\varphi_0(x) = 0,\ \varphi_i(x) = x(1-x)^i,\ i = 1,\ 2,\ \cdots\cdots,\ n$ とする。$\varphi_i(0) = \varphi_i(1) = 0$ であり、近似式は境界条件を満たしている。$n = 3$ として

$$y(x) = c_1 x(1-x) + c_2 x(1-x)^2 + c_3 x(1-x)^3$$

とする。

$$y'(x) = c_1(1-2x) + c_2(1-4x+3x^2) + c_3(1-6x+9x^2-4x^3)$$

であり

$$f(c_1,\ c_2,\ c_3) = -\frac{1}{6}c_1 - \frac{1}{15}c_2 - \frac{1}{30}c_3 + \frac{3}{10}c_1^2 + \frac{13}{105}c_2^2 + \frac{103}{1260}c_3^2$$
$$+ \frac{3}{10}c_1 c_2 + \frac{19}{105}c_1 c_3 + \frac{79}{420}c_2 c_3$$

となる。1 階の条件は

$$\frac{\partial f}{\partial c_1} = -\frac{1}{6} + \frac{3}{5}c_1 + \frac{3}{10}c_2 + \frac{19}{105}c_3 = 0$$

$$\frac{\partial f}{\partial c_2} = -\frac{1}{15} + \frac{3}{10}c_1 + \frac{26}{105}c_2 + \frac{79}{420}c_3 = 0$$

$$\frac{\partial f}{\partial c_3} = -\frac{1}{30} + \frac{19}{105}c_1 + \frac{79}{420}c_2 + \frac{103}{630}c_3 = 0$$

これより係数は

$$c_1 = \frac{26369}{73554}, \quad c_2 = -\frac{1806}{12259}, \quad c_3 = -\frac{7}{299}$$

となり近似解は

$$y(x) = \frac{26369}{73554}x(1-x) - \frac{1806}{12259}x(1-x)^2 - \frac{7}{299}x(1-x)^3$$

と表される。オイラー方程式は

$$y'' + y = -x$$

であり解析解は

$$y_{exact} = \frac{\sin(x)}{\sin(1)} - x$$

で与えられる。

2.3.2 ガレルキン法

ポアソン方程式を用いてガレルキン法を説明しよう。平面上の閉曲線 C で囲まれた領域を D とする。境界条件は

$$u(x_c, y_c) = g(x_c, y_c)$$

と表される。この条件を満たすポアソン方程式の解を求める。

リッツ法と同様に、$u(x, y)$ を基底関数 $\varphi_1(x, y)$, $\varphi_2(x, y)$, ……, $\varphi_n(x, y)$ の1次結合で表す。

$$u(x, y) = \sum_{i=1}^{n} c_i \varphi_i(x, y) \tag{2.16}$$

(2.10) に厳密解を代入すると、左辺と右辺は等しくなる。しかし近似解を代入しても両辺が等しくなるとは限らない。つぎのように左辺と右辺の差を残差とする。

$$R(x, y:c) = \frac{\partial^2 u}{\partial x^2} + \frac{\partial^2 u}{\partial y^2} - f(x, y)$$

$$= \frac{\partial^2}{\partial x^2}\sum_{i=1}^{n} c_i\varphi_i + \frac{\partial^2}{\partial y^2}\sum_{i=1}^{n} c_i\varphi_i - f(x, y)$$

$$= \sum_{i=1}^{n} c_i\left(\frac{\partial^2 \varphi_i}{\partial x^2} + \frac{\partial^2 \varphi_i}{\partial y^2}\right) - f(x, y)$$

$u(x, y)$が真の解であれば残差はゼロとなるが、近似解ではそうならない。このため重み付き残差がゼロとなるように係数を決める。つまり

$$\iint_D w_k R dx dy = 0, \ k = 1, 2, \cdots, n$$

となるようにc_iを定める。ここで$w_k(x, y)$は重み関数である。残差を代入すると

$$\sum_{i=1}^{n} c_i \iint_D w_k\left(\frac{\partial^2 \varphi_i}{\partial x^2} + \frac{\partial^2 \varphi_i}{\partial y^2}\right) dx dy = \iint_D w_k f(x, y) dx dy, \ k = 1, 2, \cdots, n$$

となる。これはc_iに関する連立方程式である。残差の加重和をとるので、重み付き残差法と呼ばれている。いろいろな重み関数が提案されているが、ガレルキン法は基底関数で加重する[4]。近似式の係数は

$$\sum_{i=1}^{n} c_i \iint_D \varphi_k\left(\frac{\partial^2 \varphi_i}{\partial x^2} + \frac{\partial^2 \varphi_i}{\partial y^2}\right) dx dy = \iint_D \varphi_k f(x, y) dx dy$$

から求める。

2.4 有限要素法

有限要素法は、物理学や工学で最もよく使われている偏微分方程式の解法であり、つぎのような特徴がある。(1) 積分領域を非定形グリッドで分割して要求精度に応じて分点間隔を自由に選択することができる。(2) 非線形微分方程式にも適用可能である。(3) 関数解析に基づく理論的な基礎が確立されている。

2.4.1 1次元の有限要素法

つぎの1次元ポアソン方程式に有限要素法を適用しよう。

$$\frac{d^2u}{dx^2} = -f(x) \quad (0 < x < 1)$$

$$u(0) = u(1) = 0$$

近似解を

$$u(x) = \sum_{i=1}^{n} c_i \varphi_i(x)$$

と表す。区間$[0, 1]$を$n+1$個の小区間に分割し、分点を

$$0 = x_0 < x_1 < x_2 < \cdots\cdots < x_n < x_{n+1} = 1$$

とする。基底関数としてつぎの区分線形関数を用いる。

$$\varphi_i(x) = \begin{cases} \dfrac{x - x_{i-1}}{D} & for \ x_{i-1} \leq x \leq x_i \\ \dfrac{x_{i+1} - x}{D} & for \ x_i \leq x \leq x_{i+1} \\ 0 & otherwise \end{cases} \quad (i = 1, 2, \cdots\cdots, n)$$

Dは分点の間隔である。分点では

$$\varphi_i(x_j) = \begin{cases} 1 & if \ j = i \\ 0 & otherwise \end{cases}$$

となる。$\varphi_i(0) = \varphi_i(1) = 0$, $i = 1, 2, \cdots\cdots, n$であり、近似解は境界条件を満たしている。残差をつぎのように定義する。

$$R(x:c) = u''(x) + f(x)$$
$$= \sum_{i=1}^{n} c_i \varphi_i''(x) + f(x)$$

近似解の係数は、残差が基底関数と直交するように決める。

$$\int_0^1 \left\{ \sum_{i=1}^{n} c_i \varphi_i''(x) + f(x) \right\} \varphi_k(x) dx = 0$$

つまり

$$\sum_{i=1}^{n} c_i \int_0^1 \varphi_i''(x) \varphi_k(x) dx = -\int_0^1 f(x) \varphi_k(x) dx \quad (k = 1, 2, \cdots\cdots, n)$$

部分積分により

$$\int_0^1 \varphi_i''(x)\varphi_k(x)dx = [\varphi_i'(x)\varphi_k(x)]_0^1 - \int_0^1 \varphi_i'(x)\varphi_k'(x)dx$$

であり、右辺の第1項は0となる。φ_i の1次微分は

$$\varphi_i'(x) = \begin{cases} \dfrac{1}{D} & for\ x_{i-1} \leq x \leq x_i \\ -\dfrac{1}{D} & for\ x_i \leq x \leq x_{i+1} \\ 0 & otherwise \end{cases}$$

で与えられる。これより第2項はつぎのようになる。

$$\int_0^1 \varphi_k'(x)\varphi_k'(x)dx = \frac{2}{D} \qquad (i=k)$$

$$\int_0^1 \varphi_{k-1}'(x)\varphi_k'(x)dx = -\frac{1}{D} \qquad (i=k-1\ or\ i=k+1)$$

$$\int_0^1 \varphi_i'(x)\varphi_k'(x)dx = 0 \qquad (other\ case)$$

以上の結果、近似解の係数は

$$Ac = b$$

を満たす。A は

$$a_{ij} = \int_0^1 \varphi_i'(x)\varphi_j'(x)dx$$

を要素とする三重対角行列である。b の要素は

$$b_i = \int_0^1 f(x)\varphi_i(x)dx$$

である。$f(x)=1$ とすると、$b_i = \int_0^1 \varphi_i(x)dx = D$ であり

$$\begin{bmatrix} 2 & -1 & 0 & \cdots\cdots & 0 \\ -1 & 2 & -1 & \cdots\cdots & 0 \\ 0 & -1 & 2 & \cdots\cdots & 0 \\ \vdots & \vdots & \vdots & \vdots\ \vdots & \vdots \\ 0 & 0 & \cdots & -1 & 2 \end{bmatrix} \begin{bmatrix} c_1 \\ c_2 \\ . \\ . \\ c_n \end{bmatrix} = \begin{bmatrix} D^2 \\ D^2 \\ . \\ . \\ D^2 \end{bmatrix}$$

図2.2 1次元ポアソン方程式の近似解

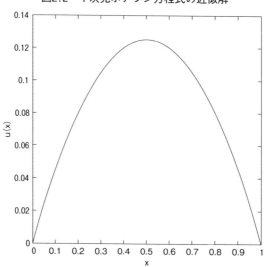

が成り立つ。この式から係数を求める。解析解は

$$u(x) = \frac{x(1-x)}{2}$$

である。図2.2に示したように、近似解も $x = 0.5$ を中心に左右対称となる。

2.4.2 2次元の有限要素法

次に、偏微分方程式に有限要素法を適用しよう。

$$u_{xx} + u_{yy} + r(x, y)u = f(x, y) \tag{2.17}$$
$$u(x, y) = g(x, y), \ (x, y) \in C$$

境界条件を満たす2回微分可能な関数で

$$I[u] = \iint_R \{u_x^2 + u_y^2 - r(x, y)u^2 + 2f(x, y)u\} dxdy$$

を最小化するのが方程式の解である。有限要素法は $I[u]$ を最小化することによって解を求める。最初に積分領域を三角要素 $T_1, T_2, \cdots\cdots, T_q$ に分割する。三角形の頂点 $P_1, \cdots\cdots, P_n, P_{n+1}, \cdots\cdots, P_m$ は節点である。P_i のうち $i = 1, \cdots\cdots, n$

図2.3 積分領域の分割

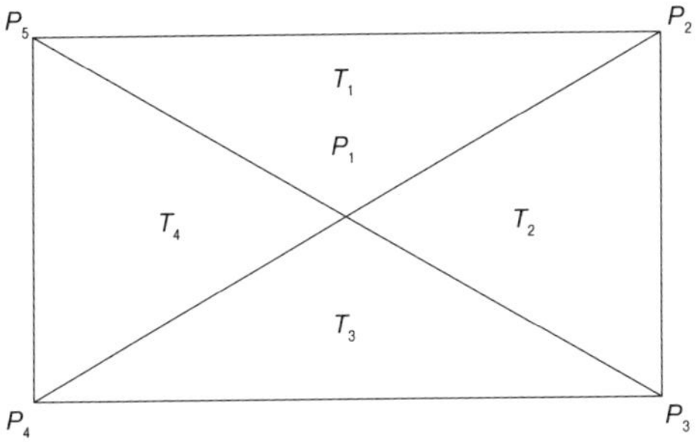

は積分領域の内部にあり、$i = n+1, \cdots\cdots, m$ は境界上にある。図2.3は積分領域を4つの三角形に分割した例である。この他にも問題に応じていろいろな形の要素に分割する。

(2.17) の解を次式で近似する。

$$U(x, y) = \sum_{i=1}^{m} c_i \phi_i(x, y) \tag{2.18}$$

$\phi_i(x, y)$ は P_i では1となり、他の節点では0となる。$U(x, y)$ は要素の内部では x, y の1次式で、節点 $P_i (i = 1, \cdots\cdots, m)$ では c_i となる。i を節点とする三角形について考える。頂点を

$$P_i = (x_i, y_i),\ P_j = (x_j, y_j),\ P_k = (x_k, y_k)$$

とする。3つの点に

$$\phi_i(x, y) = a + bx + cy$$

を当てはめると

$$a + bx_i + cy_i = 1$$
$$a + bx_j + cy_j = 0$$
$$a + bx_k + cy_k = 0$$

が成り立つ。行列で表示すると

$$\begin{bmatrix} 1 & x_i & y_i \\ 1 & x_j & y_j \\ 1 & x_k & y_k \end{bmatrix} \begin{bmatrix} a \\ b \\ c \end{bmatrix} = \begin{bmatrix} 1 \\ 0 \\ 0 \end{bmatrix}$$

ただし

$$\begin{vmatrix} 1 & x_i & y_i \\ 1 & x_j & y_j \\ 1 & x_k & y_k \end{vmatrix} = \Delta = 2|e|$$

ここで$|e|$は三角形の面積を表す。これより

$$\begin{bmatrix} a \\ b \\ c \end{bmatrix} = \frac{1}{\Delta} \begin{bmatrix} x_j y_k - x_k y_j \\ y_j - y_k \\ x_k - x_j \end{bmatrix}$$

となる。基底関数は

$$\phi_i = \frac{(x_j y_k - x_k y_j) + (y_j - y_k)x + (x_k - x_j)y}{\Delta}$$

で偏微分は

$$\frac{\partial \phi_i}{\partial x} = \frac{y_j - y_k}{\Delta}$$

$$\frac{\partial \phi_i}{\partial y} = \frac{x_k - x_j}{\Delta}$$

となる。

境界上の節点$P_{n+1}, \cdots\cdots, P_m$に対応する係数は

$$c_i = g(x_i, y_i) \qquad (i = n+1, \cdots\cdots, m)$$

で与えられる。残りの係数$c_1, c_2, \cdots\cdots, c_n$は汎関数

$$\begin{aligned} I[U] &= \iint_R \{U_x^2 + U_y^2 - r(x, y)U^2 + 2f(x, y)U\} dxdy \\ &= \iint_R \left\{ \left(\sum_{i=1}^m c_i \frac{\partial \phi_i(x, y)}{\partial x}\right)^2 + \left(\sum_{i=1}^m c_i \frac{\partial \phi_i(x, y)}{\partial y}\right)^2 \right. \\ &\quad \left. -r(x, y)\left(\sum_{i=1}^m c_i \phi_i(x, y)\right)^2 + 2f(x, y)\left(\sum_{i=1}^m c_i \phi_i(x, y)\right) \right\} dxdy \end{aligned}$$

が最小となるように決める。1階の条件は

$$\frac{\partial I[U]}{\partial c_i} = 0 \qquad (i = 1, 2, \cdots\cdots, n)$$

であり係数は連立1次方程式

$$Kc = Q$$

を満たす。K の要素は

$$K_{ij} = \iint_R \left\{ \frac{\partial \phi_i(x, y)}{\partial x} \frac{\partial \phi_j(x, y)}{\partial x} + \frac{\partial \phi_i(x, y)}{\partial y} \frac{\partial \phi_j(x, y)}{\partial y} \right.$$
$$\left. - r(x, y) \phi_i(x, y) \phi_j(x, y) \right\} dxdy \qquad (i, j = 1, \cdots, n)$$

Q の要素は

$$Q_i = -\iint_R f(x, y) \phi_i(x, y) dxdy - \sum_{j=n+1}^{m} c_j b_{ij}$$
$$b_{ij} = \iint_R \left\{ \frac{\partial \phi_i(x, y)}{\partial x} \frac{\partial \phi_j(x, y)}{\partial x} + \frac{\partial \phi_i(x, y)}{\partial y} \frac{\partial \phi_j(x, y)}{\partial y} \right.$$
$$\left. - r(x, y) \phi_i(x, y) \phi_j(x, y) \right\} dxdy$$
$$(i = 1, \cdots, n, \quad j = n+1, \cdots, m)$$

である。

　一例として、ラプラス方程式の解を求めよう。図2.3に示したように積分領域を4つの三角形に分割する。P_1 は内点で、他の節点は境界上にある。境界条件は

$$u = x/4 \quad : y = 0, 0 \leq x \leq 4$$
$$u = y/2 \quad : x = 0, 0 \leq y \leq 2$$
$$u = 1 \qquad : y = 2, 0 \leq x \leq 4$$
$$u = 1 \qquad : x = 4, 0 \leq y \leq 2$$

とする。最初に基底関数を求める。

　$\phi_1(x, y) = a + bx + cy$ の係数

　T_1:

$$\begin{bmatrix} 1 & 2 & 1 \\ 1 & 4 & 2 \\ 1 & 0 & 2 \end{bmatrix} \begin{bmatrix} a \\ b \\ c \end{bmatrix} = \begin{bmatrix} 1 \\ 0 \\ 0 \end{bmatrix} \Rightarrow a = 2, \ b = 0, \ c = -1$$

T_2:

$$\begin{bmatrix} 1 & 2 & 3 \\ 1 & 4 & 0 \\ 1 & 4 & 2 \end{bmatrix} \begin{bmatrix} a \\ b \\ c \end{bmatrix} = \begin{bmatrix} 1 \\ 0 \\ 0 \end{bmatrix} \Rightarrow a = 2,\ b = -1/2,\ c = 0$$

T_3:

$$\begin{bmatrix} 1 & 2 & 1 \\ 1 & 0 & 0 \\ 1 & 4 & 0 \end{bmatrix} \begin{bmatrix} a \\ b \\ c \end{bmatrix} = \begin{bmatrix} 1 \\ 0 \\ 0 \end{bmatrix} \Rightarrow a = 0,\ b = 0,\ c = 1$$

T_4:

$$\begin{bmatrix} 1 & 2 & 1 \\ 1 & 0 & 2 \\ 1 & 0 & 0 \end{bmatrix} \begin{bmatrix} a \\ b \\ c \end{bmatrix} = \begin{bmatrix} 1 \\ 0 \\ 0 \end{bmatrix} \Rightarrow a = 0,\ b = 1/2,\ c = 0$$

基底関数は

$$\phi_1(x, y) = \begin{cases} 2-y & : T_1 \\ (4-x)/2 & : T_2 \\ y & : T_3 \\ x/2 & : T_4 \end{cases}$$

となる。

同じように計算すると

$$\phi_2(x, y) = \begin{cases} (-4+x+2y)/4 \\ (-4+x+2y)/4 \\ 0 \\ 0 \end{cases}$$

$$\phi_3(x, y) = \begin{cases} 0 \\ (x-2y)/4 \\ (x-2y)/4 \\ 0 \end{cases}$$

$$\phi_4(x, y) = \begin{cases} 0 \\ 0 \\ (4-x-2y)/4 \\ (4-x-2y)/4 \end{cases}$$

$$\phi_5(x, y) = \begin{cases} (-x+2y)/4 \\ 0 \\ 0 \\ (-x+2y)/4 \end{cases}$$

となる。

次に近似解

$$U = c_1\phi_1 + c_2\phi_2 + c_3\phi_3 + c_4\phi_4 + c_5\phi_5$$

の係数を求める。境界条件により、$u(P_2) = u(P_3) = u(P_5) = 1$, $u(P_4) = 0$ となる。これより $c_2 = c_3 = c_5 = 1$, $c_4 = 0$ となり、c_1 だけを決めればよい。この場合、係数方程式は $Kc_1 = Q$ と書ける。ただし

$$K = \iint_R \left\{ \left(\frac{\partial \phi_1}{\partial x}\right)^2 + \left(\frac{\partial \phi_1}{\partial y}\right)^2 \right\} dxdy$$

$$Q = -\sum_{j=2}^{5} c_j b_j$$

$$b_j = \iint_R \left\{ \frac{\partial \phi_1}{\partial x} \frac{\partial \phi_j}{\partial x} + \frac{\partial \phi_1}{\partial y} \frac{\partial \phi_j}{\partial y} \right\} dxdy$$

である。K と Q はつぎのようにして求める。

(K の計算)

$$\frac{\partial \phi_1}{\partial x} = \begin{cases} 0 \\ -1/2 \\ 0 \\ 1/2 \end{cases}, \quad \frac{\partial \phi_1}{\partial y} = \begin{cases} -1 : T_1 \\ 0 : T_2 \\ 1 : T_3 \\ 0 : T_4 \end{cases}$$

であり三角形の面積は 2 となる。したがって

$$K = \iint_{T_1} dxdy + \iint_{T_2} (1/4) dxdy + \iint_{T_3} dxdy + \iint_{T_4} (1/4) dxdy$$
$$= 2(1+1/4+1+1/4) = 5$$

(b_2 の計算)

$$\frac{\partial \phi_2}{\partial x} = \begin{cases} 1/4 \\ 1/4 \\ 0 \\ 0 \end{cases}, \quad \frac{\partial \phi_2}{\partial y} = \begin{cases} 1/2 \\ 1/2 \\ 0 \\ 0 \end{cases}$$

$$b_2 = \iint_{T_1} (0-1/2)\,dxdy + \iint_{T_2} (-1/8+0)\,dxdy + \iint_{T_3} (0+0)\,dxdy$$

$$+ \iint_{T_4} (0+0)\,dxdy$$

$$= 2(-1/2 - 1/8) = -5/4$$

(b_3 の計算)

$$\frac{\partial \phi_3}{\partial x} = \begin{cases} 0 \\ 1/4 \\ 1/4 \\ 0 \end{cases}, \quad \frac{\partial \phi_3}{\partial y} = \begin{cases} 0 \\ -1/2 \\ -1/2 \\ 0 \end{cases}$$

$$b_3 = \iint_{T_1} (0+0)\,dxdy + \iint_{T_2} (-1/8+0)\,dxdy + \iint_{T_3} (0-1/2)\,dxdy$$

$$+ \iint_{T_4} (0+0)\,dxdy$$

$$= 2(-1/8 - 1/2) = -5/4$$

(b_5 の計算)

$$\frac{\partial \phi_5}{\partial x} = \begin{cases} -1/4 \\ 0 \\ 0 \\ -1/4 \end{cases}, \quad \frac{\partial \phi_5}{\partial y} = \begin{cases} 1/2 \\ 0 \\ 0 \\ 1/2 \end{cases}$$

$$b_5 = \iint_{T_1} (0-1/2)\,dxdy + \iint_{T_2} (0+0)\,dxdy + \iint_{T_3} (0+0)\,dxdy$$

$$+ \iint_{T_4} (-1/8+0)\,dxdy$$

$$= 2(-1/2 - 1/8) = -5/4$$

これより

$$Q = -[c_2 b_2 + c_3 b_3 + c_5 b_5] = -[b_2 + b_3 + b_5]$$
$$= -[(-5/4) + (-5/4) + (-5/4)] = 15/4$$

図2.4 ラプラス方程式の近似解

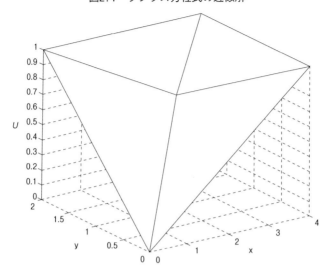

以上の結果、係数方程式は $5c_1 = 15/4$ となり、$c_1 = 3/4$ を得る。近似解は

$$U = (3/4)\phi_1 + \phi_2 + \phi_3 + \phi_5$$

つまり

$$U = \begin{cases} (2+y)/4 & : T_1 \\ (4+x)/8 & : T_2 \\ (x+y)/4 & : T_3 \\ (x+4y)/8 & : T_4 \end{cases}$$

となる。図2.4は近似解のグラフである。積分領域をより細かく分割すると、滑らかな曲面が得られる。ただし計算量は急激に増加する。

ラプラス方程式は特殊な変分問題の解と一致するが、どの偏微分方程式も変分問題と対応しているわけではない。この場合は有限要素法は使えない。実際の問題では、係数方程式が数千や数万の未知数を含むことも珍しくない。このような方程式の解を求めるには、第6章で説明するクリロフ部分空間法が有効である。

2.5 結語

コンピュータが出現するまでは、変分問題の数値計算では多項式や三角関数による近似法が使われた。しかしプロジェクション法は簡単な問題しか解けない。複雑な境界条件を満たすのが難しいからである。膨大な計算が必要な有限要素法は、計算機の出現を待って初めて実用化された。有限要素法は形状や境界条件を自由に設定できることから、さまざまな分野で使われている。また多くのソフトウェアが開発されている。これまでのところ経済問題への応用例は少ないが[5]、理論の精緻化にともない、今後はマクロ経済学でも使われるようになるであろう。

[注]

1) この例題は Chiang（1999）から引用した。
2) セカント法については、釜（2015）の第2章を参照せよ。
3) 証明は変分法のテキスト、例えば戸川（1994）を参照。
4) 詳しくは Judd（1998）の第11章を参照せよ。
5) McGrattan（1996）は有限要素法を経済学へ適用した数少ない例である。

[参考文献]

Chiang, Alpha. (1999) *Elements of Dynamic Optimization*, Waveland Press（小田正雄他訳『動学的最適化の基礎』シーエーピー出版、2006）.
釜国男（2015）『経済モデルの数値解析』多賀出版。
戸川隼人（1994）『変分法と有限要素法』日本評論社。
Judd, Kenneth. (1998) *Numerical Methods in Economics*, MIT Press.
McGrattan, E. R. (1996) "Solving the Stochastic Growth Model with a Finite Element Method", *Journal of Economic Dynamics and Control*, Vol. 20, 19-42.

第3章 オプション価格の数値解析

　ブラック・ショールズが1973年の論文で示したオプション・プレミアムの価格形成モデルは、実際のオプション取引を一変させたといわれる[1]。ヨーロピアン・オプションの価格モデルは、アメリカン・オプション、バリア・オプション、ルックバック・オプション、アジアン・オプションなどより複雑なオプションにも応用されている。数学的には、オプション価格は非線形モデルで決定され、解析的な方法で解を求めることは難しい。このため数値計算を行って近似解を求める。オプション価格を求める代表的な方法は、差分法、2項モデル、モンテカルロ法である。このうち差分法は偏微分方程式を差分近似する基本的な方法である。モンテカルロ法は、コンピュータ・シミュレーションを行うことによって近似解を求める。

　本章の目的は、以上の3つの方法を用いてオプション価格の数値解析を行うことである。オプションの基本的な仕組みを説明したあと、コール・オプションに関するブラック・ショールズ方程式を導出する。そして3つの解法について数値解の精度を比較する。

3.1 オプションの仕組み

　オプションとは、一定期日に特定証券（原資産）を特定価格で買う（または売る）ことができる権利のことである。買う権利をコール・オプション、売る権利をプット・オプションという。オプション市場では、コールとプット・オプションの売買が行われている。日本では1982年に先物取引がはじまり、現在では通貨、債券、金利、株価指数、穀物、石油製品について取引が行われている。契約で決められた価格を行使価格、権利を実行する期日を満期日（行使日）という。買い手は権利を行使する必要はなく、原資産を売買する選択肢がある。この点で、契約履行の義務がある先物契約と異なる。プット・オプションでも、原資産を売る義務はない。オプションにはヨーロピアン・タイプとアメリカン・タイプがある。

ヨーロピアン・タイプでは満期日のみに権利行使が可能であるのに対して、アメリカン・タイプでは満期日までいつでも権利を行使することができる。以下では、構造が簡単なヨーロピアン・タイプを分析する。

コール・オプションのペイオフは

$$C(S, T) = \max(S-K, 0)$$

で与えられる。S は満期日における原資産の価格で、K は行使価格である。満期までに原資産の価格が行使価格よりも高くなれば、コールの買い手は利益を得て売り手は損失を被る。プット・オプションのペイオフは

$$P(S, T) = \max(K-S, 0)$$

である。ペイオフが負になることはないので、オプションを入手するには一定のコストを負担する必要がある。このためプライシングの問題が生じる[2]。

3.2 ブラック・ショールズ方程式

最初に、金融工学の先がけとなったブラック・ショールズ方程式について説明しよう。連続時間を仮定し、t 時点における資産価格を $S(t)$ と表す。資産価格はつぎの幾何ブラウン運動に従うものとする。

$$dS = \mu S dt + \sigma S dX, \; X(0) = 0 \tag{3.1}$$

ここで μ は資産の期待収益率である。σ は確率変動の大きさを表し、ボラティリティと呼ばれている。X は標準ブラウン運動である。資産価格は

$$S(t) = S(0) \exp\left(\left(\mu - \frac{1}{2}\sigma^2\right)t + \sigma X(t)\right) \tag{3.2}$$

と表される。

ここで確率解析の基礎である伊藤の公式について説明しよう。$V(S, t)$ は t に関して 1 回連続微分可能で、S に関して 2 回連続微分可能であるとする。確率微分は

$$dV = \left(\mu S \frac{\partial V}{\partial S} + \frac{1}{2}\sigma^2 S^2 \frac{\partial^2 V}{\partial S^2} + \frac{\partial V}{\partial t}\right) dt + \sigma S \frac{\partial V}{\partial S} dX \tag{3.3}$$

で与えられる[3]。

次にブラック・ショールズ方程式を導出しよう。1単位のオプションと原資産 $-\Delta$ からなるポートフォリオを構成することを考える。ポートフォリオは

$$W = V - \Delta S$$

の価値がある。時間 t から $t+\Delta t$ にかけて、W は

$$dW = dV - \Delta dS$$

だけ変化する。(3.1) と (3.3) を代入すると

$$dW = \left(\frac{\partial V}{\partial t} + \mu S \frac{\partial V}{\partial S} + \frac{1}{2}\sigma^2 S^2 \frac{\partial^2 V}{\partial S^2} - \mu \Delta S\right)dt + \sigma S\left(\frac{\partial V}{\partial S} - \Delta\right)dX$$

となる。原資産の数量を

$$\Delta = \frac{\partial V}{\partial S}$$

とすると

$$dW = \left(\frac{\partial V}{\partial t} + \frac{1}{2}\sigma^2 S^2 \frac{\partial^2 V}{\partial S^2}\right)dt$$

となる。dW は確定的な変数であり、構成したポートフォリオは安全資産となる。収益率を r とすると、無裁定条件から

$$dW = rWdt$$

が成り立つ。これより

$$\left(\frac{\partial V}{\partial t} + \frac{1}{2}\sigma^2 S^2 \frac{\partial^2 V}{\partial S^2}\right)dt = r\left(V - \frac{\partial V}{\partial S}S\right)dt$$

つまり

$$\frac{\partial V}{\partial t} + rS\frac{\partial V}{\partial S} + \frac{1}{2}\sigma^2 S^2 \frac{\partial^2 V}{\partial S^2} - rV = 0 \tag{3.4}$$

を得る。この式が、ブラック・ショールズ方程式である。

(3.4) の偏微分方程式の解を求めるには、初期条件と境界条件が必要である。満期には

$$V(S, T) = \max(S_T - K, 0) \tag{3.5}$$

が成り立つ。これが初期条件（正確には終端条件）を与える。株価は任意の非負値をとり得るので、$S=0$ と $S=\infty$ を境界条件とする。(3.2) から満期の価値は $\max(0-K,\ 0)=0$ で与えられる。将来価値のないオプションの現在価値はゼロであり

$$V(0,\ t) = 0 \tag{3.6}$$

となる。$S \to \infty$ のとき行使価格は関係がなくなり

$$V(\infty,\ t) = S \tag{3.7}$$

が成り立つ。(3.6) と (3.7) は境界条件を与える。

ブラック・ショールズ方程式を解くために

$$x = \log\frac{S}{K},\ \tau = \frac{1}{2}\sigma^2(T-t),\ V = Kv(x,\ \tau)$$

とおく[4]。(3.4) は

$$\frac{\partial v}{\partial \tau} = \frac{\partial^2 v}{\partial x^2} + (k-1)\frac{\partial v}{\partial x} - kv \tag{3.8}$$

と書き表される。ここで $k=2r/\sigma^2$ とおいている。初期条件は

$$v(x,\ 0) = \max(e^x - 1,\ 0)$$

と表される。$v = e^{\alpha x + \beta \tau} u(x,\ \tau)$ とおいて (3.8) に代入すると

$$\beta u + \frac{\partial u}{\partial \tau} = \alpha^2 u + 2\alpha \frac{\partial u}{\partial x} + \frac{\partial^2 u}{\partial x^2} + (k-1)\left(\alpha u + \frac{\partial u}{\partial x}\right) - ku$$

となる。u と $\partial u/\partial x$ の項を消去するには

$$\beta = \alpha^2 + (k-1)\alpha - k$$
$$0 = 2\alpha + k - 1$$

となるように α と β を決めればよい。そのために

$$\alpha = -\frac{1}{2}(k-1),\ \beta = -\frac{1}{4}(k+1)^2$$

とおく。要約すると

$$v = e^{-\frac{1}{2}(k-1)x - \frac{1}{4}(k+1)^2 \tau} u(x, \tau)$$

$$\frac{\partial u}{\partial \tau} = \frac{\partial^2 u}{\partial x^2} \qquad (-\infty < x < \infty,\ \tau > 0) \tag{3.9}$$

$$u(x, 0) = u_0(x) = \max\left(e^{\frac{1}{2}(k+1)x} - e^{\frac{1}{2}(k-1)x},\ 0\right) \tag{3.10}$$

となる。(3.9) は熱伝導方程式と同じ形をしている。方程式の解は

$$u(x, \tau) = \frac{1}{2\sqrt{\pi\tau}} \int_{-\infty}^{\infty} u_0(s) e^{-(x-s)^2/4\tau} ds$$

で与えられる。$x' = (s-x)/\sqrt{2\tau}$ とおくと

$$u(x, \tau) = \frac{1}{\sqrt{2\pi}} \int_{-\infty}^{\infty} u_0(x'\sqrt{2\tau} + x) e^{-\frac{1}{2}x'^2} dx'$$

$$= \frac{1}{\sqrt{2\pi}} \int_{-x/\sqrt{2\tau}}^{\infty} e^{\frac{1}{2}(k+1)(x+x'\sqrt{2\tau})} e^{-\frac{1}{2}x'^2} dx'$$

$$- \frac{1}{\sqrt{2\pi}} \int_{-x/\sqrt{2\tau}}^{\infty} e^{\frac{1}{2}(k-1)(x+x'\sqrt{2\tau})} e^{-\frac{1}{2}x'^2} dx'$$

$$= I_1 - I_2$$

となる。ここで

$$I_1 = e^{\frac{1}{2}(k+1)x + \frac{1}{4}(k+1)^2 \tau} \Phi(d_1)$$

$$d_1 = \frac{x}{\sqrt{2\tau}} + \frac{1}{2}(k+1)\sqrt{2\tau}$$

である。Φ は標準正規分布の累積分布関数を表す。I_2 は $(k+1)$ を $(k-1)$ に置きかえて求める。最後に u から v、v から V を求めると

$$V(S, t) = S\Phi(d_1) - Ke^{-r(T-t)} \Phi(d_2) \tag{3.11}$$

$$d_1 = \frac{\log(S/K) + (r + \frac{1}{2}\sigma^2)(T-t)}{\sigma\sqrt{T-t}}$$

$$d_2 = d_1 - \sigma\sqrt{T-t}$$

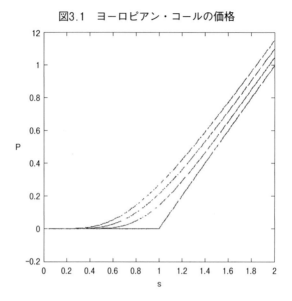

図3.1 ヨーロピアン・コールの価格

を得る。$V(S, t)$ は境界条件を満たしている。プット・オプションの価格は

$$P(S, t) = Ke^{-r(T-t)}\Phi(-d_2) - S\Phi(-d_1)$$

で与えられる。コール・オプションのデルタは

$$\begin{aligned}
\Delta &= \frac{\partial V}{\partial S} = \Phi(d_1) + S\frac{\partial}{\partial S}\Phi(d_1) - Ke^{-r(T-t)}\frac{\partial}{\partial S}\Phi(d_2) \\
&= \Phi(d_1) + S\Phi'(d_1)\frac{\partial d_1}{\partial S} - Ke^{-r(T-t)}\Phi'(d_2)\frac{\partial d_2}{\partial S} \\
&= \Phi(d_1) + (S\Phi'(d_1) - Ke^{-r(T-t)}\Phi'(d_2))/S\sigma\sqrt{T-t} \\
&= \Phi(d_1)
\end{aligned} \tag{3.12}$$

となる。プット・オプションのデルタは

$$\Delta = \frac{\partial P}{\partial S} = \Phi(d_1) - 1 \tag{3.13}$$

で与えられる。図3.1は、コール・オプションの価格を残存期間ごとにプロットしている。ただし $K=1$, $r=0.05$, $\sigma=0.3$ とおいている。曲線は下から上に向かって $T-t=0, 1, 2, 3$ に対応している。価格は S の増加関数であり、残存期間が短くなるとペイオフ曲線に近づく。

3.3 差分法

簡単なペイオフのオプション価格は解析的に求めることができる。しかしペイオフが複雑な関数である場合や、ブラック・ショールズモデルより複雑なモデルは解析解をもたない。このような場合は数値計算を行って近似解を求める。代表的な方法として差分法、2項モデル、およびモンテカルロ法がある。この節では差分法について説明する。

$\tau = T-t$ とおくと、(3.4) はつぎのように表される。

$$\frac{\partial V}{\partial \tau} - rS\frac{\partial V}{\partial S} - \frac{1}{2}\sigma^2 S^2 \frac{\partial^2 V}{\partial S^2} + rV = 0 \tag{3.14}$$

$0 \leq S < \infty,\ 0 \leq \tau \leq T$

初期条件：$V(S, 0) = \max(S(0) - K, 0)$

境界条件：$V(0, \tau) = 0,\ V(\infty, \tau) = S - Ke^{-r\tau}$

差分法では時間と資産価格からなる2次元平面を考える。平面上の長方形の領域を格子状に分割し、格子点において (3.14) を近似する。格子の幅は均一とし、縦軸と横軸に分点をとる。つまり区間 $[0, T]$ を $k = T/m$ の幅で m 個の小区間に分割し、$\tau_i = ik,\ i = 0, 1, \ldots, m$ とする。同じように区間 $[0, L]$ を $h = L/n$ の幅で n 個の小区間に分割し、$S_j = jh,\ j = 1, \ldots, n$ とする。差分法では微分を差分近似する。$V(\tau + \Delta\tau)$ をテイラー展開すると

$$V(\tau + \Delta\tau) = V(\tau) + \Delta\tau \frac{\partial V}{\partial \tau} + \frac{1}{2}(\Delta\tau)^2 \frac{\partial^2 V}{\partial \tau^2} + \cdots\cdots$$

これより

$$\frac{\partial V}{\partial \tau} = \frac{V(\tau + \Delta\tau) - V(\tau)}{\Delta\tau} - \frac{1}{2}\Delta\tau \frac{\partial^2 V}{\partial \tau^2} - \cdots\cdots$$

$$= \frac{V(\tau + \Delta\tau) - V(\tau)}{\Delta\tau} + O(\Delta\tau)$$

となる。右辺の第一項は前方差分であり、誤差は $O(\Delta\tau)$ となる。後方差分と中央差分はつぎのように定義する。

$$\frac{\partial V}{\partial \tau} \cong \frac{V(\tau) - V(\tau - \Delta\tau)}{\Delta\tau} \tag{3.15}$$

$$\frac{\partial V}{\partial \tau} \cong \frac{V(\tau+\Delta\tau)-V(\tau-\Delta\tau)}{2\Delta\tau} \tag{3.16}$$

この方法では$O(\Delta\tau)$と$O(\Delta\tau^2)$の誤差が生じる。$V(\tau+\Delta\tau)$を4次の項まで展開すると

$$V(S+\Delta S) = V(S)+\Delta S\frac{\partial V}{\partial S}+\frac{1}{2}(\Delta S)^2\frac{\partial^2 V}{\partial S^2}+\frac{1}{6}(\Delta S)^3\frac{\partial^3 V}{\partial S^3}$$
$$+\frac{1}{24}(\Delta S)^4\frac{\partial^4 V}{\partial S^4}+\cdots\cdots$$

$$V(S-\Delta S) = V(S)-\Delta S\frac{\partial V}{\partial S}+\frac{1}{2}(\Delta S)^2\frac{\partial^2 V}{\partial S^2}-\frac{1}{6}(\Delta S)^3\frac{\partial^3 V}{\partial S^3}$$
$$+\frac{1}{24}(\Delta S)^4\frac{\partial^4 V}{\partial S^4}-\cdots\cdots$$

となる。辺々加えると

$$V(S+\Delta S)+V(S-\Delta S) = 2V(S)+(\Delta S)^2\frac{\partial^2 V}{\partial S^2}+\frac{1}{12}(\Delta S)^4\frac{\partial^4 V}{\partial S^4}+\cdots\cdots$$

これより2次の偏微分を

$$\frac{\partial^2 V}{\partial S^2} \cong \frac{V(S+\Delta S)-2V(S)+V(S-\Delta S)}{(\Delta S)^2} \tag{3.17}$$

で近似する。誤差は$O(\Delta S^2)$となる。

差分近似の方法によって、(1) 陽解法、(2) 陰解法、(3) クランク・ニコルソン法がある。

3.3.1 陽解法

分点(j, i)における近似値を$V_{j,i}$と表すことにする。資産価格は中央差分、時間は前方差分を用いて (3.14) を次式で近似する。

$$\frac{V_{j,i+1}-V_{j,i}}{k}-\frac{1}{2}\sigma^2(jh)^2\frac{(V_{j+1,i}-2V_{j,i}+V_{j-1,i})}{h^2}$$
$$-rjh\left(\frac{V_{j+1,i}-V_{j-1,i}}{2h}\right)+rV_{j,i} = 0$$

整理すると

$$V_{j,i+1} = A_j V_{j-1,i} + B_j V_{j,i} + C_j V_{j+1,i}$$
$$(i=1, \cdots\cdots, m, \quad j=, \cdots\cdots, n-1) \quad (3.18)$$

$$A_j = \frac{1}{2}(k\sigma^2 j^2 - rjk)$$

$$B_j = 1 - k\sigma^2 j^2 - rk$$

$$C_j = \frac{1}{2}(k\sigma^2 j^2 + rjk)$$

初期条件:$V(S_j, 0) = \max(S_j - K, 0) \quad (j=0, 1, \cdots\cdots, n)$

境界条件:$V(0, \tau_i) = 0, \ V(L, \tau_i) = L - Ke^{-r\tau_i} \quad (j=0, 1, \cdots\cdots, n)$

(3.18)は行列を用いて

$$\begin{bmatrix} V_{1,i+1} \\ V_{2,i+1} \\ \cdot\cdot \\ \cdot \\ V_{n-2,i+1} \\ V_{n-1,i+1} \end{bmatrix} = \begin{bmatrix} B_1 & C_1 & & & & \\ A_2 & B_2 & C_2 & & \text{\huge 0} & \\ & & \ddots & & & \\ & & & \ddots & & \\ & & & A_{n-2} & B_{n-2} & C_{n-2} \\ & \text{\huge 0} & & & A_{n-1} & B_{n-1} \end{bmatrix} \begin{bmatrix} V_{1,i} \\ V_{2,i} \\ \cdot \\ \cdot \\ V_{n-2,i} \\ V_{n-1,i} \end{bmatrix} + \begin{bmatrix} V_{0,i} \\ 0 \\ \cdot \\ \cdot \\ 0 \\ V_{n,i} \end{bmatrix}$$

$$(i=0, 1, \cdots\cdots, m-1) \quad (3.19)$$

と表される。右辺の行列は三重対角行列である。陽解法では、τ_iにおける3点の関数値$V_{j-1,i}$, $V_{j,i}$, $V_{j+1,i}$からτ_{i+1}における関数値$V_{j,i+1}$を計算する。格子点以外では格子点の数値に曲面を当てはめて近似値を求める。初期値から順に計算するので、陽解法と呼ばれている。図3.2は、陽解法で計算したコール・オプションの価格である。$r=0.05$, $\sigma=0.3$, $K=1$であり、時間軸に50個、価格軸に20個の分点をとっている。$\tau=0$は満期日に対応し、その価格は初期条件で与えられている。$\tau=1$から$\tau=0$に移動するにつれて、満期のペイオフに近づくことが見てとれる。

3.3.2 陰解法

資産価格は中央差分で、時間は後方差分で近似する。近次式はつぎのように表される。

図3.2 コール・オプションの価格

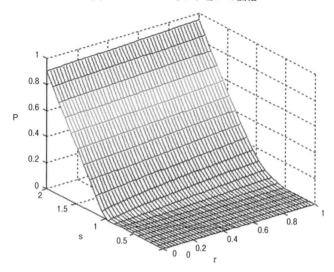

$$\frac{V_{j,i}-V_{j,i-1}}{k}-\frac{1}{2}\sigma^2(jh)^2\frac{(V_{j+1,i}-2V_{j,i}+V_{j-1,i})}{h^2}-rjh\left(\frac{V_{j+1,i}-V_{j-1,i}}{2h}\right)$$
$$+rV_{j,i}=0$$

整理すると

$$V_{j,i-1}=A_j V_{j-1,i}+B_j V_{j,i}+C_j V_{j+1,i}$$
$$(i=1,\cdots\cdots,m,\quad j=1,\cdots\cdots,n-1) \quad (3.20)$$

$$A_j=\frac{1}{2}(-k\sigma^2 j^2+rjk)$$

$$B_j=1+k\sigma^2 j^2+rk$$

$$C_j=-\frac{1}{2}(k\sigma^2 j^2+rjk)$$

（3.20）は τ_j と τ_{i-1} における近似解の関係を示している。τ_{i-1} における解がわかると、τ_i における解は（3.20）の連立1次方程式を解いて求めることができる。近次解は陰伏的に与えられるので、陰解法と呼ばれる。

3.3.3 クランク・ニコルソン法

陽解法は分かりやすく計算も簡単であるが、数値的安定性の点で問題がある。クランク・ニコルソン法は数値的に安定しており、収束速度も速い。時間微分は前方差分を用い、資産価格に関する微分は τ_i と τ_{i+1} における中央差分の平均値を使う。(3.14) を次式で近似する。

$$\frac{V_{j,i+1}-V_{j,i}}{k}$$
$$-\frac{1}{2}\sigma^2(jh)^2\left(\frac{V_{j+1,i}-2V_{j,i}+V_{j-1,i}+V_{j+1,i+1}-2V_{j,i+1}+V_{j-1,i+1}}{2h^2}\right)$$
$$-rjh\left(\frac{V_{j+1,i}-V_{j-1,i}+V_{j+1,i+1}-V_{j-1,i+1}}{4h}\right)+rV_{j,i}=0$$

整理すると

$$A_j V_{j-1,i}+B_j V_{j,i}+C_j V_{j+1,i}=-A_j V_{j-1,i+1}+D_j V_{j,i+1}-C_j V_{j+1,i+1}$$
$$A_j=\frac{1}{4}(-k\sigma^2 j^2+rjk) \tag{3.21}$$
$$B_j=-1+\frac{1}{2}k\sigma^2 j^2+rk$$
$$C_j=-\frac{1}{4}(k\sigma^2 j^2+rjk)$$
$$D_j=-(1+\frac{1}{2}k\sigma^2 j^2)$$

時間を1つ進めるたびに方程式を解く必要があり、計算量は多くなる。誤差は時間ステップの4乗と空間ステップの2乗に比例する。

これまで説明した方法のほかにも、熱伝導方程式に変換し、数値解を計算して変数変換により原方程式の解を求める方法もある。熱伝導方程式に変換すれば数値的安定性に関する結果を利用できる。しかし近似精度に大きな差はないので、この方法は使わなかった。

3.4 コックス・ロス・ルービンシュタインモデル

コックス・ロス・ルービンシュタインは、1979年にツリー型の価格変動モデルを用いてオプション価格を計算する方法を提案した[5]。2項モデルは高度な数学的方法は使わないが、他の方法に比べて計算時間がかかる。期間を無限に小さく分割すると、ブラック・ショールズモデルとなることが分かっている。

最初に1期間の2項モデルを取り上げる。時間は現時点と満期の2つだけで、満期に株価は2つの値をとる。現在の株価をSとすると、満期日の株価は確率qで$uS (u>1)$、確率$1-q$で$dS (0<d<1)$となる。$t=0$におけるコール・オプションの価格をCとする。$t=T$における価格は

$S(T) = uS$ のとき　　$C_u = \max(uS-K, 0)$
$S(T) = dS$ のとき　　$C_d = \max(dS-K, 0)$

となる。ここで株式と安全資産からなるポートフォリオを組むことを考えてみる。株式をΔ単位組み込み、安全資産はBとする。安全資産の収益率はrである。満期日のポートフォリオの価値は

$S(T) = S$ のとき　　$\Delta uS + (1+r)B$
$S(T) = dS$ のとき　　$\Delta dS + (1+r)B$

となる。オプションと価値が等しくなるようにポートフォリオを組むと、

$$\Delta uS + (1+r)B = C_u$$
$$\Delta dS + (1+r)B = C_d$$

が成り立つ。これより

$$\Delta = \frac{C_u - C_d}{(u-d)S}$$

$$B = \frac{uC_d - dC_u}{(u-d)(1+r)} \qquad (3.22)$$

となる。無裁定条件により

$$C = \Delta S + B$$

が成り立つ。(3.22) を代入すると

$$C = \frac{C_u - C_d}{u - d} + \frac{uC_d - dC_u}{(u-d)(1+r)}$$

$$\left[\left(\frac{1+r-d}{u-d}\right)C_u + \left(\frac{u-(1+r)}{u-d}\right)C_d\right] \Big/ (1+r)$$

ここで

$$p = \frac{1+r-d}{u-d}$$

$$1-p = \frac{u-(1+r)}{u-d}$$

とおくと $0 < p < 1$ となる。p はリスク中立確率と呼ばれている。オプション価格は

$$C = \frac{pC_u + (1-p)C_d}{1+r} \tag{3.23}$$

で与えられる。つまりオプション価格は、期待ペイオフを安全資産の収益率で割り引いた値に等しい。なお、株価の変動率と安全資産の収益率はつぎの条件を満たさなければならない。

$$u > 1 + r > d$$

この条件が成り立たないと、株式と安全資産の売買によって確実に正の利益が得られる。

期間を2期に分けると、満期日の株価は u^2S、duS、d^2S の3つの値をとる。それぞれ確率は q^2、$2q(1-q)$、$(1-q)^2$ である。株価が2期連続して上昇したときのオプション価格を C_{uu} とする。C_{du} と C_{uu} も同じように定義する。最初の期が終わると満期まで1期が残っており、1期間の問題を解く。(3.23) から次式が成り立つ。

$$C_u = \frac{pC_{uu} + (1-p)C_{du}}{1+r}$$

$$C_d = \frac{pC_{du} + (1-p)C_{dd}}{1+r}$$

ここで Δ と B は (3.22) から求める。コール・オプションの価格は

$$C = \frac{pC_u + (1-p)C_d}{1+r}$$

$$= \frac{p^2 C_{uu} + 2p(1-p)C_{du} + (1-p)^2 C_{dd}}{(1+r)^2} \tag{3.24}$$

で与えられる。

以上の議論を一般化して、期間$[0, T]$に等間隔で$t_1 < \cdots < t_M = T$, $t_i = i\Delta t$をとる。$t=0$の株価をSとすると、t_iの株価は

$$S_n^i = d^{i-n} u^n S,\ 0 \leq n \leq i$$

となる。満期には$\{S_n^M\}_{n=0}^M$のいずれかの値をとる。ペイオフを$\{C_n^M\}_{n=0}^M$とすると

$$C_n^M = \max(S_n^M - K,\ 0),\ 0 \leq n \leq M$$

となる。オプション価格C_n^iはC_n^{i+1}とC_{n+1}^{i+1}の加重平均である。

$$C_n^i = e^{-r\Delta t}(pC_{n+1}^{i+1} + (1-p)C_n^{i+1}),\ 0 \leq n \leq i,\ 0 \leq i \leq M-1 \tag{3.25}$$

数値計算ではリスク中立確率をつぎのように定める。

$$u = A + \sqrt{A^2 - 1},\ d = A - \sqrt{A^2 - 1},\ p = \frac{e^{r\Delta t} - d}{u - d}$$

$$A = \frac{e^{-r\Delta t} + e^{(r+\sigma^2)\Delta t}}{2}$$

$S=5$, $K=3$, $T=1$, $r=0.05$, $\sigma=0.3$として数値実験を行った。(3.11)から厳密解を計算すると$C=2.159752$であり、数値解は2.159734となる。したがって数値解は小数第4位まで厳密解に等しい。図3.3は、期間の分割数（横軸）と誤差率（縦軸、単位は%）の関係を示している。分割数を増やすと誤差は小さくなるが、数値解は振動を繰り返しながら厳密解に収束する。正確な解を得るには期間を短い間隔で分割する必要がある。

3.5　モンテカルロ法

(3.23)によると、離散時間のオプション価格はペイオフの期待値を現在価値に引き戻した値に等しい。連続時間では

図3.3 2項モデルの誤差

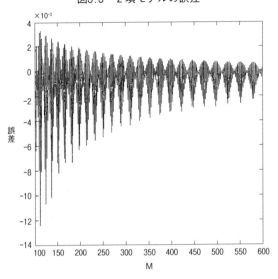

$$C = e^{-rT} E[C_T]$$
$$= e^{-rT} \int_{-\infty}^{\infty} \max(S_T - K, 0) f(S_T) dS_T \qquad (3.26)$$
$$= e^{-rT} \int_{K}^{\infty} S_T f(S_T) dS_T$$

となる。しかし積分して解析解を求めることは難しい。かわりにモンテカルロ法で定積分を求める方法が考えられる。つまり乱数を使って、(3.26) の積分を次式で近似する。

$$C \cong e^{-rT} \frac{1}{N} \sum_{i=1}^{N} (\max(S_{T,i} - K, 0)) \qquad (3.27)$$

ヨーロピアン・コールオプションの価格はつぎの手順で計算する。

[ステップ1] (3.1) の μ を利子率で置きかえて、リスク中立的な株価を生成する。

$$S_i = S_0 e^{(r - \frac{1}{2}\sigma^2)T + \sigma\sqrt{T} z_i} \qquad (i = 1, \cdots\cdots, N)$$
$$z_i \sim N(0, 1)$$

[ステップ2] ペイオフの現在価値を求める。

$$P_i = e^{-rT}\max(S_i - K,\ 0) \qquad (i = 1, \cdots\cdots, N)$$

［ステップ3］ P_iの平均値と分散を計算する。

$$P_M = \frac{1}{N}\sum_{i=1}^{N} P_i$$

$$P_V = \frac{1}{N-1}\sum_{i=1}^{N}(P_i - P_M)^2$$

［ステップ4］ P_Mの95%信頼区間を求める。

$$P_M - 1.96\sqrt{\frac{P_V}{N}} \leq C \leq P_M + 1.96\sqrt{\frac{P_V}{N}}$$

図3.4は、単純なモンテカルロ・シミュレーションを100万回行った結果を示している。ただし$S=2$、$K=1$、$T=3$、$r=0.05$、$\sigma=0.25$としている。数値解は4.138930であり、これは厳密解$C=4.139296$にほぼ等しい。図から明らかなように、シミュレーションの回数を増やしても信頼区間は狭くならない。この問題は計算機の高速化と分散減少法や準乱数の利用によって解決できる。

数値解のバラツキは、以下の方法によって抑えることができる。

(1) 負相関変量法

負相関変量法は、負の相関をもつ確率変数の平均をとると分散が減少する性質を利用する方法である。S_iの計算において、z_iに加えて$-z_i$に対応する株価も計算して平均をとる。この方法を用いると、最終時点の信頼区間の幅は0.004476から0.003160に縮まる。

(2) 層化抽出法

層化抽出法は積分区間を複数の小区間に分割し、それぞれの区間からサンプルを抽出する方法である。こうすれば、サンプリングの偏りをなくすことができる。

(3) 制御変量法

最初に厳密解のあるモデルにモンテカルロ法を適用して誤差を求める。次に厳密解のないモデルの近似解を求めて誤差を差し引く。二つのモデルが似ていれば、誤差は打ち消されて小さくなる。

図3.4　モンテカルロ近似

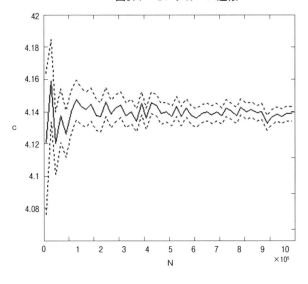

(4) 重点サンプリング法

　積分区間から一様にサンプルをとるかわりに、関数値が大きい部分に重みのかかった密度関数からサンプルをとる方法である。効率的な方法であるが、問題によっては適当な重み関数を見つけることができない場合がある。

　もう一つの解決策は、乱数のかわりに準乱数を用いることである[6]。コンピュータで生成した乱数はかたまって分布する傾向がある。このためサンプル数を増やしても誤差は減少しない。準モンテカルロ法は低食い違い列と呼ばれる決定論的な数列を用いる。Sobol列やFaure列がよく使われるが、ここではNiederreiter列を用いた。一様分布列を生成して、ボックス・ミュラー法で標準正規分布に変換する。準モンテカルロ法は、単純モンテカルロ法よりも速く収束する。サンプル数をMとすると、単純モンテカルロ積分の誤差は$1/\sqrt{M}$のオーダーで小さくなる。一方、準モンテカルロ積分の誤差は$1/M$のオーダーで減少する。単純モンテカルロ法で精度を2倍に上げるには、サンプル数を4倍にしなければならないが、準モンテカルロ法では2倍に増やすだけでよい。図3.5は、準モンテカルロ法によるオプション価格と信頼区間を示している。価格と信頼区間の変動は小さく、10万回の計算で十分である。近似解は4.138711で、誤差率は-0.014%にすぎない。

図3.5　準モンテカルロ近似

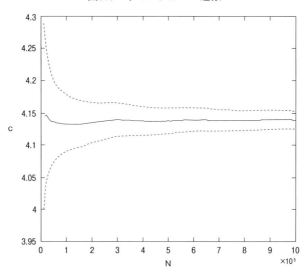

3.6　結語

　この章で取り上げたオプション・プライシングの3つの方法には、それぞれ長所と短所がある。モンテカルロ法はヨーロピアン・オプションには有効で、プログラミングも簡単である。しかし、満期前に権利行使可能なアメリカン・オプションに適用するのは難しい。コックス・ロス・ルービンシュタインの2項モデルも計算は簡単で、アメリカン・オプションにも適用可能である。差分法を用いるとオプション価格を正確に計算することができる。また境界条件を変えることによってさまざまなオプションに適用可能である。ただしプログラミングが複雑な上に、数値的安定性に問題が生じることがある。

　ここでは取り上げなかったが、バリア・オプションやルックバック・オプション、アジアン・オプションなど経路依存型オプションも取引されている。特殊な仮定をおくと価格を計算できるが、一般には数値計算が必要である。検討した3つの方法はそのままでは使えないが、基本的な考え方は変わらない。偏微分方程式の数値解法には差分法のほかに有限要素法がある。有限要素法では、関数の曲率に応じて分割幅を調整するので計算コストがかからない。バリア・オプションなど曲率の高い部分をもつオプションに応用されている。有限要素法は新たに開

発されるさまざまなオプションに適用されるであろう。最後に、高速フーリエ変換を用いてオプション価格を評価する方法が開発されていることを指摘しておこう。今後の発展が期待されるテーマである。

[注]

1) Fisher Black and Myron Scholes（1973）を参照。
2) オプションを含めたデリバティブ一般については、ハル（2014）が詳しい。
3) 伊藤の公式の証明は Wilmott, Howison, and Dewynne（1995）を参照せよ。
4) 式の展開には Wilmott 他（1995）の第5章を参照した。
5) Cox, Ross, S and Rubinstein（1979）を参照。
6) 準乱数を用いる方法については、釜（2015）、Paskov and Traub（1995）を参照せよ。

[参考文献]

釜国男（2015）『経済モデルの数値解析』多賀出版。

Fisher Black and Myron Scholes.（1973）"The Pricing of Options and Corporate Liabilities", *Journal of Political Economy*, Vol. 81, 637-654.

Hull, J.（2014）*Options, Futures, and Other Derivatives*, Prentice Hall（三菱UFJ証券市場商品本部訳『フィナンシャルエンジニアリング――デリバティブ取引とリスク管理の総体系』金融財政事情研究会、2009）.

John C. Cox, Stephen A. Ross, S and M. Rubinstein.（1979）"Option Pricing: A Simplified Approach", *Journal of Financial Economics*, Vol. 7, 229-263.

Spassimir H. Paskov and Joseph F. Traub.（1995）"Faster Valuation of Financial Derivatives", *Journal of Portfolio Management*, Vol. 22, No. 1, pp 113-123.

Wilmott, P, S. Howison and J. Dewynne.（1995）*The Mathematics of Financial Derivatives: A Student Introduction*, Cambridge University Press（伊藤幹夫、戸瀬信之訳『デリバティブの数学入門』共立出版、2002）.

第4章　動学的調整過程の数値解析

　多くの動学的最適化問題において、最適条件を満たす安定的な解は鞍点経路となる。数学的に鞍点経路の存在や性質を調べることはできるが、実際に求めることは難しい。均衡点の回りでモデルを線形近似する方法がよく使われるが、これでは局所的な性質しか分からない。経済政策の効果を調べるには、モデルのグローバルな性質を知る必要がある。このような問題には数値計算が有効である。モデルの精緻化にともなって数値計算に対するニーズが高まっている。これまで動的計画問題について、さまざまな数値解法を検討した[1]。最適成長モデルの場合、鞍点経路を解析的に求めることはできない。このため摂動法やプロジェクション法を適用するが、複雑な計算を行う必要がある。かわりの方法がいくつか提案されており、ここでは時間消去法について検討する。以下で示すように、この方法を使うと、比較的簡単な計算で正確な解が得られる。時間消去法は一般的な方法ではないが、微分方程式を解くだけで policy function が得られる。時間消去法の基本的な考え方と計算方法を説明したあと、ラムゼイモデルと宇沢・ルーカスの内生的成長モデルに適用する。

4.1　時間消去法

最初に、つぎの一般的な最適化問題について考えよう。

$$\max_{u(t)} \int_0^\infty f(u(t),\ x(t),\ t)\,dt$$
$$s.t. \quad \dot{x} = g(u(t),\ x(t),\ t) \tag{4.1}$$
$$x(0) = x_0$$

　ここで $x(t)$ は状態変数で、$u(t)$ は制御変数である。関数 f、g は連続性その他の条件を満たしている。この問題を解くために、ハミルトン関数

$$H(u, x, \lambda, t) = f(u, x, t) + \lambda g(u, x, t)$$

を定義する。最大値原理により、最適解はつぎの条件を満たす。

$$\frac{\partial f}{\partial u} + \lambda \frac{\partial g}{\partial u} = 0$$

$$\dot{x} = \frac{\partial H}{\partial \lambda} \tag{4.2}$$

$$\dot{\lambda} = -\frac{\partial H}{\partial x}$$

これらの条件式から

$$\dot{u} = h(u(t), x(t), t) \tag{4.3}$$
$$\dot{x} = g(u(t), x(t), t)$$

が導かれる。初期条件は $x(0) = x_0$ で、境界条件は

$$\lim_{t \to \infty}(u(t), x(t)) = (u^*, x^*)$$

である。ただし、u^* と x^* は $u(t)$、$x(t)$ の長期均衡値を表す。一般的な条件のもとで、(4.1) には唯一の安定的鞍点経路が存在する。上の微分方程式を解くには、$x(0)$ のほかに $u(0)$ が必要である。しかし多くの場合、$u(0)$ を解析的に求めることは難しい。このため、いくつかの方法が考案されている。一つの方法は、シューティング法である。この方法は有限期間の問題には有効であるが、(4.1) に適用するのは簡単ではない。とくに変数が多くなると使えない。Judd (1998) は、「シューティング法は無限期間の最適制御問題を解くには限界がある。……これらの問題にはもっと優れた方法を開発する必要がある」と述べている[2]。Judd (1998) と Brunner = Strulik (2002) は、リバース・シューティング（バックワード・インテグレーション）を提案している。この方法は、時間の方向を逆にすると位相図の安定的アームは不安定となる性質を利用する。長期均衡点の近くに初期値をとると、不安定アームは強いアトラクターとなり、誤差は指数関数的に減少する。しかし時間を逆にしても、初期値の選択が難しいことに変わりはない。Mulligan = Sala-i-Martin (1991) は定常点からスタートする方法を考案した。この方法を用いると、微分方程式を1回解くだけで安定的な解が得られる。内生的

成長モデルのように、変数値が持続的に大きくなるモデルにも適用可能である。以下、この方法について説明しよう。

最初に、つぎのように状態変数と制御変数を定義する[3]。

$$y(t) = y(x(t))$$
$$z(t) = z(u(t), x(t))$$

変数を適当に定義すれば、システムは

$$\dot{y} = p(y(t), z(t))$$
$$\dot{z} = q(y(t), z(t)) \tag{4.4}$$

と表される。横断性条件を満たすと

$$\lim_{t \to \infty} y(t) = y^*, \quad \lim_{t \to \infty} z(t) = z^*$$

となる。時間消去法のポイントは、

$$z = r(y) \tag{4.5}$$

と制御変数を状態変数の関数として表すことである。関数の傾きは

$$\frac{dz}{dy} = \frac{\dot{z}}{\dot{y}} = \frac{q(y, z)}{p(y, z)} \tag{4.6}$$

で与えられる。これは1階の常微分方程式であり、この方程式から(4.5)の関数を求める。ここで問題となるのは、定常点では(4.6)の分母と分子は0となることである。このためロピタルの定理を適用する。つまり

$$\frac{dz}{dy} = \left(\frac{\partial q}{\partial y} + \frac{\partial q}{\partial z} \frac{dz}{dy} \right) \Big/ \left(\frac{\partial p}{\partial y} + \frac{\partial p}{\partial z} \frac{dz}{dy} \right)$$

から

$$\left(\frac{dz}{dy} \right)^2 \frac{\partial p}{\partial z} + \left(\frac{\partial p}{\partial y} - \frac{\partial q}{\partial z} \right) \frac{dz}{dy} - \frac{\partial q}{\partial y} = 0 \tag{4.7}$$

が成り立つ。これはdz/dyに関する2次方程式である。二つの根は定常点における安定的アームと不安定アームの傾きに等しい。位相図から、どちらの根を採用するかを決める。(4.4)に(4.5)を代入すると、yに関する微分方程式

$$\dot{y} = p(y(t), r(y(t)))$$

を得る。この方程式の解を (4.5) に代入して、$z(t)$ を計算する。$r(y)$ を求めるもう一つの方法は、プロジェクション法である。プロジェクション法は、$r(y)$ を基底関数の線形結合 $z = \sum_{j=1}^{n} a_j \Psi_j(y)$ で近似する。基底関数として、チェビシェフ多項式が使われる。係数は残差がゼロとなるように決める[4]。プロジェクション法は計算速度が速く誤差も小さいが、係数の計算が難しい。このため簡単なモデルにしか使えない。第3の方法は、Trimborn 他（2008）の提案した緩和法（relaxation method）である。緩和法は微分方程式を代数方程式で離散近似して解を求める。例えば

$$\dot{k} = f(c, k)$$
$$\dot{c} = g(c, k)$$

を緩和法で解くには、時間を $t_0, t_1 \cdots, t_M$ に離散化して方程式を次式で近似する。

$$\frac{k_{i+1} - k_i}{t_{i+1} - t_i} = f\left(\frac{c_{i+1} + c_i}{2}, \frac{k_{i+1} + k_i}{2}\right)$$

$$\frac{c_{i+1} - c_i}{t_{i+1} - t_i} = g\left(\frac{c_{i+1} + c_i}{2}, \frac{k_{i+1} + k_i}{2}\right) \qquad i = 0, 1, \cdots, M-1$$

$$k_0 = \alpha, \ c_M = c^*$$

これは c_i と k_i に関する連立方程式である。無限期間の問題では時間を

$$\tau = \nu t / (1 + \nu t), \ \nu > 0$$

に変換して

$$\frac{dx}{d\tau} = \frac{f\left(\frac{\tau}{\nu(1-\tau)}, x, y\right)}{\nu(1-\tau)^2}$$

の解を求める。緩和法は無限期間の問題にも適用できるが、簡単な問題ではコストパフォーマンスが悪い。次節で取り上げるラムゼイモデルの場合、430個の変数を未知数とする方程式を解かなければならない。これだけ大規模な方程式は簡単に解けない。緩和法を適用する前に他の方法を試みるべきである。

時間消去法は、さまざまな問題に適用可能である。ここでは二つのモデルに適

用しよう。ラムゼイモデルと宇沢＝ルーカスの内生的成長モデルである。

4.2 ラムゼイモデル

最初に、つぎのラムゼイモデルに適用しよう。

$$\max_{c(t)} \int_0^\infty \frac{c^{1-\theta}-1}{1-\theta} e^{-\rho t} dt \tag{4.8}$$

$$s.t. \quad \dot{k} = k^\alpha - c - \delta k$$

$$k(0) = k_0$$

ハミルトン関数

$$H = \frac{c^{1-\theta}-1}{1-\theta} + \lambda(k^\alpha - c - \delta k)$$

を定義する。効用最大化の条件は

$$c^{-\theta} = \lambda \tag{4.9}$$

$$\dot{k} = k^\alpha - c - \delta k \tag{4.10}$$

$$\dot{\lambda} = -(\alpha k^{\alpha-1} - \delta)\lambda + \rho\lambda \tag{4.11}$$

であり、横断性条件

$$\lim_{t \to \infty} k(t)\lambda(t) = 0$$

を満たす必要がある。(4.9) から

$$-\theta \frac{\dot{c}}{c} = \frac{\dot{\lambda}}{\lambda}$$

となる。右辺に

$$\frac{\dot{\lambda}}{\lambda} = -\alpha k^\alpha + \delta + \rho$$

を代入すると、ケインズ＝ラムゼイ・ルール

図4.1 ラムゼイモデルの位相図

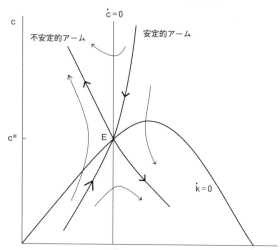

$$\frac{\dot{c}}{c} = \frac{\alpha k^{\alpha-1} - \delta - \rho}{\theta}$$

を得る。これより c と k に関する連立微分方程式

$$\dot{c} = c \frac{\alpha k^{\alpha-1} - \delta - \rho}{\theta} \tag{4.12}$$

$$\dot{k} = k^\alpha - c - \delta k \tag{4.13}$$

が導かれる。定常状態の資本と消費は

$$k^* = \left(\frac{\alpha}{\delta + \rho}\right)^{\frac{1}{1-\alpha}}$$
$$c^* = (k^*)^\alpha - \delta k^* \tag{4.14}$$

で与えられる。適当な初期値からスタートすると、資本と消費は定常状態へ収束する。このため新たに変数を定義する必要はない。図4.1はシステムの位相図である。原点を通る曲線は $\dot{k}=0$ を表し、垂直線は $\dot{c}=0$ に対応する。二つの線が交わる E 点は定常状態である。消費の初期値を適当に選ぶと、安定的アームに沿って E 点に向かう。問題は初期値の選択である。シューティング法では、時

間積分して $c(0)$ を求める。時間消去法はつぎの方法で安定的アームを見つける。

消費の安定経路を $c=c(k)$ と表すと、その傾きは

$$c'(k) = \frac{c(k)[\alpha k^{\alpha-1}-\delta-\rho]}{\theta[k^{\alpha}-c(k)-\delta k]} \tag{4.15}$$

で与えられる。これは1階の常微分方程式であり、解を求めるには境界条件が必要である。$c(0)$ は与えられていないが、$c(k)$ がE点を通ることは分かっている。E点から時間を逆向きに積分すれば、安定的アームが得られる。残りのアームは時間を正方向に積分して求める。E点におけるアームの傾きは

$$c'(k^*) = \frac{\rho+\sqrt{\rho^2+\dfrac{4}{\theta}\alpha(1-\alpha)c(k^*)^{\alpha-2}}}{2} \tag{4.16}$$

で与えられる。勾配は固有ベクトルから計算することもできる。(4.12) と (4.13) をE点の回りで線形近似すると

$$\begin{bmatrix} \dot{c}-\dot{c^*} \\ \dot{k}-\dot{k^*} \end{bmatrix} = \begin{bmatrix} \dfrac{\partial \dot{c^*}}{\partial c} & \dfrac{\partial \dot{c^*}}{\partial k} \\ \dfrac{\partial \dot{k^*}}{\partial c} & \dfrac{\partial \dot{k^*}}{\partial k} \end{bmatrix} \begin{bmatrix} c-c^* \\ k-k^* \end{bmatrix}$$

$$= \begin{bmatrix} 0 & \dfrac{\alpha(\alpha-1)c(k^*)^{\alpha-2}}{\theta} \\ -1 & \alpha(k^*)^{\alpha-1}-\delta \end{bmatrix} \begin{bmatrix} c-c^* \\ k-k^* \end{bmatrix}$$

後で示すパラメータの値を代入すると、右辺の係数行列は

$$A = \begin{bmatrix} 0 & -0.0075 \\ -1 & 0.0650 \end{bmatrix}$$

となる。この行列の固有値は -0.06 と 0.125 である。負の固有値に対応する固有ベクトルは $x=[-0.1240 \quad -0.9923]$ であり、その傾き 0.125 はE点におけるアームの勾配に等しい。ラムゼイモデルでは線形近似する必要はないが、この方法は多変数のモデルで定常点における安定経路の傾きを求めるのに役立つ。

特殊な仮定をおくと、モデルは解析的に解ける。つまり $\theta=\dfrac{\delta+\rho}{\alpha\delta}$ であれば貯蓄率は $s=1/\theta$ となり、資本ストックは

$$k(t) = \left[\frac{s}{\delta}+\left(k_0^{1-\alpha}-\frac{s}{\delta}\right)\exp(-\delta(1-\alpha)t)\right]^{\frac{1}{1-\alpha}}$$

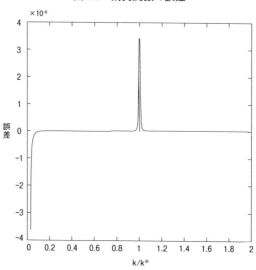

図4.2 消費関数の誤差

で与えられる。消費は

$$c = (1-s)k^\alpha$$

となる。モデルのパラメータは $\alpha = 0.4$, $\delta = 0.1$, $\rho = 0.065$, $\theta = 4.125$ とする。貯蓄率は $s = 1/4.125$ で、消費関数は

$$c = 0.7576 k^{0.4}$$

と表される。$c^* = 1.3671$, $k^* = 4.3748$ であり、(4.16) から $c'(k^*) = 0.125$ となる[5]。消費関数は $k < k^*$ と $k > k^*$ のケースに分けて計算する。E点の右側では、$k = k^* + h$, $c = c^* + hc'(k^*)$ を初期値として、4次のルンゲ・クッタ法で解を求める。左側では $k = k^* - h$, $c = c^* - hc'(k^*)$ を初期値として、$k = k^* - ih$, $i = 2, 3, \ldots$ について求積する。厳密解と比較して、近似精度を調べる。E点を中心に0.02の間隔で分点をとると、最大誤差（絶対値）は 3.65×10^{-6} となる（図4.2）。初期値を $c^* \pm hc'(c^*)$ にとっている関係で、誤差は定常点の近くで突出して大きい。Value function は

$$V(k) = \frac{1}{\rho}\left[\frac{c(k)^{1-\theta}-1}{1-\theta} + c(k)^{-\theta}(k^\alpha - c(k) - \delta k)\right]$$

となる。資本ストックは

$$\dot{k} = k^\alpha - c(k) - \delta k$$
$$k(0) = k_0$$

を積分して求める。$c(k)$に$k(t)$を代入すれば、消費が得られる。

4.3 宇沢・ルーカスモデル

ラムゼイモデルでは新たに状態変数を定義する必要はなかった。しかし、宇沢 (1965) とルーカス (1988) の内生的成長モデルに時間消去法を適用するには新しい変数を定義する必要がある。モデルはつぎのように表される。

$$\begin{aligned}
&\max_{c(t)} \int_0^\infty \frac{c^{1-\theta}-1}{1-\theta} e^{-\rho t} dt \\
&s.t. \quad \dot{k} = k^\alpha (uh)^{1-\alpha} - c - \delta k \\
&\dot{h} = bh(1-u) \\
&k(0) = k_0, \ h(0) = h_0, \ u \in (0, 1)
\end{aligned} \tag{4.17}$$

ここでhは人的資本で、uは労働時間、$1-u$は学習時間である。bが大きいほど学習効率は高くなる。つぎのハミルトン関数を定義する。

$$H = \frac{c^{1-\theta}-1}{1-\theta} + q_1(k^\alpha(uh)^{1-\alpha} - c - \delta k) + q_2(bh(1-u))$$

1階の条件は

$$c^{-\theta} = q_1 \tag{4.18}$$

$$q_1(1-\alpha)k^\alpha u^{-\alpha} h^{1-\alpha} = q_2 bh \tag{4.19}$$

$$\dot{q}_1 = \rho q_1 - q_1(\alpha k^{\alpha-1}(uh)^{1-\alpha} - \delta) \tag{4.20}$$

$$\dot{q}_2 = \rho q_2 - q_1(1-\alpha)k^\alpha u^{1-\alpha} h^{-\alpha} - q_2 b(1-u) \tag{4.21}$$

である。(4.18) と (4.20) から

$$\dot{c} = c\frac{\alpha k^{\alpha-1}(uh)^{1-\alpha} - \delta - \rho}{\theta} \tag{4.22}$$

となり、(4.19) から

$$\hat{u} = (\hat{q}_1 - \hat{q}_2)/\alpha + \hat{k} - \hat{h} \tag{4.23}$$

となる。$\hat{u}$ は u の増加率を表す。(4.20) から

$$\hat{q}_1 = \rho - \alpha k^{\alpha-1}(uh)^{1-\alpha} + \delta$$

であり、(4.19) から q_1 を求めて (4.21) に代入すると

$$\hat{q}_2 = \rho - b$$

となる。さらに $\hat{q}_1$ と $\hat{q}_2$ を (4.23) に代入すると

$$\dot{u} = u\left(\frac{b + \delta - \alpha k^{\alpha-1}(uh)^{1-\alpha}}{\alpha} + \hat{k} - \hat{h}\right) \tag{4.24}$$

を得る。定常状態において

$$(\dot{k}/k)^* = (\dot{h}/h)^* = (\dot{c}/c)^* = \frac{b - \rho}{\theta}$$

$$u^* = 1 - \frac{b - \rho}{b\theta}$$

となる。総生産の成長率は

$$(\dot{y}/y)^* = \frac{b - \rho}{\theta}$$

である。さらに

$$(c/k)^* = \frac{\delta + b}{\alpha} - \frac{b - \rho}{\theta} - \delta$$

$$(k/h)^* = u^* \left(\frac{\delta + b}{\alpha}\right)^{\frac{1}{\alpha - 1}}$$

となる。$b > \rho$ であれば資本と消費は持続的に成長する。新たに変数 $p = k/h$ と $m = c/k$ を定義すると、これらの変数はつぎの連立微分方程式を満たす。

$$\frac{\dot{p}}{p} = \left(\frac{u}{p}\right)^{1-\alpha} - m - \delta - b(1-u) \tag{4.25}$$

$$\frac{\dot{m}}{m} = \frac{\alpha-\theta}{\theta}\left(\frac{u}{p}\right)^{1-\alpha} + \frac{\delta(\theta-1)-\rho}{\theta} + m \tag{4.26}$$

$$\frac{\dot{u}}{u} = \frac{\delta+b}{\alpha} - m - \delta - b(1-u) \tag{4.27}$$

均斉成長経路の上では h と c は同じスピードで成長し、p と m は一定となる。3つの変数の動きは3次元の位相図で表される。定常点を通る安定的アームは、関数 $m(p)$ と $u(p)$ によって表すことができる。$m(p)$ は3次元の曲線を $[m, p]$ 空間へ投影したものであり、$u(p)$ は $[u, p]$ 空間への写像である。p の初期値を与えると、(p, m, u) を表す点は定常点へ収束する。(4.25)‒(4.27) を定常点の回りで線形近似すると

$$\begin{bmatrix} \dot{p}-\dot{p}^* \\ \dot{m}-\dot{m}^* \\ \dot{u}-\dot{u}^* \end{bmatrix} = \begin{bmatrix} \alpha\left(\frac{u^*}{p^*}\right)^{1-\alpha} - m^* - \delta - b(1-u^*) & -p^* & (1-\alpha)\left(\frac{p^*}{u^*}\right)^{\alpha} + bp^* \\ \frac{m^*(1-\alpha)(\theta-\alpha)}{p^*\theta}\left(\frac{u^*}{p^*}\right)^{1-\alpha} & \frac{\alpha-\theta}{\theta}\left(\frac{u^*}{p^*}\right)^{1-\alpha} + \frac{\delta(\theta-1)-\rho}{\theta} + 2m^* & \frac{m^*(1-\alpha)(\alpha-\theta)}{p^*\theta}\left(\frac{u^*}{p^*}\right)^{-\alpha} \\ 0 & -u^* & \frac{\delta+b}{\alpha} - m^* - \delta - b + 2bu^* \end{bmatrix} \begin{bmatrix} p-p^* \\ m-m^* \\ u-u^* \end{bmatrix} \tag{4.28}$$

となる。つぎの微分方程式から $m(p)$ と $u(p)$ を求める。

$$\frac{dm}{dp} = \frac{m}{p} \cdot \frac{\frac{\alpha-\theta}{\theta}\left(\frac{u}{p}\right)^{1-\alpha} + \frac{\delta(\theta-1)-\rho}{\theta} + m}{\left(\frac{u}{p}\right)^{1-\alpha} - m - \delta - b(1-u)} \tag{4.29}$$

$$\frac{du}{dp} = \frac{u}{p} \cdot \frac{\dfrac{\delta+b}{\alpha} - m - \delta - b(1-u)}{\left(\dfrac{u}{p}\right)^{1-\alpha} - m - \delta - b(1-u)} \tag{4.30}$$

モデルのパラメータを、$\alpha = 0.4$, $\delta = 0.05$, $\rho = 0.04$, $\theta = 1$, $b = 0.1$ とする。定常状態において、$p^* = 2.0512$, $m^* = 0.2650$, $u^* = 0.4$, $(\dot{k}/k)^* = 0.06$ となる。$m(p)$ と $u(p)$ の傾きは、(4.28) の線形化行列から求める。パラメータ値を代入すると

$$A = \begin{bmatrix} -0.2250 & -2.0512 & 1.3589 \\ 0.0174 & 0.2650 & -0.0894 \\ 0 & -0.4 & 0.0400 \end{bmatrix}$$

となる。A の固有値は 0.2650, -0.2250, 0.04 である。一つの固有値は負であり、安定的鞍点経路が存在する。負の固有値に対応する固有ベクトルは、$x = [-0.9961 \ 0.0489 \ 0.0739]$ である。したがって $m'(p^*) = -0.0491$, $u'(p^*) = -0.07416$ となる[6]。$p > p^*$ の領域では、$p = p^* + h$ から計算をはじめる。

$$m(p^* + h) \cong m^* + hm'(p^*)$$
$$u(p^* + h) \cong u^* + hu'(p^*)$$

を初期値として、$p = p^* + nh (n = 2, 3, \cdots\cdots)$ について $m(p)$ と $u(p)$ を計算する。$p < p^*$ の領域では、

$$m(p^* - h) \cong m^* - hm'(p^*)$$
$$u(p^* - h) \cong u^* - hu'(p^*)$$

を初期値として、$p = p^* - nh (n = 2, 3, \cdots\cdots)$ について計算する。図4.3は m, u と p の関係を示している。曲線の傾きは α と θ の比率で決まる。$\theta > \alpha$ であれば曲線は右下がりとなり、$\theta < \alpha$ なら右上がりとなる。$\theta = \alpha$ なら水平となる。$0 < \alpha < 1$ で対数効用関数を仮定しているので、曲線の傾きは負となる。したがって $p < p^*$ であれば p の増加にともなって c/k と u は小さくなる[7]。$p > p^*$ なら p は減少して c/k と u は増加する。このモデルでは成長率は内生的に決まる。物的資本の成長率は

$$g_k = u^{1-\alpha} \left(\frac{k}{h}\right)^{\alpha-1} - \frac{c}{k} - \delta \tag{4.31}$$

図4.3 消費-資本比率と労働時間

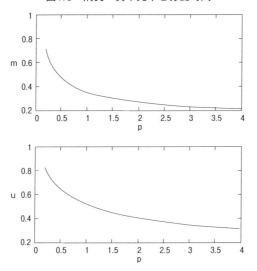

で与えられる。p が増加すると、物的資本の成長率は低下する（図4.4を参照）。m は減少するが、同時に u も減少するからである。一方、人的資本の成長率は

$$g_h = b(1-u) \tag{4.32}$$

であり、p の増加関数となる。(4.22) から消費の成長率は

$$g_c = \frac{\alpha u^{1-\alpha}(k/h)^{\alpha-1} - \delta - \rho}{\theta} \tag{4.33}$$

となる。p が増加すれば、消費の成長率は低下する。最後に総生産の成長率は

$$g_y = \alpha g_k + (1-\alpha)(g_u + g_h)$$

から

$$g_y = g_k + \frac{1-\alpha}{\alpha}\left[b + \delta - \alpha u^{1-\alpha}\left(\frac{k}{h}\right)^{\alpha-1}\right] \tag{4.34}$$

となる。図4.4を見ると、p が増加すると総生産の成長率は低下する。ただし、θ が1より大きくなるとU字型の曲線となる。

次に、成長率はどのように変化するのか調べてみよう。p の初期値を与えて、(4.25) を積分して時間経路を求めた。$p(0) = 1.5$ とすると、p は単調に増加し

図4.4 物的・人的資本比率と成長率

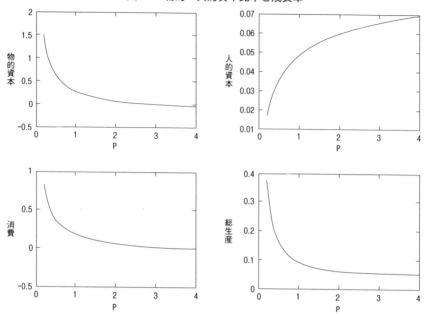

て $p^* = 2.0512$ に収束する。p の経路がわかると、(4.31)–(4.34) から資本、消費、総生産の経路を計算することができる。図4.5は、時間とともに各変数の成長率が変化する様子を示している。物的資本と消費、総生産の成長率は低下して、共通の値に収束する。労働時間は $u(0) = 0.45$ から $u^* = 0.4$ に低下する。このため人的資本の成長率は上昇して、長期的に $g_h = 0.06$ となる。以上の結果は特定のパラメータ値に基づいている。とくに α と θ の値は変数の動きに強く影響する。パラメータの値を変えて変数の動きを調べるのは興味がある。

4.4 結語

理論的な研究では、位相図を描いてモデルの動学的な性質を調べる。鞍点経路を書きこむのは簡単であるが、厳密に計算することは難しい。ここでは数値計算によって鞍点経路を求める方法について説明した。ベルマン方程式を解く際に policy function を求めるが、この関数は鞍点経路に他ならない。したがって policy function を求めるいろいろな方法が利用できる。鞍点経路を直接求める方

図4.5 成長率の変化

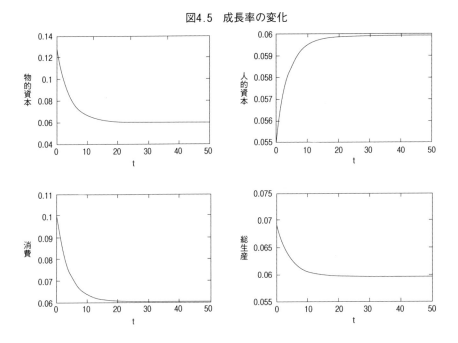

法もある。一つはシューティング法とバックワード・インテグレーション法である。これらの方法は有限期間のモデルには有効であるが、無限期間のモデルに適用するのは難しい。緩和法は無限期間の問題にも適用できるが、大規模な連立方程式を解かなければならない。ここではより簡単な時間消去法について検討した。時間消去法は微分方程式を解くだけでよい。問題は定常点における安定経路の傾きを求めることである。簡単なモデルではロピタルの定理を適用する。複雑なモデルは線形近似して係数行列の固有ベクトルから求める。時間消去法は多くのモデルに適用可能である。とくにローマー（1990）やジョーンズ（1995）の内生的成長モデルに適用すれば興味深い性質が明らかになるであろう。

[注]

1） これらの方法については釜（2015）を参照せよ。
2） Judd（1998）の355頁。
3） 以下の部分はMulligan and Sala-i-Martin（1991）に基づく。

4） 詳細は Judd（1998）の第11章や Mc Grattan（1999）を参照せよ。
5） これは解析解から求めた $c'(k^*) = \dfrac{\theta-1}{\theta}\alpha(k^*)^{\alpha-1}$ に等しい。
6） 関数の傾きはロピタルの定理で求めることもできる。パラメータ値を代入して整理すると，$x = dm/dp$ と $y = du/dp$ はつぎの連立方程式を満たす。

$$x = \frac{0.0085 + 0.1292x - 0.0436y}{-0.1097 - x + 0.6625y}$$

$$y = \frac{-0.195x + 0.0195y}{-0.1097 - x + 0.6625y}$$

x と y を求めると，線形近似システムから得た値と一致する。
7） 詳細なメカニズムは Mulligan and Sala-i-Martin（1993）を参照せよ。

[参考文献]

釜国男（2015）『経済モデルの数値解析』多賀出版。
Brunner, M and H. Strulik.（2002）"Solution of Perfect Foresight Saddlepoint Problems: a Simple Methods and Applications", *Journal of Economic Dynamics & Control*, Vol. 26, 737-753.
Jones, C. I.（1995）"R & D-Based Models of Economic Growth", *Journal of Political Economy*, Vol. 103, 759-784.
Judd, Kenneth.（1998）*Numerical Methods in Economics*, MA: MIT Press
Lucas, R.（1988）"On the Mechanics of Economic Development", *Journal of Monetary Economics*, Vol. 22, 3-42.
McGrattan, E. R.（1999）"Application of Weighted Residual Methods to Dynamic Economic Models", In *Computational Methods for Study of Dynamic Economies*（R. Marimon and A. Scott, eds.）Oxford University Press, New York, 114-142.
Mulligan, C. B and X. Sala-i-Martin.（1991）"A Note on the Time-Elimination Method for Solving Recursive Dynamic Economic Models", NBER Technical Working Paper No. 116.
―――――,（1993）"Transitional Dynamics in Two-Sector Models of Endogenous Growth", *Quarterly Journal of Economics*, Vol. 108, 739-773.
Romer, P. M.（1990）"Endogenous Technological Change", *Journal of Political Economy*, Vol. 98, S71-S102.
Trimborn T. Koch. K and T. M. Steger.（2008）"Multidimensional Transitional Dynamics: a Simple Numerical Procedure", *Macroeconomic Dynamics*, Vol. 12, 301-319.
Uzawa, H.（1965）"Optimal Technical Change in an Aggregate Model of Economic Growth", *International Economic Review*, Vol. 6, 18-31.

第5章　連続時間 DP の数値解析

ベルマンの動的計画法（DP）は、多くの動学的最適化問題に使われている。マクロ経済学でも、家計や企業の最適化行動の分析に用いられる。DP は離散時間だけでなく連続時間の問題にも適用される。ただし、特殊な場合を除いて解析的な方法は役に立たない。代わりに数値的な方法が有効である。最適成長モデルには、PEA 法、摂動法、離散近似法、重み付き残差法などが用いられる[1]。しかしこれらの方法は連続時間のモデルには適用できない。連続時間のモデルには別の方法が必要である。この章では、連続時間 DP の数値解法について検討する。最初に不確実性がないケースを取り上げる。ベルマン方程式を導出して最適成長モデルへ適用する。DP の特別なケースとして、線形2次制御問題がある。この問題には陽表的な解があり、最適レギュレータを導出することができる。次に不確実性のあるケースを取り扱う。

5.1　動的計画問題

つぎの有限期間の動学的最適化問題について考えよう。

$$V(x_0, t_0) = \max_u \int_{t_0}^{T} f(x, u, t) dt + B(x(T), T) \tag{5.1}$$
$$s.t. \quad \dot{x} = g(x, u, t)$$
$$x(t_0) = x_0$$

ここで V は2回連続微分可能な関数とする。最終時点では、端末条件

$$V(x, T) = B(x, T) \tag{5.2}$$

を満たさなければならない。最適成長モデルでは、$B(x, T)$ は残存資本のスクラップ価値を表す。ベルマンの最適性原理により

$$V(x_0, t_0) = \max_{u, t_0 \leq t \leq t_0+\Delta t} \left[\int_{t_0}^{t_0+\Delta t} f(x, u, t) dt \right.$$
$$\left. + \max_{u, t_0+\Delta t \leq t \leq T} \left(\int_{t_0+\Delta t}^{T} f(x, u, t) dt + B(x(t), T) \right) \right]$$
$$= \max_{\substack{u \\ t_0 \leq t \leq t+\Delta t_0}} \left[\int_{t_0}^{t_0+\Delta t} f(x, u, t) dt + V(x_0+\Delta x, t_0+\Delta t) \right]$$

となる。ここで Δt は微小な正の値である。右辺の第2項をテイラー展開すると

$$V(x_0, t_0) = \max_{u} [f(x_0, u, t_0)\Delta t + V(x_0, t_0) + V_x(x_0, t_0)\Delta x$$
$$+ V_t(x_0, t_0)\Delta t + O(\Delta t)]$$

両辺から $V(x_0, t_0)$ を引くと

$$0 = \max_{u} [f(x_0, u, t_0)\Delta t + V_x(x_0, t_0)\Delta x + V_t(x_0, t_0)\Delta t + O(\Delta t)]$$

となる。Δt で割って、$\Delta t \to 0$ とすれば

$$0 = \max_{u} [f(x, u, t) + V_x(x, t)\dot{x} + V_t(x, t)]$$

$\dot{x} = g(x., u, t)$ を代入すると

$$-V_t(x, t) = \max_{u} [f(x, u, t) + V_x(x, t) g(x, u, t)] \tag{5.3}$$

を得る。これは、ハミルトン・ヤコビ・ベルマン方程式（HJB方程式）と呼ばれる DP の基本的な式である。この方程式を解析的に解くことは難しいが、簡単な問題には陽表的な解がある。

［例1］つぎの問題は陽表的に解くことができる。

$$\max_{u} \int_{0}^{\infty} -e^{-\rho t} \left(\frac{ax^2 + bu^2}{2} \right) dt$$
$$s.t. \quad \dot{x} = u, \ x(0) = x_0 > 0$$

ここで $a > 0$, $b > 0$ である。この問題の HJB 方程式は

$$-V_t(x,\,t) = \max_u \left[-e^{-\rho t}\left(\frac{ax^2 + bu^2}{2}\right) + V_x(x,\,t)u \right]$$

と表される。右辺が最大となる u の値は

$$u = \frac{e^{\rho t} V_x}{b}$$

であり、HJB 方程式に代入すると

$$-V_t = -e^{-\rho t}\left(\frac{ax^2}{2} + \frac{e^{2\rho t} V_x^2}{2b}\right) + \frac{e^{\rho t} V_x^2}{b}$$

となる。整理すると

$$\frac{ax^2}{2} - \frac{e^{2\rho t} V_x^2}{2b} - e^{\rho t} V_t = 0$$

関数 V は

$$V(x,\,t) = e^{-\rho t} \alpha x^2$$

と推測する。$V_x = 2e^{-\rho t}\alpha x$, $V_t = -\rho e^{-\rho t}\alpha x^2$ となり

$$\left(\alpha\rho + \frac{a}{2} - \frac{2\alpha^2}{b}\right) x^2 = 0$$

が成り立つ。この式がつねに成り立つためには

$$\alpha^2 - \frac{b\rho}{2}\alpha - \frac{ab}{4} = 0$$

でなければならない。α を求めると、

$$\alpha = \frac{b}{4}\left(\rho \pm \sqrt{\rho^2 + \frac{4a}{b}}\right)$$

となる。$V(x,\,t) < 0$ となる負の根を採用して

$$V(x,\,t) = e^{-\rho t}\frac{b}{4}\left(\rho - \sqrt{\rho^2 + \frac{4a}{b}}\right)x^2$$

を得る。これを x で微分すると

$$V_x(x,\,t) = e^{-\rho t}\frac{b}{2}\left(\rho - \sqrt{\rho^2 + \frac{4a}{b}}\right)x$$

となり、policy function は

$$u = \frac{e^{\rho t} V_x}{b} = \frac{1}{2}\left(\rho - \sqrt{\rho^2 + \frac{4a}{b}}\right)x$$

となる。$\dot{x} = u$ から、x は

$$x = x_0 \exp\left(\frac{\alpha^-}{2}t\right), \quad \alpha^- = \rho - \sqrt{\rho^2 + \frac{4a}{b}}$$

と表される。$\alpha^- < 0$ であり、x は長期的に 0 となる。

　無限期間の自律的問題では、HJB 方程式は常微分方程式で表される。つぎの問題について考えよう。

$$\max \int_0^\infty e^{-\rho t} f(x, u) dt$$
$$s.t. \quad \dot{x} = g(x, u), \; x(t_0) = x_0$$

ここで、$J(x, t) = e^{-\rho t} V(x)$ とする。

$$J_x = e^{-\rho t} V'(x), \; J_t = -\rho e^{-\rho t} V(x)$$

であり、(5.3) に代入すると

$$e^{-\rho t} \rho V(x) = \max_u [e^{-\rho t} f(x, u) + e^{-\rho t} V'(x) g(x, u)]$$

となる。簡単化すると

$$\rho V(x) = \max_u [f(x, u) + V'(x) g(x, u)] \tag{5.4}$$

となり時間に依存しない value function が得られる。マクロ経済学では主に自律的問題を扱う。

5.2　最適成長モデルへの応用

前節の方法をつぎの最適成長モデルに応用しよう。

$$\max_c \int_0^\infty e^{-\rho t} u(c) dt \tag{5.5}$$
$$s.t. \quad \dot{k} = f(k) - c, \; k(0) = k_0$$

ここで c と k は消費と資本ストックを表す。$u^{(1)}(0) = \infty$, $u^{(1)} > 0$, $f^{(1)}(0) = \infty$, $f^{(1)}(\infty) = 0$, $f^{(1)} > 0$, $f^{(2)} < 0$ と仮定する。動的計画法を適用すると、HJB方程式は

$$\rho V(k) = \max_c [u(c) + V'(k)(f(k) - c)]$$

となる。$V(k)$ と $c(k)$ は

$$\rho V(k) = u(c(k)) + V'(k)(f(k) - c(k)) \tag{5.6}$$

$$u'(c(k)) = V'(k) \tag{5.7}$$

を満たす。効用関数と生産関数を

$$u(c) = \frac{c^{1+\gamma}}{1+\gamma} \qquad (\gamma < 0)$$

$$f(k) = Ak^\alpha \qquad (A > 0,\ 0 < \alpha < 1)$$

と特定して数値解を求める。HJB方程式は

$$\rho V(k) = \max_c \left[\frac{c^{1+\gamma}}{1+\gamma} + V'(k)(Ak^\alpha - c) \right] \tag{5.8}$$

となる。消費は

$$c = (V'(k))^{\frac{1}{\gamma}}$$

で与えられる。これを (5.8) に代入して整理すると

$$\rho V(k) = -\frac{\gamma}{1+\gamma} V'(k)^{\frac{1+\gamma}{\gamma}} + V'(k) Ak^\alpha \tag{5.9}$$

を得る。$\alpha = -\gamma$ であれば、この方程式には解析解がある。このとき

$$\rho V(k) = \frac{\alpha}{1-\alpha} V'(k)^{\frac{\alpha-1}{\alpha}} + V'(k) Ak^\alpha \tag{5.10}$$

となる。この方程式の解は

$$V(k) = P + Qk^{1-\alpha}$$

と表されると推測する。P と Q は未定係数である。$V(k)$ と $V'(k)$ を (5.10) に

代入して整理すると

$$\rho(P+Qk^{1-\alpha}) = \alpha(1-\alpha)^{-\frac{1}{\alpha}}Q^{\frac{\alpha-1}{\alpha}} + (1-\alpha)AQ$$

この式がつねに成り立つためには

$$Q = \frac{1}{1-\alpha}\left(\frac{\alpha}{\rho}\right)^\alpha$$

$$P = \frac{(1-\alpha)AQ}{\rho} = \frac{A}{\rho}\left(\frac{\alpha}{\rho}\right)^\alpha$$

でなければならない。上の式に代入すると

$$V(k) = \left(\frac{\alpha}{\rho}\right)^\alpha\left(\frac{A}{\rho} + \frac{1}{1-\alpha}k^{1-\alpha}\right)$$

$$c(k) = \frac{\rho}{\alpha}k$$

となる。資本の運動式は

$$\dot{k} = Ak^\alpha - \frac{\rho}{\alpha}k,\ k(0) = k_0$$

と表される。これより

$$k(t) = \left[\frac{\alpha A}{\rho} + \left(k_0^{1-\alpha} - \frac{\alpha A}{\rho}\right)\exp\left(-\frac{(1-\alpha)\rho}{\alpha}t\right)\right]^{\frac{1}{1-\alpha}}$$

を得る。消費は

$$c(t) = \frac{\rho}{\alpha}k(t)$$

で与えられる。資本と消費は時間とともに定常値へ収束する。

$\alpha \neq -\gamma$ であれば解析解は存在しない。このため数値的な方法で近似解を求める。

いくつかの方法があるが、ここでは摂動法を用いる[2]。最初に資本と消費の定常状態の値を求める必要がある。定常状態において

$$f'(k^*) = \rho$$

が成り立ち

$$k^* = \left(\frac{\alpha A}{\rho}\right)^{\frac{1}{1-\alpha}}$$

となる。消費は

$$c^* = A\left(\frac{\alpha A}{\rho}\right)^{\frac{\alpha}{1-\alpha}}$$

で与えられる。Value function は

$$V(k^*) = \frac{(A(k^*)^\alpha)^{1+\gamma}}{\rho(1+\gamma)}$$

$$V'(k^*) = (A(k^*)^\alpha)^\gamma$$

となる。$C(k)$ と $V(k)$ を $k = k^*$ の回りでテイラー展開すると

$$C(k) = C(k^*) + C^{(1)}(k^*)(k-k^*) + \frac{C^{(2)}(k^*)}{2}(k-k^*)^2$$

$$+ \frac{C^{(3)}(k^*)}{6}(k-k^*)^3 + \cdots\cdots$$

$$V(k) = V(k^*) + V^{(1)}(k^*)(k-k^*) + \frac{V^{(2)}(k^*)}{2}(k-k^*)^2$$

$$+ \frac{V^{(3)}(k^*)}{6}(k-k^*)^3 + \cdots\cdots$$

ここで $C(k^*)$、$V(k^*)$、$V^{(1)}(k^*)$ はすでに分かっている。残りの係数はつぎのようにして求める。(5.6) を k で 2 回微分すると

$$\rho V^{(2)} = V^{(3)}(f-C) + V^{(2)}(f^{(1)}-C^{(1)}) + V^{(2)}f^{(1)} + V^{(1)}f^{(2)} \tag{5.11}$$

となる。また (5.7) を k で微分すると

$$u^{(2)}C^{(1)} = V^{(2)} \tag{5.12}$$

$C(k^*) = f(k^*)$, $f^{(1)}(k^*) = \rho$ を代入して整理すると

$$-u^{(2)}(C^{(1)})^2 + u^{(2)}C^{(1)}f^{(1)} + V^{(1)}f^{(2)} = 0$$

これは $C^{(1)}$ に関する 2 次方程式であり

$$C^{(1)} = \frac{\rho}{2}\left(1 \pm \sqrt{1 + \frac{4u^{(1)}f^{(2)}}{u^{(2)}(f^{(1)})^2}}\right)$$

となる。$C^{(1)} > 0$ となるので正の根を採用して

$$C^{(1)}(k^*) = \frac{\rho}{2}\left(1 + \sqrt{1 + \frac{4u^{(1)}f^{(2)}}{u^{(2)}(f^{(1)})^2}}\right) = \frac{\rho}{2}\left(1 + \sqrt{1 - \frac{4(1-\alpha)}{\alpha\gamma}}\right)$$

とする。(5.12) から $V^{(2)}(k^*)$ を求める。

つぎに $C^{(2)}(k^*)$ と $V^{(3)}(k^*)$ を計算する。(5.11) と (5.12) を微分すると

$$\rho V^{(3)} = V^{(4)}(f - C) + 2V^{(3)}(f^{(1)} - C^{(1)}) + V^{(2)}(f^{(2)} - C^{(2)})$$
$$+ V^{(3)}f^{(1)} + 2V^{(2)}f^{(2)} + V^{(1)}f^{(3)}$$
$$0 = u^{(3)}(C^{(1)})^2 + u^{(2)}C^{(2)} - V^{(3)}$$

最初の式に $C = f$、$f^{(1)} = \rho$ を代入すると

$$2V^{(3)}(f^{(1)} - C^{(1)}) + 3V^{(2)}f^{(2)} - V^{(2)}C^{(2)} + V^{(1)}f^{(3)} = 0$$

行列で表示すると

$$\begin{bmatrix} u^{(2)} & -1 \\ V^{(2)} & -2(f^{(1)} - C^{(1)}) \end{bmatrix} \begin{bmatrix} C^{(2)} \\ V^{(3)} \end{bmatrix} = \begin{bmatrix} -u^{(3)}(C^{(1)})^2 \\ 3V^{(2)}f^{(2)} + V^{(1)}f^{(3)} \end{bmatrix}$$

これより

$$C^{(2)} = \frac{2(\rho - C^{(1)})u^{(3)}(C^{(1)})^2 + 3u^{(2)}C^{(1)}f^{(2)} + u^{(1)}f^{(3)}}{u^{(2)}(3C^{(1)} - 2\rho)}$$

$$V^{(3)} = \frac{u^{(3)}(C^{(1)})^3 + 3u^{(2)}C^{(1)}f^{(2)} + u^{(1)}f^{(3)}}{3C^{(1)} - 2\rho}$$

を得る。一般に

$$\begin{bmatrix} u^{(2)} & -1 \\ V^{(2)} & -n(f^{(1)} - C^{(1)}) \end{bmatrix} \begin{bmatrix} C^{(n)} \\ V^{(n+1)} \end{bmatrix} = \begin{bmatrix} F_1 \\ F_2 \end{bmatrix} \quad n \geq 2 \quad (5.13)$$

が成り立つ。これより

$$C^{(N)}(k^*) = \left[\gamma\left(C^{(1)}f^{(n)} + \sum_{j=1}^{n-2} \frac{n!}{j!(n-j)!}C^{(j+1)}(f^{(n-j)} - C^{(n-j)})\right) \right.$$
$$\left. + \sum_{j=0}^{n-1} \frac{n!}{j!(n-j)!}C^{(j)}f^{(n-j+1)}\right] \bigg/ \gamma(C^{(1)} - n(f^{(1)} - C^{(1)}))$$

図5.1 消費の決定式

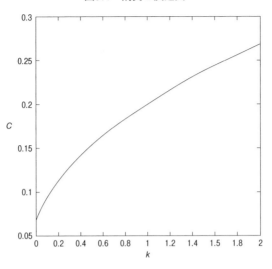

を得る[3]。$C(k^*)$と$C^{(1)}$、$C^{(2)}$が与えられると、この式から$C^{(n)}(n \geq 3)$を求めることができる。この方法を使うと、微分と代入を繰り返す煩雑な計算は必要ない。(5.7)から$V(k)$の高次微分を求める。

パラメータを$\alpha = 0.25$、$\rho = 0.05$、$\gamma = -3$として、実際に計算してみよう[4]。$A = 0.2$とすれば$k^* = 1$となる。上の方法で係数を求めると、消費関数のテイラー展開は

$$C(k) = 0.2 + 0.08090(k-1) - 0.01887(k-1)^2 + 0.01016(k-1)^3$$
$$- 0.00669(k-1)^4 + 0.00488(k-1)^5 - 0.00379(k-1)^6$$
$$+ 0.00306(k-1)^7 - 0.00255(k-1)^8$$

と表される。次数が増えると係数の絶対値は小さくなる。図5.1は、消費の決定式を示している。消費関数は単調に増加し、定常点$(k^*, C(k^*))$を通る。$k < k^*$であれば$f(k) > C(k)$、$k > k^*$なら$f(k) < C(k)$となり、資本はk^*へ収束する。

一般に近似点から離れるとテイラー展開の精度は低下する。つぎのように消費に関するオイラー方程式の誤差で近似精度を表すことができる。

$$E(k) = \left(C^{(1)}(k)(f(k) - C(k)) - \frac{u^{(1)}(C(k))}{u^{(2)}(C(k))}(\rho - f^{(1)}(k)) \right) \Big/ (\rho C(k))$$

図5.2 テイラー展開の誤差

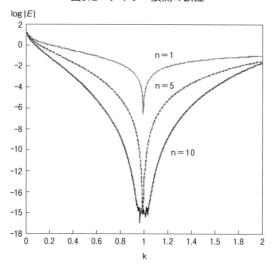

図5.2は、テイラー展開の誤差を示している。横軸は資本ストックで、縦軸は$\log_{10}|E(k)|$である。定常点から遠ざかると誤差は大きくなる。$n=1$（線形近似）とすると、定常点の近傍でのみ近似精度は高い。テイラー展開の項数を$n=5, 10$まで増やすと、広い領域で誤差は小さくなる。$f^{(1)}(0)=\infty$よりテイラー展開の収束半径は1であり、kが0と2に近づくと誤差は急激に大きくなる。したがってテイラー展開が当てはまるのは定常点の近傍に限られる。

5.3 LQ制御問題

これまで一般的なシステムの制御問題について検討したが、制御工学では2次形式の目的関数をもつ線形システムを取り扱う。つぎのような問題である。

$$V(x_0) = \min_u \int_0^\infty \{x(t)'Qx(t) + u(t)'Ru(t)\}dt \tag{5.14}$$
$$s.t. \quad \dot{x} = Ax(t) + Bu(t), \ x(0) = x_0$$

ここで$x(t)$は$n\times 1$の状態変数ベクトルで、$u(t)$は$m\times 1$の制御変数ベクトルを表す。Qは$n\times n$の非負定符号行列、Rは$m\times m$の正定符号行列、Aは$n\times n$行列、

B は $n \times m$ 行列である。$V(x) = x'Px$ とする。P は $n \times n$ の対称行列であり、つぎのリカッチ方程式の正定解である。

$$Q + A'P + PA - PBR^{-1}B'P = 0 \tag{5.15}$$

入力変数は

$$u = -R^{-1}B'Px \tag{5.16}$$

で与えられる。このとき

$$\min V = x(0)'Px(0)$$

となる。状態変数の運動式に (5.16) を代入すると

$$\dot{x}(t) = (A - BR^{-1}B'P)x(t)$$

を得る。最適レギュレータを構成するには、リカッチ方程式を解かなければならない。いくつかの方法があるが、ここではポッターの方法を使う[5]。最初にハミルトン行列

$$H = \begin{bmatrix} A & -BR^{-1}B' \\ -Q & -A' \end{bmatrix}$$

の固有値を求める。実部が負となる固有値を $\lambda_1, \ldots, \lambda_n$、対応する固有ベクトルを

$$\begin{bmatrix} v_1 \\ w_1 \end{bmatrix}, \ldots, \begin{bmatrix} v_n \\ w_n \end{bmatrix}$$

とすると、P は

$$P = [w_1 \cdots w_n][v_1 \cdots v_n]^{-1}$$

で与えられる。

[例2] つぎのシステムの最適レギュレータを設計しよう。

$$V = \int_0^\infty \left\{ x(t)' \begin{bmatrix} 5 & 0 \\ 0 & 5 \end{bmatrix} x(t) + u(t)^2 \right\} dt$$

$$\dot{x}(t) = \begin{bmatrix} 0 & 1 \\ -2 & -3 \end{bmatrix} x(t) + \begin{bmatrix} 0 \\ 1 \end{bmatrix} u(t)$$

この場合

$$Q = \begin{bmatrix} 5 & 0 \\ 0 & 5 \end{bmatrix}, \ R = 1, \ A = \begin{bmatrix} 0 & 1 \\ -2 & -3 \end{bmatrix}, \ B = \begin{bmatrix} 0 \\ 1 \end{bmatrix}$$

であり、ハミルトン行列は

$$H = \begin{bmatrix} 0 & 1 & 0 & 0 \\ -2 & -3 & 0 & -1 \\ -5 & 0 & 0 & 2 \\ 0 & -5 & -1 & 3 \end{bmatrix}$$

となる。この行列の固有値は1, −1、3, −3である。安定固有値 $\lambda_1 = -1$、$\lambda_2 = -3$ に対応する固有ベクトルは

$$\begin{bmatrix} v_1 \\ w_1 \end{bmatrix} = \begin{bmatrix} 0.1925 \\ -0.1925 \\ 0.9623 \\ 0 \end{bmatrix}, \ \begin{bmatrix} v_2 \\ w_2 \end{bmatrix} = \begin{bmatrix} 0.2085 \\ -0.6255 \\ 0.6255 \\ -0.4170 \end{bmatrix}$$

である。これより

$$P = \begin{bmatrix} 0.9623 & 0.6255 \\ 0 & -0.4170 \end{bmatrix} \begin{bmatrix} 0.1925 & 0.2085 \\ -0.1925 & -0.6255 \end{bmatrix}^{-1} = \begin{bmatrix} 6 & 1 \\ 1 & 1 \end{bmatrix}$$

となる。最適入力と V の最小値は

$$u(t) = -\begin{bmatrix} 0 & 1 \end{bmatrix} \begin{bmatrix} 6 & 1 \\ 1 & 1 \end{bmatrix} x(t) = -\begin{bmatrix} 1 & 1 \end{bmatrix} x(t)$$

$$\min V = x(0)' \begin{bmatrix} 6 & 1 \\ 1 & 1 \end{bmatrix} x(0)$$

で与えられる。

マクロ経済学では、モデルを線形2次近似する方法がよく使われる[6]。この方法は解析解のない問題に有効であるが、いまではもっと優れた方法がある。

5.4 確率的制御

つぎに確率的制御問題を取り上げる。確率微分方程式について説明したあと、

動的計画法を確率的ラムゼイモデルに応用する。モデルの状態変数は、つぎの確率微分方程式に従うとする。

$$dx = g(x, u, t)dt + \sigma(x, u, t)dz \tag{5.17}$$

ここで $z(t)$ はつぎの性質をもつ標準ブラウン運動である。

(1) $z(0) = 0$
(2) $E(z(t)z(s)) = \min(t, s)$
(3) $s < t$ とすると、$z(t) - z(s) \sim N(0, t-s)$
(4) $0 \leq t_1 < t_2 < t_3$ に対して、$z(t_2) - z(t_1)$ と $z(t_3) - z(t_2)$ は独立である。
(5) $z(t)$ のサンプルパスは連続である。

確率微分について、

$$(dt)^2 = 0$$
$$dtdz = 0$$
$$(dz)^2 = dt$$

が成り立つ。$y = F(t, x)$ は、t と x に関して2回連続微分可能な関数とする。y の確率微分は

$$dy = F_t dt + F_x dx + (1/2) F_{xx}(dx)^2$$

で与えられる。(5.17) を代入して整理すると

$$dy = (F_t + F_x g + (1/2) F_{xx} \sigma^2)dt + F_x \sigma dz \tag{5.18}$$

となる。

[例3] $y = \ln(x)$, $dx = \mu x dt + \sigma x dz$ とする。伊藤の公式により

$$dy = F_x dx + (1/2) F_{xx}(dx)^2$$
$$= \frac{dx}{x} - \frac{1}{2x^2}(dx)^2$$
$$= \mu dt + \sigma dz - \frac{\sigma^2}{2} dt$$

整理すると

$$dy = \left(\mu - \frac{\sigma^2}{2}\right)dt + \sigma dz$$

となる。積分して

$$y(t) = y(0) + \int_0^t \left(\mu - \frac{\sigma^2}{2}\right)ds + \int_0^t \sigma dz(s)$$

$$= y(0) + \left(\mu - \frac{\sigma^2}{2}\right)t + \sigma z(t)$$

$x = \exp(y)$ から

$$x(t) = x(0)\exp\left(\left(\mu - \frac{\sigma^2}{2}\right)t + \sigma z(t)\right)$$

となり x は幾何ブラウン運動に従う。

［例4］ $y = \exp(z)$ とする。伊藤の公式により

$$dy = e^z dz + \frac{1}{2}e^z (dz)^2$$

$$= \frac{1}{2}e^z dt + e^z dz$$

積分すると

$$y(t) = y(0) + \frac{1}{2}\int_0^t e^{z(s)}ds + \int_0^t e^{z(s)}dz(s)$$

となる。

伊藤の公式は多変数の関数でも成り立つ。ベクトル $x = [x_1, \ldots, x_n]$ の各変数は

$$dx_i = g_i(t, x) + \sigma_i(t, x)dz_i \qquad (i = 1, \ldots, n) \tag{5.19}$$

に従うものとする。確率微分について

$$(dt)^2 = 0$$
$$dt\,dz_j = dz_j\,dt = 0$$
$$dz_i\,dz_j = \rho_{ij}dt$$

が成り立つ。ここで ρ_{ij} は dz_i と dz_j の相関係数である。$y = F(t, x)$ は t に関して

1回連続微分可能で、$x_i (i = 1, 2, \ldots, n)$に関して2回連続微分可能であるとする。$y$の確率微分は

$$dy = F_t dt + \sum_{i=1}^{n} F_{x_i} dx_i + (1/2) \sum_{i=1}^{n} \sum_{j=1}^{n} F_{x_i x_j} dx_i dx_j$$

$$= (F_t + \sum_{i=1}^{n} F_{x_i} g_i + (1/2) \sum_{i=1}^{n} \sum_{j=1}^{n} \rho_{ij} \sigma_i \sigma_j F_{x_i x_j}) dt + \sum_{i=1}^{n} F_{x_i} \sigma_i dz_i \quad (5.20)$$

となる。

以上の準備のもとに、つぎの確率的最適化問題について考えよう。

$$V(x_0, t_0) = \max_{u} E \left(\int_{t_0}^{T} f(x, u, t) dt + B(x(T), T) \right)$$

$$s.t. \quad dx(t) = g(x, u, t) dt + \sigma(x, u, t) dz(t)$$

$$x(t_0) = x_0$$

最適性原理を適用すると

$$V(x_0, t_0) = \max_{u, t_0 \leq t \leq t_0 + \Delta t} E \left[\int_{t_0}^{t_0 + \Delta t} f(x, u, t) dt \right.$$

$$\left. + \max_{u, t_0 + \Delta t \leq t \leq T} E \left(\int_{t_0 + \Delta t}^{T} f(x, u, t) dt + B(x(t), T) \right) \right]$$

$$= \max_{u, t_0 \leq t \leq t_0 + \Delta t} E [f(x, u, t) \Delta t + V(x_0 + \Delta x, t_0 + \Delta t)]$$

となる。Vは2回連続微分可能であれば、伊藤の公式から

$$V(x + \Delta x, t + \Delta t) = V(x, t) + V_x(x, t) \Delta x + V_t(x, t) \Delta t + \frac{1}{2} V_{xx} (\Delta x)^2 + O(\Delta t)$$

が成り立つ。ここで

$$\Delta x = g \Delta t + \sigma \Delta z$$
$$(\Delta x)^2 = g^2 (\Delta t)^2 + 2g\sigma (\Delta t)(\Delta z) + \sigma^2 (\Delta z)^2 = \sigma^2 \Delta t$$

であり

$$V = \max_{u} \left[f \Delta t + V + V_x g \Delta t + V_t \Delta t + \frac{1}{2} \sigma^2 V_{xx} \Delta t \right]$$

となる。両辺からVを引いてΔtで割り、$\Delta t \to 0$とすれば

$$-V_t(x, t) = \max_u \left[f(x, u, t) + V_x(x, t)g(x, u, t) \right.$$
$$\left. + \frac{1}{2}\sigma(x, u, t)^2 V_{xx}(x, t) \right] \quad (5.21)$$

を得る。境界条件は

$$V(x, T) = B(x, T) \quad (5.22)$$

である。

無限期間の自律的問題の場合、HJB方程式は常微分方程式となる。

$$\max_u E \int_0^\infty e^{-\rho t} f(x, u) dt$$
$$\text{s.t.} \quad dx(t) = g(x, u)dt + \sigma(x, u)dz(t)$$
$$x(t_0) = x_0$$

HJB方程式は

$$\rho V(x) = \max_u \left[f(x, u) + V'(x)g(x, u) + \frac{1}{2}\sigma(x, u)^2 V''(x) \right] \quad (5.23)$$

と表される。

[例5] 最初に検討した例1の問題をつぎのように変更する。

$$\max E \int_0^\infty -e^{-\rho t}\left(\frac{ax^2 + bu^2}{2}\right)dt$$
$$\text{s.t.} \quad dx = udt + \sigma x dz$$
$$x(0) = x_0$$

動的計画法を適用すると、HJB方程式は

$$\rho V(x) = \max_u \left[-\frac{ax^2 + bu^2}{2} + V'(x)u + \frac{1}{2}\sigma^2 x^2 V''(x) \right]$$

と表される。簡単な計算により

$$\rho V(x) = -\frac{ax^2}{2} + \frac{V'(x)^2}{2b} + \frac{\sigma^2 x^2 V''(x)}{2}$$

となる。$V(x) = \alpha x^2$ とすると

$$\rho \alpha x^2 = -\frac{\alpha x^2}{2} + \frac{2\alpha^2 x^2}{b} + \alpha \sigma^2 x^2$$

から

$$\left(\rho \alpha + \frac{\alpha}{2} - \frac{2\alpha^2}{b} - \alpha \sigma^2 \right) x^2 = 0$$

この式がつねに成り立つためには、

$$\rho \alpha + \frac{\alpha}{2} - \frac{2\alpha^2}{b} - \alpha \sigma^2 = 0$$

でなければならない。これより

$$\alpha = \frac{b}{4} \left(\rho - \sigma^2 - \sqrt{(\rho - \sigma^2)^2 + \frac{4a}{b}} \right)$$

を得る。Policy function は

$$u = \frac{1}{2} \left(\rho - \sigma^2 - \sqrt{(\rho - \sigma^2)^2 + \frac{4a}{b}} \right) x$$

となる。

5.5　確率的最適成長モデルへの応用

前節の方法を確率的最適成長モデルに応用しよう。資本と労働の増分は

$$dK = (Y - C) dt$$
$$dL = \mu L dt + \sigma L dz$$

で与えられる。労働供給は幾何ブラウン運動に従う。伊藤の公式により

$$\begin{aligned}
dk &= \frac{\partial k}{\partial K} dK + \frac{\partial k}{\partial L} dL + \frac{1}{2} \frac{\partial^2 k}{\partial K^2} (dK)^2 + \frac{1}{2} \frac{\partial^2 k}{\partial L^2} (dL)^2 \\
&\quad + \frac{\partial^2 k}{\partial K \partial L} dK dL \\
&= \frac{(Y - C)}{L} dt - \frac{K(\mu dt + \sigma dz)}{L} + \sigma^2 \frac{K}{L} dt \\
&= (f(k) - c - (\mu - \sigma^2) k) dt - \sigma k dz
\end{aligned}$$

となる。ここで $k = K/L$, $c = C/L$ であり、$\mu - \sigma^2 > 0$ とする。消費者の HJB 方程式は

$$\rho V(k) = \max_c \left[u(c) + V'(k)(f(k) - c - (\mu - \sigma^2)k) + \frac{1}{2}\sigma^2 k^2 V''(k) \right] \quad (5.24)$$

と表される。消費は

$$u'(c) = V'(k)$$

を満たす。効用関数と生産関数を

$$u(c) = \frac{c^{1-\theta}}{1-\theta}$$

$$f(k) = k^\alpha$$

とする。(5.24) から

$$\rho V(k) = \frac{\theta}{1-\theta} V'(k)^{\frac{\theta-1}{\theta}} + V'(k)(k^\alpha - (\mu - \sigma^2)k) + \frac{1}{2}\sigma^2 k^2 V''(k) \quad (5.25)$$

が成り立つ。$\theta = \alpha$ であれば

$$\rho V(k) = \frac{\alpha}{1-\alpha} V'(k)^{\frac{\alpha-1}{\alpha}} + V'(k)(k^\alpha - (\mu - \sigma^2)k) + \frac{1}{2}\sigma^2 k^2 V''(k) \quad (5.26)$$

となる。この方程式の解は次式で表されるとする。

$$V(k) = P + Q k^{1-\alpha}$$

$V(k)$ と $V'(k)$、$V''(k)$ を (5.26) に代入して、左辺と右辺の係数を比較すると、未知の係数は

$$Q = \frac{1}{1-\alpha} \left[\frac{\alpha}{\rho + (1-\alpha)(\mu - \sigma^2 + 0.5\alpha\sigma^2)} \right]^\alpha$$

$$P = \frac{(1-\alpha)Q}{\rho}$$

となる。

$\theta = \alpha = 0.5$ であれば

$$V(k) = P + Q\sqrt{k}$$

図5.3 資本ストックのサンプルパス

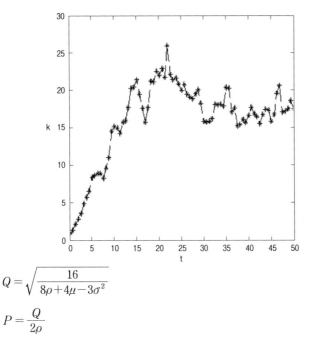

$$Q = \sqrt{\frac{16}{8\rho + 4\mu - 3\sigma^2}}$$

$$P = \frac{Q}{2\rho}$$

となる。Value function と消費の決定式は

$$V = Q\left(\frac{1}{2\rho} + \sqrt{k}\right)$$

$$c = \left(\frac{8\rho + 4\mu - 3\sigma^2}{4}\right)k$$

となる。労働供給の変動が大きくなると、消費は減少する。資本の増分は

$$dk = (\sqrt{k} - (\mu + \gamma - \sigma^2)k)dt - \sigma k dz$$

である。この式は幾何ブラウン運動に似ているが、解析的に解くのは難しい。このためオイラー・丸山スキームを用いて近似解を求めた[7]。図5.3は

$$dk = (\sqrt{k} - 0.2k)dt - 0.1k dz, \ k_0 = 1$$

のサンプルパスである。一般に、適当な条件のもとで確定的なモデルでは資本は一定の値に収束するが、確率的なモデルでは特定の確率分布に収束する。しかし

図5.4 資本の分布

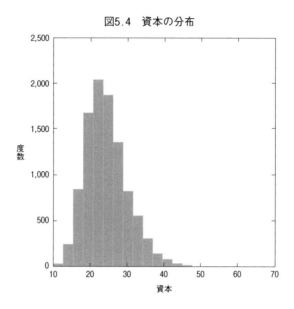

上の方程式から定常分布を求めることは難しい。そこで計算機で10,000個のサンプルパスを生成し、$t=50$におけるヒストグラムを作成した（図5.4）。サンプル平均は24.51であり、これは不確実性がないときの定常値（$k^*=25$）にほぼ等しい。しかし正規分布と異なり、右に長い裾をもっている。個人の資産や企業規模もこのような形の分布となることが分かっている。第8章では都市の人口分布について議論している。

$\theta \neq \alpha$であれば、(5.25) の解を解析的な方法で求めることはできない。唯一の先行研究である Candler（1999）は、差分法で解を求めている。差分近似は簡単なケースでは有効であるが、プログラミングが複雑で計算時間も長くなる。簡単で効率的な数値解法を開発する必要がある。

5.6 結語

最近のマクロ経済学では、家計や企業の動学的最適化行動を仮定したモデルが使われる。最適化の方法として主に動的計画法が用いられる。動的計画法には連続時間と離散時間の二つのタイプがあり、通常使われるのは離散時間の DP である。離散型は分かりやすく既存の数値計算の方法を使えるからである。連続時間

のDPには摂動法が有効であるが、不確実性がある場合は使えない。特殊な仮定をおくと解析解が得られるが、一般的なケースについて有効な方法はまだ開発されていない。確率的DPの数値解析は緒についたばかりであり、今後さらに研究する必要がある。

[注]

1) これらの方法については釜（2015）を参照せよ。
2) 摂動法については釜（2015）の第7章を参照せよ。
3) Judd（1998）の第13章を参照。
4) $\alpha = 0.5$、$\gamma = -0.5$とすれば解析解があり

$$V(k) = \frac{2}{\sqrt{2\rho}}\sqrt{k} + \frac{A}{\rho\sqrt{2\rho}}$$

$$C(k) = 2\rho k$$

と表される（Candler（1999））。資本ストックは

$$k(t) = \left[\frac{A}{2\rho} + e^{-\rho t}\left(\sqrt{k_0} - \frac{A}{2\rho}\right)\right]^2$$

である。
5) この部分は吉田他（1984）59-60頁を参照した。
6) 最適成長モデルへの応用については、釜（2015）の第8章を参照せよ。
7) オイラー・丸山スキームについては第7章とHigham（2001）を参照。

[参考文献]

釜国男（2015）『経済モデルの数値解析』多賀出版。
吉田勝久、川路茂保、美多勉、原辰次（1984）『メカニカルシステム制御』オーム社。
Candler, G. V (1999) "Finite-difference Methods for Continuous-time Dynamic Programming", In *Computational Methods for the Study of Dynamic Economies* (R. Marimon and A. Scott, eds.) Oxford University Press, New York, 172-194.
Higham, D. J. (2001) "An Algorithmic Introduction to Numerical Simulation of Stochastic Differential Equations", *SIAM Review*, Vol. 43, No. 3, 525-546.
Judd. K. L. (1998) *Numerical Methods in Economics*, MA: MIT Press.

第6章 大規模連立1次方程式の数値解法

6.1 はじめに

数値計算では、さまざまな問題に関連して連立1次方程式

$$Ax = b \tag{6.1}$$

を取り扱うことが多い。計算時間の大半は連立1次方程式を解くことに費やされる。このため、方程式をいかに効率的に解くかで全体のパフォーマンスが決まる。小規模な方程式はクラーメルの公式で解けるが、数千の未知数を含んだ大規模な方程式は数値計算を行う必要がある。

経済学で扱う比較的規模の大きな方程式は、レオンチェフの産業連関モデルである。このモデルでは経済をいくつかの部門に分割し、部門間の取引を分析する。各部門の需給バランスは

$$Ax + c = x$$

と表される。A は投入係数行列、x は産出量ベクトル、c は最終需要ベクトルである。

データを用いた実証研究では、つぎの線形回帰モデルがよく使われる。

$$y = X\beta + e$$

係数は正規方程式

$$X'Xb = X'y$$

から計算する。これは b を未知数とする連立1次方程式とみることができる。一般に経済データの場合は、変数間の内部相関が高く $X'X$ の逆行列を正確に計算することはできない。この問題について最終節で触れる予定である。

大規模連立1次方程式について、さまざまな数値解法が提案されているが、ここでは共役勾配法（conjugate gradient method、略して CG 法）とクリロフ部分空間法（Krylov subspace method）を取り上げる[1]。これらの方法は理論的に優れているだけでなく、実際に広く使われているからである。

6.2 共役勾配法

6.2.1 共役勾配法の原理

(6.1) の係数行列は正定値行列であり、方程式には唯一の解があるとする。方程式の解を求めることは、つぎの関数 $f(x)$ を最小化することと同値である。

$$f(x) = \frac{1}{2}(x, Ax) - (x, b) \tag{6.2}$$

ここで (p, q) は二つの n 次元ベクトル p, q の内積を表し、

$$(p, q) = \sum_{i=1}^{n} p_i q_i$$

と定義する。$(p, q) = 0$ であれば、二つのベクトルは直交する。$f(x)$ を x_i で微分してゼロとおくと

$$\frac{\partial f(x)}{\partial x_i} = \sum_{j=1}^{n} a_{ij} x_j - b_i = 0 \qquad (i = 1, 2, \cdots\cdots, n)$$

となる。これは (6.1) を行列の要素で表したものである。したがって $f(x)$ の最小点を見つけると、(6.1) の解を求めたことになる。共役勾配法は関数 $f(x)$ の最小点を効率的に探す一つの方法である[2]。

つぎの簡単な例を使って説明しよう。

$$3x + 2y = 6$$
$$2x + 6y = 11$$

係数行列は

$$A = \begin{bmatrix} 3 & 2 \\ 2 & 6 \end{bmatrix}, \quad b = \begin{bmatrix} 6 \\ 11 \end{bmatrix}$$

である。(6.2) は

図6.1 CG法による最小点の探索

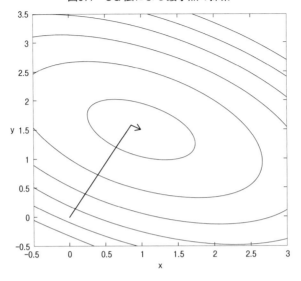

$$f(x, y) = 1.5x^2 + 2xy + 3y^2 - 6x - 11y$$

となる。図6.1は関数の等高線を示している。内側の曲線ほど関数値は小さくなる。初期値を点$(0, 0)$にとり、次に説明するアルゴリズムを実行すると、2つのステップで最小点$(1, 1.5)$に達する。この例に限らず、CG法は高々n回の反復計算で解に達することを後で証明する。有限回の計算で解が得られることは、CG法の大きな魅力である。

CG法ではつぎのアルゴリズムを実行する。

［ステップ1］適当な初期値を設定する。

x_0（解の初期値）
$r_0 = b - Ax_0$
$p_0 = r_0$
$k = 0$とおく。

［ステップ2］収束条件を満たすまでつぎの計算を繰り返す。

1. 修正係数α_kを求める。

$$\alpha_k = \frac{(p_k, r_k)}{(p_k, Ap_k)}$$

2．$k+1$ ステップの近似解を計算する。

$$x_{k+1} = x_k + \alpha_k p_k$$

3．誤差を求める。

$$r_{k+1} = b - Ax_{k+1}$$

4．方向ベクトルの修正係数を計算する。

$$\beta_k = -\frac{(r_{k+1}, Ap_k)}{(p_k, Ap_k)}$$

5．新しい方向ベクトルを決める。

$$p_{k+1} = r_{k+1} + \beta_k p_k$$

ここで共役勾配法の「共役」の意味を説明しておこう。二つのベクトル a、b が与えられたとき、$(a, Ab) = 0$ であれば、a と b は行列 A に関して共役関係にあるという。このとき、a と Ab は直交している。上のアルゴリズムを詳しく説明しよう。

（a）α_k の決定

第 $k+1$ 近似解を

$$x_{k+1} = x_k + \alpha_k p_k$$

とする。α_k は $f(x_k + \alpha_k p_k)$ が最小となるように決める。

$$f(x_k + \alpha_k p_k) = \frac{1}{2}(x_k + \alpha_k p_k)' A (x_k + \alpha_k p_k) - (x_k + \alpha_k p_k)' b$$

$$= \frac{1}{2}(x_k' A x_k + 2\alpha_k p_k' A x_k + \alpha_k^2 p_k' A p_k) - x_k' b - \alpha_k p_k' b$$

から

$$\frac{df}{d\alpha_k} = p_k' A x_k + \alpha_k p_k' A p_k - p_k' b$$

$$= \alpha_k p'_k A p_k - p'_k (b - A x_k)$$
$$= \alpha_k p'_k A p_k - p'_k r_k$$

となる。$df/d\alpha_k = 0$とおいてα_kについて解くと

$$\alpha_k = \frac{p'_k r_k}{p'_k A p_k} = \frac{(p_k, r_k)}{(p_k, A p_k)} \tag{6.3}$$

を得る。

(b) p_{k+1}の決定

新しい方向ベクトルp_{k+1}は、x_{k+1}の残差

$$r_{k+1} = b - A x_{k+1}$$

を修正してp_kと共役になるようにする。r_{k+1}はx_{k+1}における$f(x)$の下り方向の勾配に等しい。

$$r_{k+1} = -\nabla f(x_{k+1})$$

修正係数をβ_kとすると

$$p_{k+1} = r_{k+1} + \beta_k p_k$$

$(p_{k+1}, A p_k) = 0$から

$$p'_{k+1} A p_k = (r_{k+1} + \beta_k p_k)' A p_k$$
$$= r'_{k+1} A p_k + \beta_k p'_k A p_k = 0$$

これより

$$\beta_k = -\frac{(r_{k+1}, A p_k)}{(p_k, A p_k)} \tag{6.4}$$

となる。次の方向ベクトルは

$$p_{k+1} = r_{k+1} - \frac{(r_{k+1}, A p_k)}{(p_k, A p_k)} p_k$$

で与えられる。

$df/d\alpha_k = 0$から

$$\alpha_k p'_k A p_k + p'_k (A x_k - b) = 0$$
$$p'_k [A(x_k + \alpha_k p_k) - b] = 0$$
$$p'_k (A x_{k+1} - b) = 0$$

となり

$$p'_k r_{k+1} = 0 \tag{6.5}$$

が成り立つ。つまり p_k は r_{k+1} と直交している。(6.3) の分子は

$$p'_k r_k = (r_k + \beta_{k-1} p_{k-1})' r_k$$
$$= r'_k r_k + \beta_{k-1} p'_{k-1} r_k = r'_k r_k$$

となる。したがって

$$\alpha_k = \frac{(r_k, r_k)}{(p_k, A p_k)}$$

と表すこともできる。

r_{k+1} と $r_{k+1} = r_k - \alpha_k A p_k$ の内積は

$$(r_{k+1}, r_{k+1}) = (r_{k+1}, r_k) - \alpha_k (r_{k+1}, A p_k)$$
$$= -\frac{(r_k, r_k)}{(p_k, A p_k)} (r_{k+1}, A p_k) = \beta_k (r_k, r_k)$$

となるので

$$\beta_k = \frac{(r_{k+1}, r_{k+1})}{(r_k, r_k)}$$

と表すこともできる。

森 (1973) が証明しているように、$0 \leq i, j \leq n$ に対してつぎの式が成り立つ。

$$(p_i, A p_j) = 0 \qquad (i \neq j) \tag{6.6}$$

$$(r_i, r_j) = 0 \qquad (i \neq j) \tag{6.7}$$

一番目の式から、p_i と p_j は A に関して共役関係にある。1次独立なベクトルは高々 n 個しかないので、n 回反復するまでに方程式の解に到達する。

これまで正定値の係数行列を仮定した。係数行列が正定値でない場合は、(6.1) を

$$A'Ax = A'b$$

と変形する。$A'A$ は正定値であり、CG 法を適用できる。例えば、

$$\begin{bmatrix} 2 & 6 \\ 1 & 5 \end{bmatrix} \begin{bmatrix} x_1 \\ x_2 \end{bmatrix} = \begin{bmatrix} 30 \\ 23 \end{bmatrix}$$

の係数は非対称な正則行列である。両辺に A' を掛けると

$$\begin{bmatrix} 5 & 17 \\ 17 & 61 \end{bmatrix} \begin{bmatrix} x_1 \\ x_2 \end{bmatrix} = \begin{bmatrix} 83 \\ 295 \end{bmatrix}$$

となり、新しい係数行列は正定値となる。変換した方程式に CG 法を適用すると、$x_1 = 3$、$x_2 = 4$ を得る。これは元の方程式の解でもある。

6.2.2 数値例

上のアルゴリズムをつぎの方程式に適用してみよう。

$$\begin{aligned} 3x_1 + 2x_2 + x_3 &= 11 \\ 2x_1 + 5x_2 + 2x_3 &= 20 \\ x_1 + 2x_2 + 3x_3 &= 17 \end{aligned} \tag{6.8}$$

係数行列は

$$A = \begin{bmatrix} 3 & 2 & 1 \\ 2 & 5 & 2 \\ 1 & 2 & 3 \end{bmatrix}, \quad b = \begin{bmatrix} 11 \\ 20 \\ 17 \end{bmatrix}$$

である。

1) 初期値を

$$x_1^{(0)} = 0,\ x_2^{(0)} = 0,\ x_3^{(0)} = 0$$

とする。残差は

$$\begin{bmatrix} r_1^{(0)} \\ r_2^{(0)} \\ r_3^{(0)} \end{bmatrix} = \begin{bmatrix} 11 \\ 20 \\ 17 \end{bmatrix} - \begin{bmatrix} 3 & 2 & 1 \\ 2 & 5 & 2 \\ 1 & 2 & 3 \end{bmatrix} \begin{bmatrix} 0 \\ 0 \\ 0 \end{bmatrix} = \begin{bmatrix} 11 \\ 20 \\ 17 \end{bmatrix}$$

方向ベクトルは

$$p_1^{(0)} = 11,\ p_2^{(0)} = 20,\ p_3^{(0)} = 17$$

となる。

2) $\alpha^{(0)}$ の計算

$$\alpha^{(0)} = \frac{p^{(0)\prime} r^{(0)}}{p^{(0)\prime} A p^{(0)}} = \frac{810}{5844} = 0.1386$$

第1近似解は

$$\begin{bmatrix} x_1^{(1)} \\ x_2^{(1)} \\ x_3^{(1)} \end{bmatrix} = \begin{bmatrix} 0 \\ 0 \\ 0 \end{bmatrix} + 0.1386 \begin{bmatrix} 11 \\ 20 \\ 17 \end{bmatrix} = \begin{bmatrix} 1.5246 \\ 2.7720 \\ 2.3562 \end{bmatrix}$$

残差は

$$\begin{bmatrix} r_1^{(1)} \\ r_2^{(1)} \\ r_3^{(1)} \end{bmatrix} = \begin{bmatrix} 11 \\ 20 \\ 17 \end{bmatrix} - \begin{bmatrix} 3 & 2 & 1 \\ 2 & 5 & 2 \\ 1 & 2 & 3 \end{bmatrix} \begin{bmatrix} 1.5246 \\ 2.7720 \\ 2.3562 \end{bmatrix} = \begin{bmatrix} -1.4722 \\ -1.6204 \\ 2.8634 \end{bmatrix}$$

$\beta^{(0)}$ は

$$\beta^{(0)} = -\frac{r^{(1)\prime} A p^{(0)}}{p^{(0)\prime} A p^{(0)}} = -\frac{-93.7823}{5844} = 0.0160$$

となる。新しい方向ベクトルは

$$\begin{bmatrix} p_1^{(1)} \\ p_2^{(1)} \\ p_3^{(1)} \end{bmatrix} = \begin{bmatrix} -1.4722 \\ -1.6204 \\ 2.8634 \end{bmatrix} + 0.0160 \begin{bmatrix} 11 \\ 20 \\ 17 \end{bmatrix} = \begin{bmatrix} -1.2962 \\ -1.3004 \\ 3.1354 \end{bmatrix}$$

3) $k=1$ として $\alpha^{(1)}$ を計算する。

$$\alpha^{(1)} = \frac{p^{(1)\prime} r^{(1)}}{p^{(1)\prime} A p^{(1)}} = \frac{12.9986}{25.3064} = 0.5136$$

第2近似解は

$$\begin{bmatrix} x_1^{(2)} \\ x_2^{(2)} \\ x_3^{(2)} \end{bmatrix} = \begin{bmatrix} 1.5246 \\ 2.7720 \\ 2.3562 \end{bmatrix} + 0.5136 \begin{bmatrix} -1.2962 \\ -1.3004 \\ 3.1354 \end{bmatrix} = \begin{bmatrix} 0.8589 \\ 2.1041 \\ 3.9665 \end{bmatrix}$$

残差は

$$\begin{bmatrix} r_1^{(2)} \\ r_2^{(2)} \\ r_3^{(2)} \end{bmatrix} = \begin{bmatrix} 11 \\ 20 \\ 17 \end{bmatrix} - \begin{bmatrix} 3 & 2 & 1 \\ 2 & 5 & 2 \\ 1 & 2 & 3 \end{bmatrix} \begin{bmatrix} 0.8589 \\ 2.1041 \\ 3.9665 \end{bmatrix} = \begin{bmatrix} 0.2486 \\ -0.1713 \\ 0.0334 \end{bmatrix}$$

となる。$\beta^{(1)}$ は

$$\beta^{(1)} = -\frac{r^{(2)\prime} A p^{(1)}}{p^{(1)\prime} A p^{(1)}} = -\frac{-0.1807}{25.3064} = 0.0071$$

新しい方向ベクトルは

$$\begin{bmatrix} p_1^{(2)} \\ p_2^{(2)} \\ p_3^{(2)} \end{bmatrix} = \begin{bmatrix} 0.2486 \\ -0.1713 \\ 0.0334 \end{bmatrix} + 0.0071 \begin{bmatrix} -1.2962 \\ -1.3004 \\ 3.1354 \end{bmatrix} = \begin{bmatrix} 0.2394 \\ -0.1805 \\ 0.0557 \end{bmatrix}$$

となる。

4) $k=2$ として $\alpha^{(2)}$ を求める。

$$\alpha^{(2)} = \frac{p^{(2)\prime} r^{(2)}}{p^{(2)\prime} A p^{(2)}} = \frac{0.0928}{0.1586} = 0.5851$$

最終解は

$$\begin{bmatrix} x_1^{(3)} \\ x_2^{(3)} \\ x_3^{(3)} \end{bmatrix} = \begin{bmatrix} 0.8589 \\ 2.1041 \\ 3.9665 \end{bmatrix} + 0.5851 \begin{bmatrix} 0.2394 \\ -0.1805 \\ 0.0557 \end{bmatrix} = \begin{bmatrix} 0.9990 \\ 1.9985 \\ 3.9991 \end{bmatrix}$$

となる。厳密解は

$$x_1 = 1, \ x_2 = 2, \ x_3 = 4$$

である。途中の計算で小数第5位以下は切り捨てた影響で、微小な誤差が生じる。

6.2.3　前処理付き共役勾配法

最初に、行列の条件数について説明する必要がある。正則行列 A のノルムを

$$\|A\| = \max_{x \neq 0} \frac{\|Ax\|}{\|x\|}$$

と定義する。数値計算ではつぎのノルムがよく使われる。

$$\|A\|_1 = \max_{1 \leq j \leq n} \sum_{i=1}^{n} |a_{ij}|$$

$$\|A\|_\infty = \max_{1 \leq i \leq n} \sum_{j=1}^{n} |a_{ij}|$$

$\|A\|_1$ は列ごとに要素の絶対値の和を求めて最大値をとる。$\|A\|_\infty$ は行ごとに同様の和を求めて最大値をとる。

$$cond(A) = \|A^{-1}\| \cdot \|A\|$$

を行列の条件数という。条件数はノルムのとりかたによって違ってくる。$cond(A) \geq 1$ であり、単位行列の条件数は1となる。条件数の大きな行列を、悪条件の行列という。ヒルベルト行列は悪条件行列の代表例であり非常に扱いにくい。条件数は連立1次方程式の数値解の精度に影響する。

(6.1) の定数項が Δb の誤差を含んでいると

$$A(x + \Delta x) = b + \Delta b$$

となり、方程式の解は Δx の誤差を含むことになる。$x = A^{-1}b$ を代入して両辺のノルムをとると

$$\frac{\|\Delta x\|}{\|x\|} \leq \|A^{-1}\| \cdot \|A\| \frac{\|\Delta b\|}{\|b\|} = cond(A) \frac{\|\Delta b\|}{\|b\|}$$

が成り立つ。つまり、解の相対誤差は A の条件数と定数項の相対誤差の積より大きくならない。係数行列が悪条件の行列であれば、大きな誤差が生じる可能性が高い。また条件数が大きくなると、反復計算の収束速度が遅くなる。係数行列の条件数を κ とすると、

$$\|x_k - x^*\| \leq 2\left(\frac{\sqrt{\kappa}-1}{\sqrt{\kappa}+1}\right)^k \|x_0 - x^*\| \tag{6.9}$$

が成り立つ。ただし $x^* = A^{-1}b$ で、ユークリッドノルムを用いている。良条件のときは、n 回反復する前に収束することがある。正定値行列の条件数は

$$\kappa = \frac{最大固有値}{最小固有値}$$

となる。(6.8) の係数行列の固有値は 1.6277、2.000、7.3723 であり、$\kappa = 7.3723/1.6277 = 4.5293$ となる。これより

$$\frac{\sqrt{\kappa}-1}{\sqrt{\kappa}+1} = 0.3607$$

となり、反復計算の過程で誤差は急速に減少する。

　悪条件の方程式にCG法を適用すると、収束速度が遅かったり収束しない場合がある。このような方程式には、前処理付き共役勾配法が有効である。前処理を行うと条件数は小さくなる。いくつかの方法が提案されているが、ここでは不完全コレスキー分解を用いる方法について説明しよう。M_1 と M_2 は正則行列とすると、つぎの方程式は (6.1) と同じ解をもつ。

$$(M_1 A M_2)(M_2^{-1} x) = M_1 b \tag{6.10}$$

ここで

$$M = M_1 A M_2$$
$$c = M_1 b$$

とおくと、(6.10) は

$$My = c \tag{6.11}$$

$$x = M_2 y \tag{6.12}$$

と表される。(6.11) から y を求めて、(6.12) に代入して x を計算する。最初に、修正コレスキー分解について説明しよう。正定値行列 A は

$$A = LDL' \tag{6.13}$$

の形に分解できる。Lは下三角行列で、Dは対角行列である。

$$L = \begin{bmatrix} 1 & & & & \\ l_{21} & 1 & & 0 & \\ l_{31} & l_{32} & 1 & & \\ \cdot & \cdot & \cdot & \cdot & \\ l_{n1} & l_{n2} & & l_{nn-1} & 1 \end{bmatrix}, D = \begin{bmatrix} d_1 & & & & \\ & d_2 & & & \\ & & d_3 & 0 & \\ & & & \cdot & \\ & 0 & & \cdot & \\ & & & & d_n \end{bmatrix}$$

行列の要素はつぎのように計算する。

$$l_{ij} = \frac{a_{ij} - \sum_{k=1}^{j-1} l_{ik} d_k l_{jk}}{d_j} \qquad (i=1, 2, \cdots\cdots, n, \quad j=1, 2, \cdots\cdots, i-1)$$

$$d_i = a_{ii} - \sum_{k=1}^{i-1} l_{ik}^2 d_k$$

$$d_1 = a_{11}, \ l_{11} = 1$$

ここで

$$\sqrt{D} = \begin{bmatrix} \sqrt{d_1} & & & & \\ & \sqrt{d_2} & & & \\ & & \sqrt{d_3} & & 0 \\ & & & \cdot & \\ & 0 & & & \cdot \\ & & & & \sqrt{d_n} \end{bmatrix}$$

とすると、$A = L\sqrt{D}(\sqrt{D})'L'$ から (6.10) は

$$(U^{-1})'AU^{-1}Ux = (U^{-1})'b \tag{6.14}$$

と書ける。ただし、$U = \sqrt{D}L'$ である。この式は

$$(U^{-1})'AU^{-1}y = (U^{-1})'b \tag{6.15}$$

$$Ux = y \tag{6.16}$$

と表される。$A = LDL'$ と分解すると fill-in が起こり、L は密行列となる。これを避けるために、不完全コレスキー分解

$$A = LDL' + R \tag{6.17}$$

を行う。以下の手順で計算する。

[ステップ1] 初期値を設定する。

x_0 （解の初期値）
$r_0 = b - Ax_0$
$p_0 = (LDL')^{-1} r_0$

［ステップ２］ $k = 0, 1, \cdots\cdots,$ として、収束条件を満たすまで以下の計算を繰り返し行う。

1．修正係数 α_k を求める。

$$\alpha_k = \frac{(p_k, r_k)}{(p_k, Ap_k)}$$

2．$k+1$ ステップの近似値を計算する。

$$x_{k+1} = x_k + \alpha_k p_k$$

3．新しい誤差を求める。

$$r_{k+1} = b - Ax_{k+1}$$

4．方向ベクトルの修正係数 β_k を求める。

$$\beta_k = -\frac{((LDL')^{-1}r_{k+1}, Ap_k)}{(p_k, Ap_k)}$$

5．新しい方向ベクトルを計算する。

$$p_{k+1} = (LDL')^{-1}r_{k+1} + \beta_k p_k$$

一例として、ポアソン方程式

$$\frac{\partial^2 u}{\partial x^2} + \frac{\partial^2 u}{\partial y^2} = f(x, y)$$

の差分近似について考えよう。近似式は、ブロック三重対角行列を係数とする連立１次方程式となる。変数 x、y の区間を m 等分すると、係数は $m^2 \times m^2$ の行列となる。$m = 3$ ならば

$$A = \begin{bmatrix} 4 & -1 & 0 & -1 & 0 & 0 & 0 & 0 & 0 \\ -1 & 4 & -1 & 0 & -1 & 0 & 0 & 0 & 0 \\ 0 & -1 & 4 & 0 & 0 & -1 & 0 & 0 & 0 \\ -1 & 0 & 0 & 4 & -1 & 0 & -1 & 0 & 0 \\ 0 & -1 & 0 & -1 & 4 & -1 & 0 & -1 & 0 \\ 0 & 0 & -1 & 0 & -1 & 4 & 0 & 0 & -1 \\ 0 & 0 & 0 & -1 & 0 & 0 & 4 & -1 & 0 \\ 0 & 0 & 0 & 0 & -1 & 0 & -1 & 4 & -1 \\ 0 & 0 & 0 & 0 & 0 & -1 & 0 & -1 & 4 \end{bmatrix}$$

となる。実際には区間を60等分して、$3,600 \times 3,600$ の行列とする。これは17,760

図6.2 前処理の効果

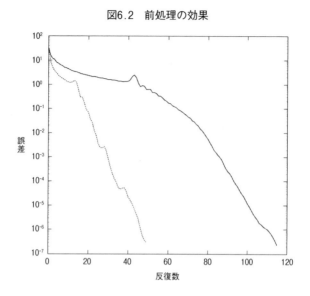

の非ゼロ要素をもつ疎行列である。Fill-in のしきい値を0.1として前処理を行うと、条件数は1,507から15に減少する。元のままでは115回反復する必要があるが、前処理すれば49回の反復計算で収束する。図6.2は、残差の2乗ノルムが減少する様子を示している。実線は未処理の場合で、破線は前処理を行った場合である。前処理によって収束性は大幅に改善しているのが分かる。大規模な疎行列を係数とする方程式は前処理を行う必要がある。

6.3 クリロフ部分空間法

近年、数値計算の分野でクリロフ部分空間が注目されている。n 次正方行列 A と、ベクトル b から生成した $b, Ab, \cdots\cdots, A^{k-1}b (k \leq n)$ が1次独立であるとき、ベクトルの張る空間 $K_k(A; b)$ をクリロフ部分空間という。

$$K_k(A; b) = span\{b, Ab, \cdots\cdots, A^{k-1}b\}$$

クリロフ部分空間法は

$$x_k = x_0 + z_k \quad z_k \in K_k(A; r_0) \tag{6.18}$$

を生成して $Ax=b$ の解を求める。$K_1(A;\ r_0) \subseteq K_2(A;\ r_0) \cdots\cdots \subseteq K_k(A;\ r_0)$ であり、探索空間を広げながら解を更新していく。近次解は

$$x_k = x_0 + \phi_{0k} r_0 + \phi_{1k} A r_0 + \cdots\cdots + \phi_{k-1\,k} A^{k-1} r_0$$

と表される。また

$$\begin{aligned} r_k &= b - A x_k \\ &= b - A(x_0 + \phi_{0k} r_0 + \phi_{1k} A r_0 + \cdots\cdots + \phi_{k-1\,k} A^{k-1} r_0) \\ &= r_0 - \phi_{0k} A r_0 - \phi_{1k} A^2 r_0 - \cdots\cdots - \phi_{k-1\,k} A^k r_0 \end{aligned}$$

であり残差は $K_{k+1}(A;\ r_0)$ に属する。これだけの条件では決まらないので、r_k または x_k に適当な条件を課す。条件の課し方によっていくつかのバリエーションがある。

$r_0, Ar_0, \cdots\cdots, A^{k-1} r_0$ は k が大きくなると、線形従属が強くなる。例えば

$$A = \begin{bmatrix} 1 & 0 & 0 & 0 \\ 0 & 2 & 0 & 0 \\ 0 & 0 & 3 & 0 \\ 0 & 0 & 0 & 4 \end{bmatrix},\ r_0 = \begin{bmatrix} 1 \\ 1 \\ 1 \\ 1 \end{bmatrix}$$

とすると

$$K_4 = V = \begin{bmatrix} 1 & 1 & 1 & 1 \\ 1 & 2 & 4 & 8 \\ 1 & 3 & 9 & 27 \\ 1 & 4 & 16 & 64 \end{bmatrix}$$

となる。V は4次のファンデルモンド行列である。

$$V'V = \begin{bmatrix} 4 & 10 & 30 & 100 \\ 10 & 30 & 100 & 354 \\ 30 & 100 & 354 & 1300 \\ 100 & 354 & 1300 & 4890 \end{bmatrix}$$

であり、条件数は $cond(V'V) = 1.3713 \times 10^6$ と極端に大きい。対照的に、直交行列の条件数は1である。V の列ベクトルは直交していないし、正規化されてもいない。正確な近似解を得るには、$K_k(A;\ r_0)$ の正規直交基底 $q_1, q_2, \cdots\cdots, q_k$ を作る必要がある。これには二つの方法がある。

一つはグラム・シュミットの直交化を用いる、アーノルディ過程である。つぎの方法で正規直交基底を作る。

アーノルディ過程

$$q_1 = r_0 / \|r_0\|$$
$$for \ j = 1, .., k$$
$$\quad for \ i = 1, .., j$$
$$\quad\quad h_{ij} = (Aq_j)' q_i$$
$$\quad end$$
$$\quad w_j = Aq_j - \sum_{i=1}^{j} h_{ij} q_i$$
$$\quad \alpha_j = norm(w_j)$$
$$\quad q_{j+1} = w_j / \alpha_j$$
$$end$$

この方法で上の行列 V を直交化すると

$$Q = \begin{bmatrix} 1/2 & -3/\sqrt{20} & 1/2 & -1/\sqrt{20} \\ 1/2 & -1/\sqrt{20} & -1/2 & 3/\sqrt{20} \\ 1/2 & 1/\sqrt{20} & -1/2 & -3/\sqrt{20} \\ 1/2 & 3/\sqrt{20} & 1/2 & 1/\sqrt{20} \end{bmatrix}$$

となる。h_{ij} を要素とする行列

$$H = \begin{bmatrix} h_{11} & h_{12} & \cdots\cdots & h_{1n-1} & h_{1n} \\ h_{21} & h_{22} & \cdots\cdots & h_{2n-1} & h_{2n} \\ \cdot & \cdot & \cdot & & \\ \cdot & \cdot & & \cdot & \\ 0 & 0 & & h_{nn-1} & h_{nn} \end{bmatrix}$$

はヘッセンベルク行列と呼ばれる。これはクリロフ部分空間への A の射影である。対角要素の1つ下側から下の部分はゼロとなる。上の例では

$$H = \begin{bmatrix} 5/2 & \sqrt{5}/2 & 0 & 0 \\ \sqrt{5}/2 & 5/2 & \sqrt{0.8} & 0 \\ 0 & \sqrt{0.8} & 5/2 & \sqrt{0.45} \\ 0 & 0 & \sqrt{0.45} & 5/2 \end{bmatrix}$$

と三重対角行列になる。

修正アーノルディ過程は、グラム・シュミット法の修正版である。丸め誤差がなければアーノルディ過程と同じ結果が得られる。

修正アーノルディ過程

$q_1 = r_0 / \| r_0 \|$
$for \ j = 1, .., k$
　　$w_j = A q_j$
　　$for \ i = 1, ..., j$
　　　　$h_{ij} = w_j' q_i$
　　　　$w_j = w_j - h_{ij} q_i$
　　end
　　$\alpha_j = norm(w_j)$
　　$q_{j+1} = w_j / \alpha_j$
end

係数行列が対称行列であれば、H は三重対角行列となり

$$H = \begin{bmatrix} \alpha_1 & \beta_2 & & & \\ \beta_2 & \alpha_2 & \beta_3 & & \text{\Large 0} \\ & & & & \\ & & \beta_{n-1} & \alpha_{n-1} & \beta_n \\ \text{\Large 0} & & & \beta_n & \alpha_n \end{bmatrix}$$

と表される。この場合、つぎのランチョス過程を適用する。

ランチョス過程

$$
\begin{aligned}
& q_1 = r_0/\|r_0\| \\
& \beta_1 = 0 \\
& q_0 = 0 \\
& for \ j = 1, .., k \\
& \qquad w = Aq_j - \beta_j q_{j-1} \\
& \qquad \alpha_j = wq_j \\
& \qquad w = w - \alpha_j q_j \\
& \qquad \beta_{j+1} = norm(w) \\
& \qquad q_{j+1} = w/\beta_{j+1} \\
& end
\end{aligned}
$$

以上の方法で作成した基底ベクトルを使って、(6.1)の解を求める。最も簡単な方法は、残差と部分空間の直交条件を用いるプロジェクション法である。

$$
\begin{aligned}
x_k &= x_0 + Q_k y_k \\
y_k &= H_k^{-1} Q_k' r_0 = H_k^{-1}(\beta e_1)
\end{aligned}
\tag{6.19}
$$

ここで $\beta = \|r_0\|$ で、e_1 は1番目の要素は1で、他の要素は0のベクトルである。この方法は FOM 法（Full Orthogonalization Method）と呼ばれる。

(6.1) の係数が

$$
A = \begin{bmatrix} 10 & -5 & 8 & -3 \\ -5 & 10 & -4 & -2 \\ 8 & -4 & 12 & -5 \\ -3 & -2 & -5 & 6 \end{bmatrix}, \ b = \begin{bmatrix} 20 \\ -2 \\ 22 \\ -8 \end{bmatrix}
$$

であるとき方程式の解を求めよう。

初期値を

$$
x_0 = \begin{bmatrix} 1 & 1 & 1 & 1 \end{bmatrix}'
$$

とする。残差は

$$r_0 = b - Ax_0 = [10 \quad -1 \quad 11 \quad -4]'$$

となる。

(第1近似解)

$$y_1 = q_{11} \times r_0 / h_{11} = 0.6482 \times \frac{1}{21.7227} \begin{bmatrix} 10 \\ -1 \\ 11 \\ -4 \end{bmatrix}$$

$$x_1 = x_0 + q_{11} \times y_1 = [1.1934 \quad 0.9807 \quad 1.2128 \quad 0.9226]'$$

(第2近似解)

$$y_2 = \begin{bmatrix} h_{11} & h_{12} \\ h_{21} & h_{22} \end{bmatrix}^{-1} [q_1 \quad q_2]' \times r_0$$

$$= \begin{bmatrix} 21.7227 & 5.0542 \\ 5.0542 & 6.7267 \end{bmatrix}^{-1} \begin{bmatrix} 0.6482 & -0.1568 \\ -0.0648 & -0.9526 \\ 0.7130 & -0.0378 \\ -0.2593 & -0.2579 \end{bmatrix} \begin{bmatrix} 10 \\ -1 \\ 11 \\ -4 \end{bmatrix}$$

$$x_2 = x_0 + [q_1 \quad q_2] \times y_2 = [1.6593 \quad 1.5602 \quad 1.6381 \quad 0.9436]'$$

(第3近似解)

$$y_3 = \begin{bmatrix} h_{11} & h_{12} & h_{13} \\ h_{21} & h_{22} & h_{23} \\ h_{31} & h_{32} & h_{33} \end{bmatrix}^{-1} [q_1 \quad q_1 \quad q_3]' \times r_0$$

$$= \begin{bmatrix} 21.7227 & 5.0542 & 0 \\ 5.0542 & 6.7267 & 4.5153 \\ 0 & 4.5153 & 7.0373 \end{bmatrix}^{-1} \begin{bmatrix} 0.6482 & -0.1568 & 0.3200 \\ -0.0648 & -0.9526 & -0.2966 \\ 0.7130 & -0.0378 & 0.0094 \\ -0.2593 & -0.2579 & 0.8998 \end{bmatrix}' \begin{bmatrix} 10 \\ -1 \\ 11 \\ -4 \end{bmatrix}$$

$$x_3 = x_0 + [q_1 \quad q_2 \quad q_3] \times y_3 = [2.1542 \quad 1.9647 \quad 1.7901 \quad 1.8640]'$$

(最終解)

$$y_4 = \begin{bmatrix} h_{11} & h_{12} & h_{13} & h_{14} \\ h_{21} & h_{22} & h_{23} & h_{24} \\ h_{31} & h_{32} & h_{33} & h_{34} \\ h_{41} & h_{42} & h_{43} & h_{44} \end{bmatrix}^{-1} [q_1 \quad q_2 \quad q_3 \quad q_4]' \times r_0$$

$$= \begin{bmatrix} 21.7227 & 5.0542 & 0 & 0 \\ 5.0542 & 6.7267 & 4.5153 & 0 \\ 0 & 4.5153 & 7.0373 & 0.7648 \\ 0 & 0 & 0.7648 & 2.5133 \end{bmatrix}^{-1}$$

$$\begin{bmatrix} 0.6482 & -0.1568 & 0.3200 & 0.6730 \\ -0.0648 & -0.9526 & -0.2966 & -0.0185 \\ 0.7130 & -0.0378 & 0.0094 & -0.7001 \\ -0.2593 & -0.2579 & 0.8998 & -0.2381 \end{bmatrix}' \begin{bmatrix} 10 \\ -1 \\ 11 \\ -4 \end{bmatrix}$$

$$x_4 = x_0 + [q_1 \quad q_2 \quad q_3 \quad q_4] \times y_4 = [2 \quad 2 \quad 2 \quad 2]'$$

最終解の x_4 は厳密解と等しい。

方程式の係数行列が正定値であれば、先に説明した共役勾配法を使う。

共役勾配法のアルゴリズム

$q_1 = r_0 / \| r_0 \|$

$\beta_1 = 0, \quad q_0 = 0$

$for \quad j = 1, .., k$

$\quad w = Aq_j - \beta_j q_{j-1}$

$\quad \alpha_j = wq_j$

$\quad w = w - \alpha_j q_j$

$\quad \beta_{j+1} = norm(w)$

$\quad q_{j+1} = w / \beta_{j+1}$

end

$T = tridiag(\beta_i, \alpha_i, \beta_{i+1}), \quad Q = [q_1, q_2, .., q_k]$

$y = H^{-1}(\beta e_1)$

$x = x_0 + Qy$

6.4　一般化最小残差法

　一般化最小残差法（GMRES法）は、1986年にSaadとSchultzによって提案された連立1次方程式の解法である[3]。係数行列が対称ではないときに使われる。クリロフ部分空間で残差を最小化して解を求める。$x_0 + K_k$の任意のベクトルは

$$x = x_0 + Q_k y$$

と表される。残差のユークリッドノルムは

$$\|r\| = \|b - Ax\| = \|b - A(x_0 + Q_k y)\|$$

である。ここで

$$b - A(x_0 + Q_k y) = r_0 - A Q_k y$$
$$= Q_{k+1}(\beta e_1 - \tilde{H}_k y)$$

となる。$\tilde{H}_k$はアーノルディ過程のh_{ij}を要素とする$(k+1) \times k$の行列である。Q_{k+1}は直交行列であり、残差のノルムは

$$J(y) = \|Q_{k+1}(\beta e_1 - \tilde{H}_y y)\| = \|\beta e_1 - \tilde{H}_k y\| \tag{6.20}$$

で与えられる。$J(y)$の最小化には$\tilde{H}_k$のQR分解を用いる[4]。

　つぎのアルゴリズムを実行する。
1．アーノルディアルゴリズムを実行する。
2．$\|r\|$を最小化するyを求める。
3．$x = x_0 + Q_k y$を計算する。

係数行列が正定値で、ユークリッドノルムの条件数をκとすると

$$\|r_k\| \leq \left(\frac{\kappa^2 - 1}{\kappa^2}\right)^{k/2} \|r_0\| \tag{6.21}$$

が成り立つ。良条件の係数行列では誤差は急速に減少して、n回反復するまえに収束するとある。悪条件の方程式では前処理を行って、同値な方程式に変換する。

　実際には、適当な回数ごとにリスタートする方法が用いられる。リスタートすることで、計算機のメモリと計算量を節約することができる。図6.3は、3,600×

図6.3 リスタートの効果

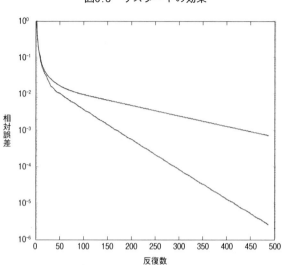

3,600のポアソン行列を係数とする方程式にGMRES法を適用した結果を示している。横軸は反復数で、縦軸には相対残差$\|b-Ax\|/\|b\|$をとっている。15回ごとにリスタートすれば、5回ごとにリスタートする場合よりも速く収束することが分かる。非対称係数行列をもつ大規模方程式では、適当な間隔でリスタートする方法が有効である。

6.5 共役残差法

共役残差法（CR法）は、1952年にStiefelによって提案された方法である。残差ベクトル$r = b - Ax_k$は$K_k(A; b)$と直交する。CG法と異なり、正定値でない対称行列にも適用される。$(r_i, Ar_j) = 0 (i \neq j)$となるので、共役残差法と呼ばれている。つぎの手順で計算する。

共役残差法のアルゴリズム

> 初期x_0を設定して$r_0 = b - Ax_0$
> $p_0 = r_0$を計算する
> $for\ j = 0, .., k$

$$\alpha_j = (r_j, Ar_j)/(Ap_j, Ap_j)$$
$$x_{j+1} = x_j + \alpha_j p_j$$
$$r_{j+1} = r_j - \alpha_j Ap_j$$
$$\beta_j = (r_{j+1}, Ar_{j+1})/(r_j, Ar_j)$$
$$p_{j+1} = r_{j+1} + \beta_j p_j$$
$$Ap_{j+1} = Ar_{j+1} + \beta_j Ap_j$$
$$\text{end}$$

6.6 鞍点問題

つぎの制約条件の付いた最小化問題について考える。

$$\text{minimize} \quad f(x) = \frac{1}{2} x'Ax - b'x \tag{6.22}$$

$$\text{s.t.} \quad B'x = c \tag{6.23}$$

A は正定値行列で、B の列数は行数より小さい。

投資のポートフォリオ選択問題は、このような式で表される。例えば、n 種類の資産の運用について考える。投資家は一定の期待収益を確保しながらリスクを最小化する。

$$\text{minimize} \quad \frac{1}{2} x'Sx$$

$$\text{s.t.} \quad r'x = m, \ \sum_{i=1}^{n} x_i = 1$$

(6.22) の問題を解くために、つぎのラグランジュ関数を定義する。

$$L = \frac{1}{2}(x, Ax) - (x, b) + (y, (B'x - c))$$

y はラグランジュ乗数である。L を x と y で微分してゼロとおくと

$$\begin{bmatrix} A & B \\ B' & 0 \end{bmatrix} \begin{bmatrix} x \\ y \end{bmatrix} = \begin{bmatrix} b \\ c \end{bmatrix} \tag{6.24}$$

を得る。この方程式の解は L の鞍点である。このため、(6.22) は鞍点問題と呼

ばれる。

　宇沢と Arrow = Hurwicz は、鞍点問題に対する反復解法を考案した[5]。宇沢の方法はつぎの二つの反復式から構成される。

$$\begin{cases} Ax_{k+1} = b - By_k \\ y_{k+1} = y_k + \omega(B'x_{k+1} - c) \end{cases} \tag{6.25}$$

y_0 を与えると 1 番目の式から x_1 が決まり、2 番目の式に代入すると y_1 が決まる。同様の計算を何回も繰り返す。x^* と y^* に収束すると、$Ax^* + By^* = b$、$B'x^* = c$ から (6.24) が成り立つ。y だけを計算する方法もある。1 番目の式から $x_{k+1} = A^{-1}(b - By_k)$ であり、これを 2 番目の式に代入すると

$$y_{k+1} = y_k + \omega(B'A^{-1}(b - By_k) - c) \tag{6.26}$$

となる。$B'A^{-1}B$ の最小固有値と最大固有値を $\lambda_{\min}$、$\lambda_{\max}$ とする。$0 < \omega < 1/\lambda_{\max}$ であれば y_k は y^* に収束する[6]。さらに、$I - \omega B'A^{-1}B$ のスペクトル半径が最小となる ω の値は

$$\omega^* = \frac{2}{\lambda_{\min} + \lambda_{\max}}$$

で与えられる。

　一例として、つぎの最小化問題について考えよう。

minimize　$f(x) = 0.5(3x_1^2 + 2x_1x_2 + 2x_2^2 + 2x_2x_3 + x_3^2) - (x_1 + 2x_2 + 3x_3)$
s.t.　$x_1 + 2x_2 + x_3 = 3$
　　　$-x_1 + x_2 + 4x_3 = 6$

この場合

$$B'A^{-1}B = \begin{bmatrix} 2 & 1 \\ 1 & 27 \end{bmatrix}$$

となる。この行列の固有値は 1.9601 と 27.0399 で、$\omega^* = 0.0690$ となる。緩和係数は小さいので収束するまで多数回反復する必要がある。(6.26) は

$$\begin{bmatrix} y_{1k+1} \\ y_{2k+1} \end{bmatrix} = \begin{bmatrix} 0.8621 & -0.0690 \\ -0.0690 & -0.8621 \end{bmatrix} \begin{bmatrix} y_{1k} \\ y_{2k} \end{bmatrix} + \begin{bmatrix} -0.0690 \\ 0.7586 \end{bmatrix}$$

と表される。初期値を 0 として 73 回反復すると、$y_1 = -0.7170$、$y_2 = 0.4340$、$x_1 = 0.5660$、$x_2 = 0.4528$、$x_3 = 1.5283$ に収束する。

宇沢の方法では、$Ax_{k+1} = b - By_k$ から x_{k+1} を求める。この方程式を解くことは、つぎの関数 $g(x)$ の最小点を見つけることと同じである。

$$g(x) = \frac{1}{2}(x, Ax) - (x, b - By_k)$$

最急降下法を用いると、

$$\begin{aligned}x_{k+1} &= x_k - \alpha\, grad\, g(x_k) \\ &= x_k + \alpha(b - Ax_k - By_k)\end{aligned}$$

となる。ここで α は小さな正の定数である。Arrow＝Hurwicz はつぎの反復法を提案した。

$$\begin{cases} x_{k+1} = x_k + \alpha(b - Ax_k - By_k) \\ y_{k+1} = y_k + \omega(B'x_{k+1} - c) \end{cases} \tag{6.27}$$

こうすると方程式 $Ax_{k+1} = b - By_k$ を解く必要はないので、簡単に計算できる。宇沢の方法は、ナビエ・ストークス方程式など偏微分方程式の数値解法で使われている。

6.7　結語

偏微分方程式や多項式近似など数値計算の多くの問題に関連して、連立1次方程式を扱う。方程式の未知数が少ない場合は、クラーメルの公式を適用できるが、大規模方程式には数値的な方法を適用する。ガウスの消去法やガウス・ジョルダンの掃き出し法は、有限回の計算で厳密解が得られるが、計算量やメモリーの制約から小規模な方程式しか扱えない。反復法には定常反復法と非定常反復法があり、大規模方程式に適用される。ヤコビ法、ガウス・ザイデル法、SOR法は中規模の方程式に使われる。最近注目されているのは、クリロフ部分空間法である。この方法を用いると、探索空間を限定して大規模方程式を効率的に解くことができる。共役勾配法や双共役勾配法、安定化双共役勾配法、2乗共役勾配法、一般化最小残差法、最小残差法、準最小残差法などいろいろな方法が提案されている。

経済学に関連した大規模連立1次方程式の代表例は、産業連関モデルである。最終需要を与えると、需給バランスから各産業の生産額が決まる。理論的には数千部門のモデルも可能であるが、実際にはデータの制約から部門数は限られてい

る。このため MATLAB や Excel で対応できる。

　回帰式の係数は正規方程式を解いて求めるが、経済データでは内部相関の問題が無視できない[7]。変数間の強い相関によって、積率行列の条件数が極端に大きくなる現象である。この問題を解決する一つの方法は、リッジ回帰を行うことである。正規方程式をつぎのように修正する。

$$(X'X + kI)b = X'y$$

$X'X$ の対角要素に定数を加えると、係数行列の条件数は小さくなる。これは行列 $M = I + k(X'X)^{-1}$ で前処理を行っていると解釈できるが、きわめて特殊な方法であり、第 2 節で説明した前処理行列を使うべきである。正規方程式の左辺だけでなく右辺にも前処理を行うと、係数推定値のバイヤスは小さくなるであろう。数値計算の視点から最小 2 乗法を見直すのは意味がある。

[注]

1) 大規模連立 1 次方程式の数値解法については、Saad（2003）を参照せよ。戸川（1977）は共役勾配法について詳しい。
2) Hestenes and Stiefel（1952）を参照した。
3) Saad and Schultz（1986）を参照。
4) 具体的な計算法について、藤野・張（1996）や藤野他（2013）を参照せよ。
5) Arrow, K et al.（1958）を参照。
6) Saad（2003）、114 頁を参照。
7) 内部相関の問題について、蓑谷（1992）は理論的な分析を行っている。

[参考文献]

釜国男（2015）『経済モデルの数値解析』多賀出版。
戸川隼人（1977）『共役勾配法』教育出版。
藤野清次、張紹良（1996）『反復法の数理』朝倉書店。
藤野清次他（2013）『線形方程式の反復解法』丸善出版。
蓑谷千凰彦（1992）『計量経済学の新しい展開』多賀出版。
森正武（1973）『数値解析』共立出版。
Arrow, K et al.（1958）*Studies in Linear and Non-Linear Programming*, Stanford University Press.

Hestenes, M and E. Stiefel. (1952) "Method of Conjugate Gradients for Solving Linear Systems", *Journal of Research of the National Bureau of Standards*, Vol. 49, 409-436.
Saad, Y. (2003) *Iterative Methods for Sparse Linear Systems*, SIAM.
Saad, Y and M. H. Schultz. (1986) "GMRES: A Generalized Minimal Residual Algorithm for Solving Nonsymmetric Linear Systems", SIAM, *Journal on Scientific and Statistical Computing*, Vol. 7, 856-869.

第7章 確率微分方程式の数値解法

これまで自然科学の分野で使われてきた確率微分方程式（stochastic differential equation、SDEと略）は、いまでは経済学や金融工学でも用いられている。普通の微分方程式と同様に、解析解があるのは特殊な場合に限られる。このため数値的な方法が必要となる。しかし、ルンゲ・クッタ法など普通の微分方程式に適用される方法はSDEには使えない。そこで、確率微分方程式に特有の解法が考案されている。以下では代表的な解法について検討する。確率微分方程式について概説したあと、オイラー・丸山スキームについて説明する。つぎに数値解の収束と安定性について述べる。最後に多変数のケースに一般化する[1]。

7.1 確率微分方程式

確率微分方程式とは、次式で表される方程式である。

$$\begin{cases} dX(t) = a(t, X)dt + b(t, X)dW(t) \\ X(0) = X_0 \end{cases} \tag{7.1}$$

ここで$a(t, X)$はドリフト係数で、$b(t, X)$は拡散係数という。$dW(t)$は標準ブラウン運動の増分である。(7.1)を満たす$X(t)$は拡散過程と呼ばれている。つぎのように積分方程式で表すこともできる。

$$X(t) = X(0) + \int_0^t a(s, X(s))ds + \int_0^t b(s, X(s))dW(s) \tag{7.2}$$

右辺の第1項はリーマン積分で、第2項は確率積分である。ブラウン運動は微分不可能であり、積分を行うには独自の規則を適用する必要がある。確率積分には伊藤積分とストラトノビッチ積分の二つのタイプがある。それぞれ長所と短所があり問題に応じて使い分けている。

伊藤積分は次式で定義される。

$$\int_0^t b(s, X(s))dW(s) = \lim_{\Delta t \to 0} \sum_{j=0}^{n-1} b(t_j, X(t_j))(W(t_{j+1}) - W(t_j)) \tag{7.3}$$

ここで $\Delta t = t/n$、$t_k = k\Delta t$ である。簡単な例として、標準ブラウン運動の積分

$$I = \int_0^T W(t) dW(t)$$

を求めてみよう。

$$\sum_{j=0}^{n-1} W(t_j)(W(t_{j+1}) - W(t_j)) = \frac{1}{2} \sum_{j=0}^{n-1} (W(t_{j+1})^2 - W(t_j)^2 - (W(t_{j+1}) - W(t_j))^2)$$

$$= \frac{1}{2} \left(W(T)^2 - W(0)^2 - \sum_{j=0}^{n-1} (W(t_{j+1}) - W(t_j))^2 \right)$$

ここで $W(0) = 0$ である。$\sum_{j=0}^{n-1}(W(t_{j+1}) - W(t_j))^2$ の期待値は T で、分散は $O(\Delta t)$ となる。したがって

$$\int_0^T W(t) dW(t) = \frac{1}{2} \{W(T)^2 - T\}$$

となる。一般に確率変数 $X(t)$ が $N(0, \sigma^2 t)$ のブラウン運動に従うと

$$\int_0^T X(t) dX(t) = \frac{1}{2} \{X(T)^2 - \sigma^2 T\}$$

が成り立つ。

区間 $[t_j, t_{j+1}]$ の中点における値を用いると

$$\int_0^T W(t) dW(t) = \lim_{n \to \infty} \sum_{j=1}^{n-1} W\left(\frac{t_j + t_{j+1}}{2}\right)(W(t_{j+1}) - W(t_j))$$

$$= \frac{1}{2} W(T)^2$$

となる。これはストラトノビッチ積分と呼ばれる。伊藤積分と区別して

$$\int_0^T W(t) \circ dW(t) = \frac{1}{2} W(T)^2$$

と表す。

ストラトノビッチ型確率微分方程式

$$dX(t) = a(t, X)dt + b(t, X) \circ dW(t)$$

の解は伊藤型確率微分方程式

$$dX(t) = \left[a + \frac{1}{2}\frac{\partial b}{\partial X}b\right](t, X)dt + b(t, X)dW(t)$$

の解に等しい。逆に伊藤型確率微分方程式

$$dX(t) = a(t, X)dt + b(t, X)dW(t)$$

の解はストラトノビッチ型確率微分方程式

$$dX(t) = \left[a - \frac{1}{2}\frac{\partial b}{\partial X}b\right](t, X)dt + b(t, X) \circ dW(t)$$

の解に等しくなる。例えば幾何ブラウン運動

$$dX(t) = \mu X(t)dt + \sigma X(t)dW(t)$$

の解は

$$X(t) = X_0 \exp\left(\left(\mu - \frac{1}{2}\sigma^2\right)t + \sigma W(t)\right)$$

で与えられるが、これはストラトノビッチ型方程式

$$dX(t) = \left(\mu - \frac{1}{2}\sigma^2\right)X(t)dt + \sigma X(t) \circ dW(t)$$

の解でもある。ストラトノビッチ型では決定論的な微分則が成立するが、マルチンゲール性を保持しない。一方、伊藤型はマルチンゲール性を保持するが、合成関数のチェーンルールが成り立たない。

標準ブラウン運動の離散近似について考える。区間$[0, T]$をn個の小区間に分けて分点を

$$t_k = k\Delta t \qquad (k = 0, 1, \cdots\cdots, n)$$

にとる。$\Delta t = T/n$はステップ幅である。ブラウン運動を

$$W(t_k) = W(t_{k-1}) + \Delta W(t_k) \qquad (k = 1, 2, \cdots\cdots, n) \tag{7.4}$$

によって近似する。ここで$\Delta W(t_k)$は$\sqrt{\Delta t}\,N(0, 1)$の独立した確率変数である。

図7.1 標準ブラウン運動のサンプルパス

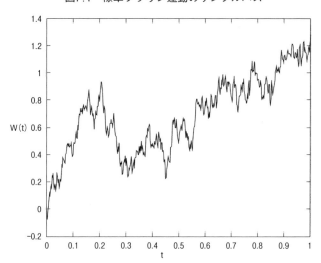

$$W(t_k) = \sum_{j=0}^{k-1} \Delta W(t_j) \qquad (k = 1, 2, \cdots\cdots, n) \tag{7.5}$$

と増分の和で表すこともできる。図7.1は標準ブラウン運動のサンプルパスである。$T=1$、$n=500$でステップ幅は$\Delta t = 0.002$としている。

つぎの条件を満たすと、(7.1)の確率微分方程式は唯一の解をもつ[2]。
(1) $X(0)$の2次モーメントは有限で、$X(0)$は$W(t)$, $t \geq 0$と独立である。
(2) $t \in [0, T]$および実数x, yに対して

$$|a(t, x) - a(t, y)| + |b(t, x) - b(t, y)| \leq C|x-y|$$

を満たす正の定数Cが存在する。
(3) $t \in [0, T]$および実数xに対して

$$|a(t, x)| + |b(t, x)| \leq D(1 + |x|)$$

を満たす正の定数Dが存在する。

ここで伊藤の公式について説明しよう。$X(t)$は(7.1)で表される確率変数で、$Y = F(t, x)$はtとxに関して2回連続微分可能な関数であるとする。Yの確率微分は

$$dY = \frac{\partial F}{\partial t}dt + \frac{\partial F}{\partial x}dx + \frac{1}{2}\frac{\partial^2 F}{\partial x^2}(dx)^2$$

$$= \left(\frac{\partial F}{\partial t} + \frac{\partial F}{\partial x}a(t,x) + \frac{1}{2}\frac{\partial^2 F}{\partial x^2}b(t,x)^2\right)dt$$

$$+ \frac{\partial F}{\partial x}b(t,x)dW(t) \tag{7.6}$$

で与えられる。

$$P_F(t,x) = \frac{\partial F}{\partial t} + \frac{\partial F}{\partial x}a(t,x) + \frac{1}{2}\frac{\partial^2 F}{\partial x^2}b(t,x)^2$$

$$Q_F(t,x) = \frac{\partial F}{\partial x}b(t,x)$$

とすると、(7.6) は積分形で

$$Y(t) = Y(0) + \int_0^t P_F(s,X(s))ds + \int_0^t Q_F(s,X(s))dW(s) \tag{7.7}$$

と表される。

確率微分方程式の例をいくつかあげよう。

[例1] 算術ブラウン運動は

$$dX(t) = adt + bdW(t)$$

と表される。この方程式の解は

$$X(t) = X(0) + at + bW(t)$$

である。

[例2] すでに何度か取り上げた幾何ブラウン運動は

$$\begin{cases} dX(t) = \mu X dt + \sigma X dW(t) \\ X(0) = X_0 \end{cases} \tag{7.8}$$

の形の方程式である。金融工学では、ブラック・ショールズ方程式と呼ばれている。方程式の解は

$$X(t) = X_0 \exp\left(\left(\mu - \frac{1}{2}\sigma^2\right)t + \sigma W(t)\right) \tag{7.9}$$

または

$$\log X(t) = \log X_0 + \left(\mu - \frac{1}{2}\sigma^2\right)t + \sigma W(t)$$

で与えられる。対数変換すると、算術ブラウン運動となる。確認のために

$$X = F(t, Y) = X_0 e^Y$$

$$Y = \left(\mu - \frac{1}{2}\sigma^2\right)t + \sigma W(t)$$

とする。伊藤の公式から

$$dX = X_0 e^Y dY + \frac{1}{2} X_0 e^Y (dY)^2$$

ここで

$$dY = \left(\mu - \frac{1}{2}\sigma^2\right)dt + \sigma dW(t)$$

$(dt)^2 = 0, \ (dt)(dW(t)) = 0, \ (dW(t))^2 = dt$ より

$$(dY)^2 = \sigma^2 dt$$

となる。したがって

$$dX = X_0 e^Y \left(\mu - \frac{1}{2}\sigma^2\right)dt + X_0 e^Y \sigma dW(t) + \frac{1}{2} X_0 e^Y \sigma^2 dt$$
$$= \mu X dt + \sigma X dW(t)$$

となり (7.8) が成り立つ。

7.2 SDE の数値解法

上の例のように解析解のあるのは稀なケースであり、数量分析を行うには数値解を求める必要がある。常微分方程式と同様に、確率微分方程式にもいくつかの解法がある。最も基本的な方法は、オイラー・丸山スキーム (EM スキーム) で

図7.2 幾何ブラウン運動

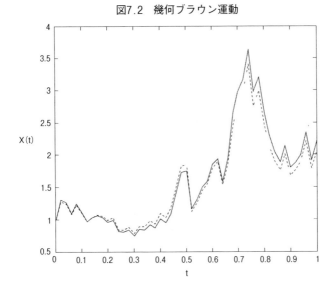

ある。(7.1) の数値解を得るために、区間 $[0, T]$ を離散化して分点を $t_j = j\Delta t$ ($j = 0, 1, \ldots, L$)、$\Delta t = T/L$ とする。$X(t_j)$ の近似値をつぎの漸化式から求める。

$$X_{j+1} = X_j + a(t_j, X_j)\Delta t + b(t_j, X_j)\Delta W_j$$
$$\Delta W_j = z_j\sqrt{\Delta t},\ z_i \sim N(0, 1) \tag{7.10}$$

拡散項がなければ常微分方程式のオイラー法と一致する。

[例3] 幾何ブラウン運動の係数を $\mu = 2,\ \sigma = 1$ とする。
$$\begin{cases} dX(t) = 2Xdt + XdW(t) & t \in [0, 1] \\ X(0) = 1 \end{cases}$$

解析解は

$$X(t) = \exp\left(\frac{3}{2}t + W(t)\right)$$

で与えられる。図7.2はEMスキームで計算した近似解である。実線は解析解で破線は近似解を表す。解の精度は十分に高いことがわかる。

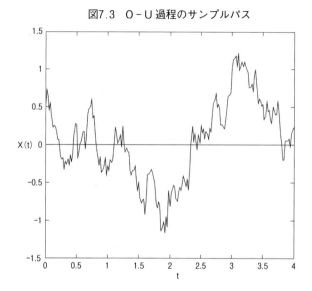

図7.3 O‐U過程のサンプルパス

[例4] ランジュバン方程式

$$dX(t) = -\mu X dt + \sigma dW(t) \qquad (\mu,\ \sigma > 0) \tag{7.11}$$

この方程式の解は簡単な式では表せない。図7.3は

$$X_{j+1} = X_j - \mu X_j \Delta t + \sigma \Delta W_j$$

から計算した近似解である。$\mu = 1$、$\sigma = 1$、$X(0) = 0.5$ で、$\Delta t = 0.02$ としている。(7.11) は、オルンシュタイン・ウーレンベック過程（O‐U過程）と呼ばれる確率過程を表す。長期的に $X = 0$ へ戻る性質がある。

7.3 数値解の収束性

積分区間の終点において、近似解 X_L と真の解 $X(T)$ は確率的に変化する。次式を満たす δ_0 と有限な定数 C が存在するとき、X_j は $X(T)$ に強い収束次数 γ で収束するという。

$$E(|X(T) - X_L|) \leq C\delta^\gamma,\ \delta \in (0,\ \delta_0) \tag{7.12}$$

これは常微分方程式の解の収束概念を一般化したものである。拡散項がなければ通常の収束概念と一致する。(7.2) の $a(s, X(s))$ と $b(s, X(s))$ に (7.7) を適用すると

$$a(s, X(s)) = a(0, X(0)) + \int_0^s P_a(q, X(q))dq + \int_0^s Q_a(q, X(q))dW(q)$$

$$b(s, X(s)) = b(0, X(0)) + \int_0^s P_b(q, X(q))dq + \int_0^s Q_b(q, X(q))dW(q)$$

となる。(7.2) の右辺に代入すると

$$\begin{aligned}X(t) =\ & X(0) + a(0, X(0))\int_0^t ds + b(0, X(0))\int_0^t dW(s) \\
& + \int_0^t\int_0^s P_a(q, X(q))dqds + \int_0^t\int_0^s Q_a(q, X(q))dW(q)ds \\
& + \int_0^t\int_0^s P_b(q, X(q))dqdW(s) \\
& + \int_0^t\int_0^s Q_b(q, X(q))dW(q)dW(s)\end{aligned} \qquad (7.13)$$

となる。$t = t_1$ とおき、2重積分の項を無視すると

$$X(t_1) = X(0) + a(0, X(0))\Delta t + b(0, X(0))\Delta W_0$$

となる。これは EM スキームに他ならない。終点まで繰り返して期待値をとると

$$E(|X(T) - X_L|) = C\delta^{\frac{1}{2}}$$

を得る。近似精度を改善するために、$Q_b(q, X(q))$ に (7.7) を適用すると

$$\begin{aligned}X(t) =\ & X(0) + a(0, X(0))\int_0^t ds + b(0, X(0))\int_0^t dW(s) \\
& + Q_b(0, X(0))\int_0^t\int_0^s dW(q)dW(s) + R\end{aligned}$$

となる。ただし R は剰余項を表す。ここで

$$Q_b(0, X(0))\int_0^t\int_0^s dW(q)dW(s) = b\frac{\partial b}{\partial X}\frac{(W(t) - W(0))^2 - (t - t_0)}{2}$$

となる。つぎの漸化式が得られる。

図7.4 近似解の比較

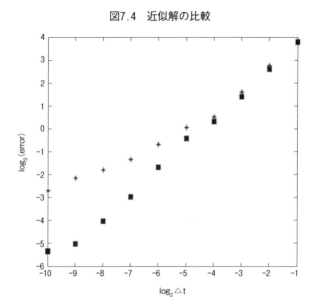

$$X_{j+1} = X_j + a(t_j, X_j)\Delta t + b(t_j, X_j)\Delta W_j$$
$$+ \frac{1}{2}b(t_j, X_j)\frac{\partial b}{\partial X}(\Delta W_j^2 - \Delta t) \tag{7.14}$$

これはミルスタイン・スキームと呼ばれている。誤差は

$$E(|X(T) - X_L|) \leq C\delta$$

であり収束次数は1となる。つぎの幾何ブラウン運動について収束性を比較しよう。

$$\begin{cases} dX(t) = 2Xdt + XdW(t) \\ X(0) = 1 \end{cases} \quad t \in [0, 1]$$

ミルスタイン・スキームは

$$X_{j+1} = X_j + 2X_j\Delta t + X_j\Delta W_j + \frac{1}{2}X_j(\Delta W_j^2 - \Delta t)$$

である。図7.4は、$T = 1$における平均誤差の対数値をプロットしている。横軸は$\log_2 \Delta t$で縦軸は平均誤差の対数値である。100個の近似値を生成して平均誤差を計算した。ステップ幅は$\Delta t = 2^{-1}, 2^{-2}, \cdots\cdots, 2^{-10}$とする。ステップ幅を広く

とるとほとんど差はないが、狭くとると差は無視できなくなる。タイムステップを $\Delta t = 0.002$ とすると、EM スキームの誤差は0.2264、ミルスタイン・スキームの誤差は0.0312となる。回帰直線を当てはめると、傾きは0.709と1.054となる。理論的には0.5と1になるはずであるが、サンプル数の関係で食い違いが生じる。

$b(t, X)$ の偏微分を解析的に求めるのが難しいときは、つぎの近似式を用いる。

$$\frac{\partial b}{\partial X} \simeq \frac{b(X_j + b\sqrt{\Delta t}) - b}{b\sqrt{\Delta t}}$$

ミルスタインの簡易スキームは

$$\begin{aligned}X_{j+1} = & X_j + a(t_j, X_j)\Delta t + b(t_j, X_j)\Delta W_j \\ & + \frac{1}{2}[b(t_j, X_j + b(t_j, X_j)\sqrt{\Delta t}) - b(t_j, X_j)](\Delta W_j^2 - \Delta t)/\sqrt{\Delta t}\end{aligned} \quad (7.15)$$

と表される。

弱い近似（weak approximation）とは、解の期待値、分散、共分散などを近似することである。任意の多項式 $g(\cdot)$ に対して、

$$|E(g(X(T))) - E(g(T_{\Delta t}L))| \leq C\delta^\alpha, \ \delta \in (0, \delta_0) \quad (7.16)$$

を満たす δ_0 と有限の定数 C が存在するとき、近似解 X_j は $X(T)$ へ弱い収束次数 α で収束するという。EM スキームの場合は、弱い収束次数は1となる。EM スキームにおいて、ΔW_j のかわりにつぎの条件を満たす離散確率変数 ΔU_j を使っても収束次数は変わらない[3]。

$$E(\Delta U_j) = E((\Delta U_j)^3) = 0$$
$$E((\Delta U_j)^2) = \Delta t$$

つぎの確率変数が使われる。
- 2点分布確率変数

$$P(\Delta U_j = \pm\sqrt{\Delta t}) = \frac{1}{2}$$

- 3点分布確率変数

$$P(\Delta U_j = \pm\sqrt{3\Delta t}) = \frac{1}{6}$$

$$P(\Delta U_j = 0) = \frac{2}{3}$$

弱収束次数が2であるテイラー・スキームは、

$$X_{j+1} = X_j + a\Delta t + b\Delta W_j + \frac{1}{2}b\frac{\partial b}{\partial x}(\Delta W_j^2 - \Delta t)$$

$$+ \frac{\partial a}{\partial x}b\Delta Z_j + \frac{1}{2}\left(\frac{\partial a}{\partial x}a + \frac{1}{2}\frac{\partial^2 a}{\partial x^2}b^2\right)\Delta t^2$$

$$+ \left(\frac{\partial b}{\partial x}a + \frac{1}{2}\frac{\partial^2 b}{\partial x^2}b^2\right)(\Delta W_j \Delta t - \Delta Z_j) \tag{7.17}$$

で与えられる。ここで

$$\Delta Z_j \sim N\left(0, \frac{\Delta t^3}{3}\right)$$

$$E(\Delta Z_j \Delta W_j) = \frac{\Delta t^2}{2}$$

である。Platen (1999) は微分を使わない収束次数2の方法を考案した。

$$X_{j+1} = X_j + \frac{1}{2}[a(p) + a(X_j)]\Delta t$$

$$+ \frac{1}{4}[b(q) + b(r) + 2b(X_j)]\Delta W_j \tag{7.18}$$

$$+ \frac{1}{4}[b(q) - b(r)](\Delta W_j^2 - \Delta t)/\sqrt{\Delta t}$$

ここで

$$p = X_j + a\Delta t + b\Delta W_j$$
$$q = X_j + a\Delta t + b\sqrt{\Delta t}$$
$$r = X_j + a\Delta t - b\sqrt{\Delta t}$$

である。他にも高次の収束次数をもつ方法があるが、計算は簡単ではない。詳しくは Kloeden and Platen (1999) を参照されたい。

7.4 数値解の安定性

強収束と弱収束は、有限区間における解の精度に関する概念である。多くの問題で無限区間における解の性質も重要である。(7.12) や (7.16) の上限は期間を延長すると無限に大きくなるので、数値解の安定性について検討する必要がある。その準備として、常微分方程式の安定性について説明しよう。つぎの常微分方程式について考える。

$$\begin{cases} \dfrac{dx}{dt} = f(x) \\ x(0) = x_0 \end{cases}$$

オイラー法は漸化式

$$x_{j+1} = x_j + f(x_j)\Delta t$$

で近似する。つぎのテスト方程式で数値解の安定性を調べる。

$$\begin{cases} \dfrac{dx}{dt} = \lambda x \qquad (\lambda < 0) \\ x(0) = 1 \end{cases} \tag{7.19}$$

方程式の解は

$$x(t) = e^{\lambda t}$$

であり、$x(t)$ は単調に減少して、$\lim_{t \to \infty} x(t) = 0$ となる。数値解は

$$\begin{aligned} x_{j+1} &= x_j + \lambda x_j \Delta t \\ &= (1 + \lambda \Delta t) x_j \end{aligned}$$

と書き表される。$x_\infty = 0$ となるためには、

$$|1 + \lambda \Delta t| < 1$$

でなければならない。したがってタイムステップが

$$-2 < \lambda \Delta t < 0$$

を満たせば近似解は数値的に安定している。

以上の概念を確率微分方程式に拡張しよう。つぎのテスト方程式について考える。

$$\begin{cases} dX(t) = \lambda X dt + \mu X dW(t) \\ X(0) = 1 \end{cases} \quad (\lambda < 0,\ \mu \geq 0) \tag{7.20}$$

解析解は

$$X(t) = \exp\left(\left(\lambda - \frac{1}{2}\mu^2\right)t + \mu W(t)\right)$$

である。2乗平均ノルム

$$\|X(t)\| = \sqrt{E(X(t)^2)}$$

を用いて安定性を調べる。解析解について

$$\lim_{t \to \infty} \|X(t)\| = 0 \Leftrightarrow 2\lambda + \mu^2 < 0 \tag{7.21}$$

が成り立つ。また漸近的安定性について

$$P\left(\lim_{t \to \infty} |X(t)| = 0\right) = 1 \Leftrightarrow 2\lambda - \mu^2 < 0 \tag{7.22}$$

が成り立つ。2乗平均安定であれば漸近安定であるが、逆はいえない。

数値解の場合も安定性が問題となる。EMスキームでは

$$EX_{j+1}^2 = ((1+\lambda\Delta t)^2 + \mu^2 \Delta t) EX_j^2$$

が成り立つ。したがって2乗平均安定であるためには、

$$(1+\lambda\Delta t)^2 + \mu^2 \Delta t < 1 \tag{7.23}$$

でなければならない。漸近的安定性については

$$P\left(\lim_{j \to \infty} |X_j| = 0\right) = 1 \Leftrightarrow E\log\left|1 + \lambda\Delta t + \mu\sqrt{\Delta t}\,N(0,\,1)\right| < 0 \tag{7.24}$$

が成り立つ。

以上の結果を幾何ブラウン運動

$$\begin{cases} dX(t) = \mu X(t) dt + \sigma X(t) dW(t) \\ X(0) = 1 \end{cases}$$

で確認しよう。図7.5の上段は $\mu = -3$、$\sigma = 1$ としたケースである。初期値を

図7.5 数値解の2乗平均と絶対値

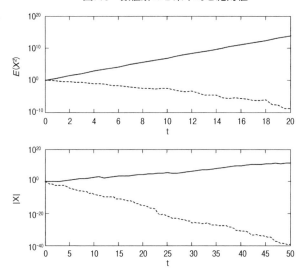

$X_0 = 1$ に固定し、$[0, 20]$ の区間で生成した50,000個の X_j^2 の平均値をプロットしている。タイムステップは $\Delta t = 1$ と $\Delta t = 0.5$ であり、(7.23) の左辺は5と0.75となる。実線は $\Delta t = 1$ に対応し、破線は $\Delta t = 0.5$ に対応している。2乗平均の意味で、一方は不安定で、他方は安定的となる。漸近安定性を調べるために $\mu = -3$, $\sigma = 0.8$ とする。漸近安定性は確率1の事象であり、1つのパスを計算すれば十分である。下段の図で実線は $\Delta t = 1$、破線は $\Delta t = 0.5$ に対応する。ステップ幅を広くとると $|X(t)|$ は発散し、狭くとると0に漸近する。この結果によると、安定解を得るには最低でも500ステップの計算が必要である。

7.5 多変数の確率微分方程式

つぎに多変数の確率微分方程式

$$\begin{cases} dX_i(t) = a_i(t, X) dt + b_i(t, X) dW_i(t), \ 0 \leq t \leq T, \\ X_i(0) = X_{i0} \end{cases}$$

$$(i = 1, 2, \cdots\cdots, n) \quad (7.25)$$

について検討しよう。1変数の場合と同じような条件のもとで唯一の解が存在す

る。関数 $Y = F(t, x)$ は、t に関して1回連続微分可能で、x_i に関して2回連続微分可能であるとする。このとき

$$dY = \frac{\partial F}{\partial t}dt + \sum_{i=1}^{n}\frac{\partial F}{\partial x_i}dx_i + \frac{1}{2}\sum_{i=1}^{n}\sum_{j=1}^{n}\frac{\partial^2 F}{\partial x_i \partial x_j}dx_i dx_j$$

$$= \left(\frac{\partial F}{\partial t} + \sum_{i=1}^{n}\frac{\partial F}{\partial x_i}a_i + \frac{1}{2}\sum_{i=1}^{n}\sum_{j=1}^{n}c_{ij}\frac{\partial F}{\partial x_i \partial x_j}\right)dt + \sum_{i=1}^{n}\frac{\partial F}{\partial x_i}b_i dW_i(t)$$

(7.26)

が成り立つ。ここで $c_{ij} = \rho_{ij}b_ib_j$, $i, j = 1, 2, \cdots, n$ である（ρ_{ij} は $dW_i(t)$ と $dW_j(t)$ の相関係数）。dW_i はつぎのようにして生成する。dW_i の相関行列を

$$R = \begin{bmatrix} \rho_{11} & \cdots & \rho_{1n} \\ \cdot & & \cdot \\ \cdot & & \cdot \\ \cdot & & \cdot \\ \rho_{n1} & \cdots & \rho_{nn} \end{bmatrix}$$

とする。これは対角要素が1となる対称行列である。特異値分解により

$$R = \Gamma \Lambda \Gamma'$$

と表す。Λ は R の固有値を対角要素とする対角行列である。Γ は固有ベクトルを横に並べた行列である。$Z_1, \cdots, Z_n$ は互いに独立したブラウン運動であり、$dZ_i dZ_i = dt$、$dZ_i dZ_j = 0$, $i \neq j$ とする。

$$dW = \Gamma \Lambda^{1/2} dZ$$

とすると

$$dW dW' = \Gamma \Lambda^{1/2} dZ (\Gamma \Lambda^{1/2} dZ)'$$
$$= \Gamma \Lambda \Gamma' dt = R dt$$

となる。

例えば

$$R = \begin{bmatrix} 1.0 & 0.2 & 0.5 \\ 0.2 & 1.0 & 0.6 \\ 0.5 & 0.6 & 1.0 \end{bmatrix}$$

とすると

$$\Gamma = \begin{bmatrix} 0.3862 & 0.7756 & 0.4993 \\ 0.5390 & -0.6290 & 0.5602 \\ -0.7486 & -0.0528 & 0.6610 \end{bmatrix}, \Lambda = \begin{bmatrix} 0.3100 & 0 & 0 \\ 0 & 0.8038 & 0 \\ 0 & 0 & 1.8862 \end{bmatrix}$$

であり

$$\begin{bmatrix} dW_1 \\ dW_2 \\ dW_3 \end{bmatrix} = \begin{bmatrix} 0.2150 & 0.6953 & 0.6858 \\ 0.3001 & -0.5640 & 0.7693 \\ -0.4168 & -0.0473 & 0.9078 \end{bmatrix} \begin{bmatrix} dZ_1 \\ dZ_2 \\ dZ_3 \end{bmatrix}$$

となる。

つぎの多変数の幾何ブラウン運動が与えられているとする。

$$dX_i(t) = a_i X_i(t) dt + X_i(t) \sum_{j=1}^{n} b_{ij} dW_j(t) \qquad (i=1, 2, \cdots, n) \quad (7.27)$$

対数変換して伊藤の公式を適用すると、

$$d\log X_i(t) = \frac{dX_i(t)}{X_i(t)} - \frac{1}{2}\left(\frac{dX_i(t)}{X_i(t)}\right)^2$$

$$= \left(a_i - \frac{1}{2}\sum_{j=1}^{n} b_{ij}^2\right) dt + \sum_{j=1}^{n} b_{ij} dW_j(t)$$

となる。これより

$$X_i(t) = X_i(0) \exp\left\{\left(a_i - \frac{1}{2}\sum_{j=1}^{n} b_{ij}^2\right) t + \sum_{j=1}^{n} b_{ij} W_j(t)\right\}$$

あるいは

$$\log X_i(t) = \log X_i(0) + \left(a_i - \frac{1}{2}\sum_{j=1}^{n} b_{ij}^2\right) t + \sum_{j=1}^{n} b_{ij} W_j(t)$$

となり $X_i(t)$ は対数正規分布に従う。

7.6 多変数 SDE の数値解法

解析解がないときは数値解を求める。区間 $[0, T]$ を分点 $t_j = j\Delta t (i=0, 1, \cdots, L)$ で離散化する。最も簡単なオイラー・丸山スキームは漸化式

$$X_{ij+1} = X_{ij} + a_i(t_j, X_j)\Delta t + \sum_{k=1}^{n} b_{ik}(t_j, X_j) \Delta W_{kj} \qquad (7.28)$$

から数値解を求める。解の強収束次数は1/2で、弱収束次数は1となる。ΔW_{kj}

図7.6 2変数の幾何ブラウン運動

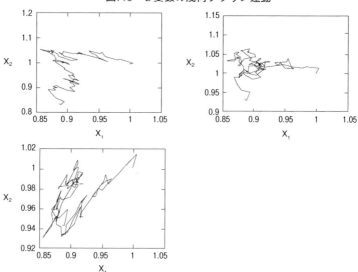

をつぎの2点分布確率変数 ΔU_{kj} で置きかえても収束次数は変わらない。

$$P(\Delta U_{kj} = \pm \sqrt{\Delta t}) = \frac{1}{2}$$

一例として、つぎの幾何ブラウン運動について考える。

$$\begin{cases} dX_1(t) = -0.06X_1 dt + 0.05X_1 dW_1(t) \\ dX_2(t) = -0.06X_2 dt + 0.05X_2 dW_2(t) \\ X_1(0) = X_2(0) = 1 \end{cases}$$

オイラー・丸山スキームを用いて、0.03のステップ幅で計算した。dW_i は

$$dW_1 = dZ_1$$
$$dW_2 = \rho dZ_1 + \sqrt{1-\rho^2} dZ_2$$

によって生成する。図7.6は横軸に X_1、縦軸に X_2 をとって近似解をプロットしている。拡散係数が0に近いときは、$X_1 = X_2$ の回りに分布する。実際には $b = 0.05$ であり dW_1 と dW_2 の相関を無視できない。左上の図は $\rho = -0.8$ のケースである。X_1 と X_2 の相関係数は0.1729で弱い正の相関がある。右上は $\rho = 0$ のケースに対応している。この場合は無相関となる。左下の図は $\rho = 0.8$ に対応し

ている。相関係数は0.6019と高く正の相関がある。

7.7 結語

確率微分方程式は経済学でも広く使われている。特殊な場合を除いて解析解はないので、数値的な方法で近似解を求める。代表的な方法として、オイラー・丸山スキームとミルスタイン・スキームがある。それぞれ$1/2$、1 の次数で強収束する。もっと収束次数の高い方法もあるが、計算は簡単ではない。数値解の分布特性に関する弱収束も重要な概念である。弱収束の観点からは計算を簡略化した方法でもかまわない。常微分方程式と同様に、数値解の安定性を考慮する必要がある。ステップ幅を広くとると計算量は少なくなるが、数値的に不安定になりやすい。効率的で安定的な解が得られる方法を使用すべきである。多変数の確率微分方程式では撹乱項の相関が重要な意味をもつ。1変数の場合に比べて計算は煩雑で、安定性の議論も簡単ではない。多変数の方程式にはモンテカルロ法が有効である。第3章ではオプション価格の決定にモンテカルロ法を適用した。基本的な解法にしぼって議論したが、他にも後退オイラー法や確率ホイン法などさまざまな解法が提案されている。問題によってはこれらの方法が必要となる。乱数の発生方法とともに今後検討すべき課題である。

[注]

1) SDEの数値解法について、Kloeden and Platen（1999）が基本的な文献である。Platenの展望論文（1999）は最近のテーマまでカバーしている。成田（2010）の第6章はSDEの理論と数値解法を分かりやすく説明している。Higham（2001）は多くの例と計算プログラムを紹介している。経済学への応用はMalliaris and Brock（1981）が詳しい。
2) 証明は舟木（2005）またはØksendal（1998）を参照せよ。
3) 証明はKloeden and Platen（1999）を参照。

[参考文献]

成田清正（2010）『例題で学べる確率モデル』共立出版。

舟木直久（2005）『確率微分方程式』岩波書店。

Higham, D. J. (2001) "An Algorithmic Introduction to Numerical Simulation of Stochastic Differential Equations", *SIAM Review*, Vol. 43, No. 3, 525-546.

Kloeden P. E. and E. Platen. (1999) *Numerical Solution of Stochastic Differential Equations*, Springer, Berlin.

Malliaris, A, G. and W. A. Brock. (1981) *Stochastic Methods in Economics and Finance*, North-Holland.

Øksendal, B (1998) *Stochastic Differential Equations: An Introduction with Appications* (谷口説男訳（1999）『確率微分方程式——入門から応用まで』シュプリンガー・フェアラーク東京。

Platen, E. (1999) "An Introduction to Numerical Methods for Stochastic Differential Equations", *Acta Numerica*, Vol. 8, 197-246.

第8章　人口分布の数量分析

8.1　都市の人口分布

多数のサンプルから母集団の性質を調べる場合、通常は正規分布を仮定する。中心極限定理によって正規分布の仮定が当てはまるからである。しかし最近注目されているビッグデータはべき分布となる場合が多い。べき分布とは、データの多くはゼロに近い値をとるが、ごく一部は極端に大きな値をとる分布である。個人の資産や所得、都市人口、株価や為替の変動、企業の売上高、地震の発生頻度、英単語の出現頻度、ウェブサイトの閲覧数など多くの現象はべき分布に従うことがわかっている[1]。一例として、図8.1に日本の都市人口の順位と人口をプロットした。横軸には県庁所在地の人口（2003年9月、東京都は新宿区）、縦軸は順位の対数値をとっている。トップの横浜市は $\ln(1)$ で、最下位の山口市は $\ln(47)$ とする。両対数回帰式を当てはめると

$$\ln Rank = 17.191 - 1.094 \ln Size, \ R^2 = 0.958$$
$$\qquad\qquad (38.8) \quad (-32.3)$$

となる（括弧内は t 値）。人口の係数は -1 で統計的に有意である。他の年についても同じような結果が得られる。人口を S で表すと、$P(S > x) = a/x$ となる（a は正の定数）。Krugman（1996）は、全米135の都市について

$$\ln Rank = 10.53 - 1.005 \ln Size, \ R^2 = 0.986$$
$$\qquad\qquad\qquad (-100.5)$$

という結果を得ている。米国でも都市人口の係数は -1 となる。人口の他にもいろいろな現象について同様の関係が見られる。

歴史的には、1896年にイタリアの経済学者パレートは、ヨーロッパ諸国の個人所得に対してパレート分布

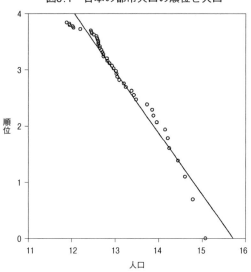

図8.1 日本の都市人口の順位と人口

$$P(S > x) = k/x^\zeta$$

が当てはまることを発見した。$\zeta = 1$である場合、とくにジップの法則（Zipf's law）という。上の推計結果によると、県庁所在地の人口にはジップの法則が当てはまる[2]。人口がべき分布に従う理由について、Champernowne（1953）、Simon（1955）、Mandelbrot（1963）は重要な洞察を与えている。この問題についていまでも活発な議論が続いている。さまざまな現象で見られるべき乗則を一般的に論じても意味がないので、ここでは都市人口にしぼって議論する。

8.2 ランダム成長仮説[3]

ランダム成長仮説は、人口分布に関する最も重要な理論である。都市の総数は一定で、総人口に占める都市iの割合をS_t^iで表す。S_t^iはつぎの乗数過程に従うと仮定する。

$$S_{t+1}^i = \gamma_{t+1}^i S_t^i \tag{8.1}$$

つまり都市の人口は、tから$t+1$期にかけてγ_{t+1}^i倍に増加する。γ_{t+1}^iは密度関数

$f(\gamma)$ をもつ独立した確率変数である。

$$G_t(S) = P(S_t^i > S)$$

とすると

$$G_{t+1}(S) = P(S_{t+1}^i > S) = P(\gamma_{t+1}^i S_t^i > S)$$
$$= P\left(S_t^i > \frac{S}{\gamma_{t+1}^i}\right)$$
$$= \int_0^\infty G_t\left(\frac{S}{\gamma}\right) f(\gamma) d\gamma$$

となる。定常状態の分布を $G(S)$ とすると、

$$G(S) = \int_0^\infty G\left(\frac{S}{\gamma}\right) f(\gamma) d\gamma \tag{8.2}$$

である。$G(S) = k/S^\zeta$ とすれば

$$\int_0^\infty \gamma^\zeta f(\gamma) d\gamma = 1$$

つまり

$$E[\gamma^\zeta] = 1 \tag{8.3}$$

となる。パレート分布の場合、ζ は (8.3) を満たす。ただし、後で述べるように定常分布に収束するためにはモデルを一部変更する必要がある。(8.1) から

$$var(\ln S_t^i) = var(\ln S_0^i) + var(\ln \gamma) t$$

となり、$\ln S_t^i$ の分散は時間とともに大きくなる。したがって定常分布が存在するためには、何らかの摩擦要因を取り入れる必要がある。総人口の成長率を μ、初期の人口を P_0 とすると、t 期の人口は $P_t = P_0 e^{\mu t}$ となる。都市の人口はつぎの幾何ブラウン運動に従うとする。

$$dP_t^i = \mu_i P_t^i dt + \sigma P_t^i dW_t^i$$

べき乗則のスケール不変性により、人口そのものではなく人口シェアで議論する。人口シェアを $S_t^i = P_t^i / P_t$ とおく。

$$dS_t^i = \frac{1}{P_0 e^{\mu t}}(dP_t^i - \mu P_t^i dt)$$

から

$$\frac{dS_t^i}{S_t^i} = \frac{dP_t^i}{P_t^i} - \mu dt$$
$$= \mu_i dt + \sigma dW_t^i - \mu dt$$
$$= (\mu_i - \mu) dt + \sigma dW_t^i$$

となる。$g_i = \mu_i - \mu$ とすると

$$dS(t) = gS(t)dt + \sigma S(t)dW(t) \tag{8.4}$$

と表される（i は省略）。この方程式の解は

$$S(t) = S(0)\exp\left(\left(g - \frac{1}{2}\sigma^2\right)t + \sigma W(t)\right)$$

あるいは

$$\ln S(t) = \ln S(0) + \left(g - \frac{1}{2}\sigma^2\right)t + \sigma W(t)$$

で与えられる。$S(0) = 1$ とすると

$$\ln S(t) \sim N\left(\left(g - \frac{1}{2}\sigma^2\right)t,\ \sigma^2 t\right)$$

となり分散は時間とともに増大する。また $g=0$ であれば人口は 0 に近づく。定常分布が存在するためには、何らかの摩擦要因を考慮しなければならない。最も簡単な方法は、人口に対して下限を設けることである。日本の法律では、市となるためには 5 万人以上の人口が必要である。次に示すように、変数値に下限があればべき乗則が成り立つ。

人口はつぎの反射壁をもつ幾何ブラウン運動に従うとする。

$$\frac{dS(t)}{S(t)} = \begin{cases} gdt + \sigma dW(t) & if \quad S(t) > S_{\min} \\ \max\{gdt + \sigma dW(t), 0\} & if \quad S(t) \leq S_{\min} \end{cases} \tag{8.5}$$

下限に達すると、$S_{\min}$ の人口をもつ別の都市で置きかえられる。推移密度関数 $f(S, t)$ はつぎのコルモゴロフ方程式に従って変化する。

$$\frac{\partial f(S,\,t)}{\partial t} = -\frac{\partial}{\partial S}[gSf(S,\,t)] + \frac{1}{2}\frac{\partial^2}{\partial S^2}[\sigma^2 S^2 f(S,\,t)] \tag{8.6}$$

定常状態では

$$0 = -\frac{d}{dS}[gSf(S)] + \frac{1}{2}\frac{d^2}{dS^2}[\sigma^2 S^2 f(S)] \tag{8.7}$$

が成り立つ。この方程式は

$$f(S) = CS^{-\zeta-1} \tag{8.8}$$

という解をもつ。(8.7) に代入すると

$$\begin{aligned}0 &= -\frac{d}{dS}[gSCS^{-\zeta-1}] + \frac{1}{2}\frac{d^2}{dS^2}[\sigma^2 S^2 CS^{-\zeta-1}] \\ &= CS^{-\zeta-1}\left[g\zeta + \frac{\sigma^2}{2}(\zeta-1)\zeta\right]\end{aligned}$$

これより$\zeta = 0$、または

$$\zeta = 1 - \frac{2g}{\sigma^2} \tag{8.9}$$

となる。積分可能であるためには$\zeta > 1$、つまり$g < 0$でなければならない。このとき人口は減少するが、反射壁でブロックされて0になることはない。図8.2は$g = -1.6$、$\sigma = 1$、$S_{\min} = 5$として計算機でシミュレーションを行った結果を示している。1万のサンプルパスを生成して、$t = 2$における人口を計算した。$\zeta = 4.2$であり、少数のメガ都市が存在する。

(8.8) の係数は$C = \zeta S_{\min}^\zeta$となる。$f(S) = \zeta S_{\min}^\zeta S^{-\zeta-1}$から

$$P(S > x) = \left(\frac{x}{S_{\min}}\right)^{-\zeta} \tag{8.10}$$

となり、$f(S)$はパレート分布に属する。平均人口は

$$\bar{S} = \int_{S_{\min}}^\infty Sf(S) = \int_{S_{\min}}^\infty S\zeta S_{\min}^\zeta S^{-\zeta-1} = \frac{\zeta}{\zeta-1}S_{\min}$$

であり

$$\zeta = \frac{1}{1 - S_{\min}/\bar{S}}$$

となる。$S_{\min} \ll \bar{S}$であれば$\zeta \cong 1$となり、ジップの法則が成り立つ。県庁所在

図8.2 都市人口の分布

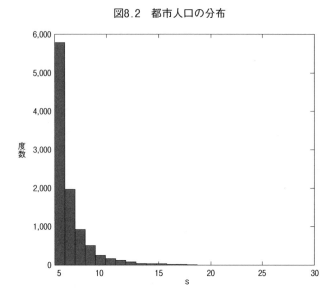

地の場合、$S_{\min} = 5$万人を平均人口で割ると、$S_{\min}/\bar{S} = 0.075$となる。$\zeta = 1.081$ であり、最初に示した回帰係数にほぼ等しい。以上のように、下限のあるランダム成長過程はパレート分布を生み出す。

8.3 都市の死滅と再生

これまで都市の総数は一定としてきたが、隣接都市との合併や新しい都市の誕生によって総数が変化すれば下限を設ける必要はない。どの都市も δ の確率で消滅し、S_* の規模ですぐに再生すると仮定しよう。既存の都市には (8.4) が当てはまる。(8.6) と (8.7) をつぎのように変更する。

$$\frac{\partial f(S, t)}{\partial t} = -\frac{\partial}{\partial S}[gSf(S, t)] + \frac{1}{2}\frac{\partial^2}{\partial S^2}[\sigma^2 S^2 f(S, t)] - \delta f(S, t) \tag{8.11}$$

$$0 = -\frac{d}{dS}[gSf(S)] + \frac{1}{2}\frac{d^2}{dS^2}[\sigma^2 S^2 f(S)] - \delta f(S), \ (S \neq S_*) \tag{8.12}$$

$f(S) = CS^{-\zeta-1}$ とすると

$$0 = \zeta g + \frac{\sigma^2}{2}\zeta(\zeta-1) - \delta$$

が成り立つ。これはζに関する2次方程式であり、正の根ζ_+と負の根ζ_-がある。定常分布は

$$f(S) = \begin{cases} C(S/S_\cdot)^{-\zeta_- -1} & (S < S_\cdot) \\ C(S/S_\cdot)^{-\zeta_+ -1} & (S > S_\cdot) \end{cases} \tag{8.13}$$

と表される。ここで$C = -\zeta_+\zeta_-/(\zeta_+ - \zeta_-)$である。$S > S_\cdot$では$f'(S) < 0$となる。平均人口は

$$\bar{S} = S_\cdot \cdot \frac{\zeta_+ \zeta_-}{(\zeta_+ -1)(1-\zeta_-)}$$

で与えられる。$\zeta_+ \zeta_- = -2\delta/\sigma^2$であり

$$(\zeta_+ -1)\left(1 + \frac{2\delta/\sigma^2}{\zeta_+}\right) = \frac{S_\cdot}{\bar{S}} 2\delta/\sigma^2$$

が成り立つ。$S_\cdot/\bar{S} \to 0$または$\delta \to 0$であれば、$\zeta_+ \to 1$となる。したがって$S_\cdot << \bar{S}$であるか、都市の消滅率が低いとジップの法則が当てはまる。しかし、実際にこれらの条件が成り立つとは考えにくい。

8.4 べき乗則からの逸脱

図8.1を見ると、回帰直線の左端ではデータ点は直線の下にある。したがってジブラの法則は人口の少ない都市には当てはまらない。この法則が成り立たない場合について検討しよう。(8.4)をつぎのように拡張する。

$$dS(t) = g(S)S dt + \sigma(S)S dW(t) \tag{8.14}$$

平均成長率と分散は人口の関数である。コルモゴロフ方程式は

$$\frac{\partial f(S, t)}{\partial t} = -\frac{\partial}{\partial S}[g(S)Sf(S, t)] + \frac{1}{2}\frac{\partial^2}{\partial S^2}[\sigma^2(S)S^2 f(S, t)] \tag{8.15}$$

となる。定常分布は

$$0 = -\frac{d}{dS}[g(S)Sf(S)] + \frac{1}{2}\frac{d^2}{dS^2}[\sigma^2(S)S^2 f(S)] \tag{8.16}$$

の解である。この場合、ジップ指数$\zeta = -Sdf(S)/f(S)dS$は

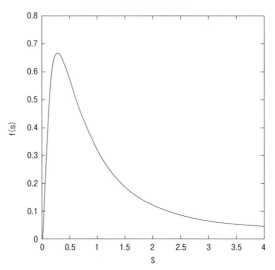

図8.3 ガンマ型分布

$$\zeta = 1 - 2\frac{g(S)}{\sigma^2(S)} + \frac{S}{\sigma^2(S)}\frac{d\sigma^2(S)}{dS}$$

で与えられる。$g(S)$ は平均成長率からの乖離を表す。人口成長率は均一で分散も一定であれば、$\zeta = 1$ となる。人口が多いほど分散が小さいと $\zeta < 1$ となり、べき乗則は成り立たない。例えば

$$g(S) = -\gamma(1-\mu/S)$$
$$\sigma(S) = \sigma S^{\alpha-1}$$

とする。解析解はないので数値計算によって $f(S)$ を求めた。図8.3は $\gamma = 0.2$, $\mu = 0.3$, $\alpha = 0.6$, $\sigma = 0.5$ とした場合の定常分布である。$S \geq \mu$ の領域では $f'(S) < 0$ であり、ガンマ分布に似た形をしている。ジップ指数は1より大きくなる。したがってジブラの法則を仮定しないと、ジップの法則は成り立たない。

$\zeta \cong 1$ となるケースが多いので、人口の成長率と分散に大きな差はないのかもしれない。この点は実際のデータで調べる必要がある。

8.5 ケステン過程

べき分布を生み出すもう一つのケースは、つぎのケステン過程である。

$$S_t = A_t S_{t-1} + B_t \quad t = 1, 2, \cdots\cdots \tag{8.17}$$

ここで A_t と B_t は iid の確率変数とする。B_t は t 期に追加される人口で、A_t は固有の増減を表す。$E(S_t) = \bar{S}$、$E(B_t) = \bar{B}$、$\bar{B} < \bar{S}$ とする。定常状態で両辺の期待値をとると

$$\bar{S} = E(A)\bar{S} + \bar{B}$$

となる。これより

$$E(A) = 1 - \frac{\bar{B}}{\bar{S}} < 1$$

となる。つぎの条件を満たすと、S_t は指数 ζ のべき分布に収束する[4]。
(ⅰ) $E[|A|^\zeta] = 1$ となる $\zeta > 0$ が存在する。
(ⅱ) $E[|A|^\zeta \max(\ln(A), 0)] < \infty$ となる。
(ⅲ) $E[|B|^\zeta] < \infty$ となる。
(ⅳ) $B/(1-A)$ の分布は退化しない。
(ⅴ) $\ln|A|$ の分布は整数に集中しない。

また

$$\lim_{x \to \infty} x^\zeta P(S > x) = \alpha_+$$

$$\lim_{x \to \infty} x^\zeta P(S < -x) = \alpha_-$$

が存在し、α_+ と α_- のすくなくとも一つは正である。

A_t と B_t の分布を特定して、S_t の密度関数を求めてみよう。A_t は対数正規変数で、$\ln(A) \sim N(\mu, \sigma^2)$ とする。B_t は $[0, 1]$ の一様分布に従う。$E[|A|^\zeta] = \exp(\zeta\mu + \zeta^2\sigma^2/2)$ であり、条件 (ⅰ) から

$$\exp(\zeta\mu + \zeta^2\sigma^2/2) = 1$$

つまり

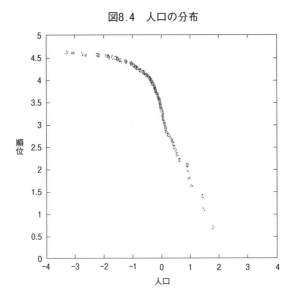

図8.4 人口の分布

$$\zeta\mu + \zeta^2\sigma^2/2 = 0$$

これより

$$\mu = -\zeta\sigma^2/2$$

となる。A_t の期待値は

$$E(A) = 1 - \frac{\bar{B}}{\bar{S}} = \exp(\mu + \sigma^2/2) = \exp[(1-\zeta)\sigma^2/2]$$

これより

$$\ln(1 - \bar{B}/\bar{S}) = (1-\zeta)\sigma^2/2$$

となり

$$\zeta = 1 - 2\ln(1 - \bar{B}/\bar{S})/\sigma^2$$

を得る。$\bar{B}/\bar{S} \to 0$ となると、$\zeta \to 1$、つまりジップの法則が成り立つ。パラメータを $\bar{B} = 1/2$, $\bar{S} = 1$, $\sigma^2 = 2$ とすると、$\zeta = 1 + \ln(2)$, $\mu = -\zeta$, $E(A) = 1/2$ となる。図8.4は計算機シミュレーションの結果を示している。縦軸は順位の自然対

数で、横軸は人口の対数である。一定規模以上の人口については、べき分布がよく当てはまる（$\zeta = 1.7$）。ここでは対数正規分布と一様分布を仮定したが、他の分布でも同様の結果が得られる。実際のデータからパラメータを推計してモデルの精度を調べることもできる。ただしケステン過程はべき分布を生み出すことができるが、経済学的な裏付けはない。

8.6 ジブラの法則

(8.4) は人口成長率の平均値と分散は人口に依存しないというジブラの法則にもとづく。この法則が成り立つ理由を2世代モデルで説明しよう[5]。都市iの住民は消費cから$u(c) = a_{it}c$の効用を得る。a_{it}は大気汚染、交通渋滞、治安、教育などの居住性を表し、互いに独立で同じ分布に従う確率変数とする。人口はほかの都市からの流出入によって変化する。住民は2期間生存し、若年世代と老年世代が共存する。老年者の死亡率をδとする。賃金をw_{it}とすると、$a_{it}w_{it}$が最大となる都市を選んで居住する。均衡状態ではすべての都市について

$$a_{it}w_{it} = u_t$$

が成り立つ。N_i^yの若年者は、N_i^oの老年者が住んでいる都市を選択する。1次同次の生産関数、$F(N_i^o, N_i^y) = N_i^o f(N_i^y/N_i^o)$を仮定する。若年者の賃金は$w_i^y = f'(N_i^y/N_i^o)$である。上の式に代入すると、$N_i^y = N_i^o f'^{-1}(u_t/a_{it})$となる。人口の増分は

$$\Delta N_{it} = N_{it}^y - \delta N_i^o = N_i^o [f'^{-1}(u_t/a_{it}) - \delta]$$

であり増加率は

$$\gamma_{it} = \Delta N_{it}/N_{it} = f'^{-1}(u_t/a_{it}) - \delta$$

となる。したがって増加率は人口規模に依存しない。

多くの国はいくつかの地域から構成されている。各地域で (8.10) が成り立つと、国全体でもパレート法則が当てはまる。Rの地域があり、地域rにおいて

$$P_r(S > x) = \left(\frac{x}{S_{\min}^r}\right)^{-\zeta} = a_r x^{-\zeta}$$

が成り立つとする。各都市が r に属する確率を λ_r とする。国全体では

$$P(S>x) = \sum_{r=1}^{R} \lambda_r P_r(S>x) = \sum_{r=1}^{R} \lambda_r a_r x^{-\zeta}$$
$$= \left(\sum_{r=1}^{R} \lambda_r a_r\right) x^{-\zeta} = a x^{-\zeta} \tag{8.18}$$

となる。例えば米国の各州でパレート法則が成り立つと、全米でも同じ法則が当てはまる。

都市の増加で人口分布はどのように変化するだろうか。都市の増加率 ν が既存都市の人口成長率 g を下回ると、$\zeta=1$ となる定常分布が存在する。$\nu>g$ であれば $\zeta>1$ となる。$\nu>g$ となるケースを想定しよう。人口の分布関数は

$$\frac{\partial p(S,t)}{\partial t} = -\frac{\partial}{\partial}[gSp(S,t)] + \frac{1}{2}\frac{\partial^2}{\partial S^2}[\sigma^2 S^2 p(S,t)] - \nu p(S,t) \tag{8.19}$$

を満たし、定常状態では

$$0 = -\frac{d}{dS}[gSp(S)] + \frac{1}{2}\frac{d^2}{dS^2}[\sigma^2 S^2 p(S)] - \nu p(S) \tag{8.20}$$

が成り立つ。$p(S)=CS^{-\zeta-1}$ とすると、ζ は

$$m(\zeta) = \zeta^2 - (1-2g/\sigma^2)\zeta - 2\nu/\sigma^2 = 0$$

の正根となる。$m(0)<0$, $m(1)<0$ から $\zeta>1$ となることが分かる。ただし、$\nu>g$ という仮定は現実的ではない。戦後の日本では合併によって都市の総数は減少しており、$\zeta=1$ となる可能性が高い。

8.7 結語

ジップの法則は英単語の出現頻度、都市の人口、高額所得者の収入、地震の規模などさまざまな現象に当てはまる、かなり一般的な法則である。それぞれ理由は異なるが、人口や所得分布については Champernowne と Simon のランダム成長仮説が重要である。ただし、定常分布となるには法定最少人口のような摩擦要因が必要である。ほかにもいろいろな要因が考えられるが、基本的なメカニズムはまだ解明されていない。実証研究の面でも課題がある。データは比較的大きな都市に限られ、小さな都市の人口はカバーしていない。町村レベルでもべき乗則

が成り立つのか興味がある。少子高齢化社会を迎えようとしているわが国では、人口分布のメカニズムを解明することは地域政策を考えるうえできわめて重要である。

[注]

1) べき分布に関して多くの論文が発表されている。企業規模：Axtell（2001），Luttmer（2007），Fujiwara（2004），Okuyama et al. (1999)、ネットワーク：Jackson（2009）、単語の出現頻度：Zipf（1949）、CEO の報酬：Roberts（1956），Baker et al（1988），Barro and Barro（1990），Cosh（1975），Frydman and Saks（2007），Rosen（1992）などがある。Mitzenmacher（2004），Gabaix（2016）はべき分布の研究を展望している。
2) 順位の対数を人口の対数に回帰させるのはつぎの理由による。人口はべき乗則に従い、逆累積分布関数を $kS^{-\zeta}$ とする。この分布から $(n-1)$ の都市を抽出し、$S_{(1)} \geq \cdots\cdots \geq S_{(n-1)}$ と降順に並べる。$i/n = E[kS_{(i)}^{-\zeta}]$ から、ランクサイズルール

$$Rank \cong nkSize^{-\zeta}$$

が成り立つ。
3) 以下の議論は主に Gabaix（1999），（2009），（2016）に基づく。
4) Kesten（1973）の定理 5 による。
5) Gabaix（1999）を参照した。

[参考文献]

Axtell, R. (2001) "Zipf Distribution of U. S. Firm Sizes", *Science*, Vol. 293, 1818-1820.
Baker G, Jensen M, Murphy K. (1988) "Compensation and Incentives: Practice vs. Theory", *Journal of Finance*, Vol. 43, 593-616.
Barro J, and R. J. Barro (1990) "Pay, Performance, and Turnover of Bank CEOs", *Journal of Labor Economics*, Vol. 8, 448-481.
Champernowne, D. (1953) "A Model of Income Distribution", *Economic Journal*, Vol. 63, 318-351.
Cosh, A. (1975) "The Remuneration of Chief Executives in the United Kingdom", *Economic Journal*, Vol. 85, 75-94.
Frydman C, and R. Saks (2007) "Historical Trends in Executive Compensation, 1936-2003", Working Paper, Harvard Univ.
Fujiwara, Y. (2004) "Zipf Law in Firms Bankruptcy", *Physica. A: Statistical Mechanics and its Applications*, Vol. 337, 219-230.
Gabaix, X. (1999) "Zipf's Law for Cities:An Explanation", *Quarterly Journal of Economics*, Vol. 114, 739-767.

――――, (2009) "Power Laws in Economics and Finance", *Annual Review of Economics*, Vol. 1, 255-294.

――――, (2016) "Power Laws in Economics:An Introduction", *Journal of Economic Perspectives*, Vol. 30, 185-206.

Jackson,M. (2009) "Networks and Economic Behavior", *Annual Review of Economics*, Vol. 1, 489-513.

Kesten, H. (1973) "Random Difference Equations and Renewal Theory for Products of Random Matrices", *Acta Mathematica*, Vol. 131, 207-248.

Krugman, P. (1996) "Confronting the Mystery of Urban Hierarchy", *Journal of the Japanese and International Economies*, Vol. 10, 399-418.

Luttmer, Erzo, G. J. (2007) "Selection, Growth, and the Size Distribution of Firms", *Quarterly Journal of Economics*, Vol. 122, 1103-1144.

Mandelbrot, B. (1963) "The Variation of Certain Speculative Prices", *Journal of Business*, Vol. 36, 394-419.

Mitzenmacher, M. (2004) "A Brief History of Generative Models for Power Law and Lognormal Distribution", *Internet mathematics*, Vol. 1, 226-251.

Okuyama K, Takayasu M, Takayasu H. (1999) "Zipf's Law in Income Distribution of Companies", *Physica. A: Statistical Mechanics and its Applications*, Vol. 269, 125-131.

Roberts, D. R. (1956) "A General Theory of Executive Compensation Based on Statistically Tested Propositions", *Quarterly Journal of Economics*, Vol. 70, 270-294.

Rosen, S. (1992) "Contracts and the Market for Executives", In *Contract Economics*, eds. L Werin, H Wijkander, Cambridge, MA: Oxford, Blackwell.

Simon, H. (1955) "On a Class of Skew Distribution Functions", *Biometrika*. Vol. 42, 425-440.

Zipf, G. K. (1949) *Human Behavior and the Principle of Least Effort*, Addison-Wesley.

第9章　最適成長モデルの数値解析

　現代のマクロ経済学で最も影響力があるのは動学的一般均衡理論である。細部に違いはあるものの、大半のモデルはこの理論に基づいている。動学的一般均衡モデルは複雑な構造をもち、その解を厳密に求めることは難しい。例外的な場合を除いて、数値的な方法で近似解を求めるのが最善の方法である。最適成長モデルは戦後のマクロ経済学の発展をもたらした重要なモデルであり、いまも盛んに研究されている。理論的な研究では実際に解を求める必要はないが、政策問題を議論するときには具体的な解が必要となる。これまで最適成長モデルについてさまざまな解法が開発されている。離散時間の場合には、反復解法やプロジェクション法、PEA 法などが使われる。簡単な連続時間のモデルには摂動法が有効である[1]。連続時間モデルで用いる微分方程式の数値解法として差分法が使われる。差分法は計算が簡単で、ベルマン方程式にも適用される。この章では、ラムゼイモデルのベルマン方程式に差分法を適用する方法について検討する。

9.1　差分スキームの収束条件

最初に、つぎの放物型偏微分方程式について考えよう。

$$u_t + F(t, x, u, Du, D^2 u) = 0 \quad on \quad (0, T] \times R^N \tag{9.1}$$

$$u(0, x) = u_0(x) \quad on \quad R^N \tag{9.2}$$

ここで

$$F(t, x, u, p, A) \leq F(t, x, u, p, B), \quad if \quad A \geq B$$

と仮定する。差分法は上の方程式を次式で近似する方法である。

$$S(h, t, x, u_h(t, x), [u_h]_{t,x}) = 0 \tag{9.3}$$

$$u_h(0, x) = u_{h,0}(x) \tag{9.4}$$

ここで h は t, x の分点の間隔を表す。u_h は点 (t, x) における u の値で、$[u_h]_{t,x}$ は (t, x) 以外の点における値である。(9.2) の初期条件を満たしながら、(9.3) の反復計算によって (9.1) の解を求める。もちろん反復計算は無条件に収束するわけではない。この点に関して、Barles = Souganidis（1991）の定理が重要である。定理が成り立つにはつぎの三つの条件が必要である。

（単調性）

二つの関数 u, v について、$u \leq v$ であれば

$$S(h, t, x, r, u) \geq S(h, t, x, r, v)$$

が成り立つ。

（一致性）

滑らかな関数 $\varPhi(\cdot, \cdot)$ に対して、

$$S(h, t, x, \varPhi(t, x), [\varPhi(t, x)]_{t,x}) \underset{h \to 0}{\to} \varPhi_t + F(t, x, \varPhi(t, x), D\varPhi, D^2\varPhi)$$

が成り立つ。

（安定性）

任意の $h > 0$ に対して近似解は一様有界である。

［Barles = Souganidis の定理］

(9.3) と (9.4) が以上の条件を満たすと、近似解は真の解へ局所一様収束する。

動的計画法の HJB 方程式の場合、単調性の条件を満たすことは簡単ではない。これに関連して、第3節で説明する前方差分と後方差分の区別は重要である。ほかの二つの条件を満たすことはそれほど難しくない。これらの条件を満たし、しかもプログラミングが簡単な方法を用いるべきである。

9.2 熱伝導方程式

つぎの熱伝導方程式に差分法を適用しよう。

$$u_t - u_{xx} = 0 \quad on \ (0, T] \times R \tag{9.5}$$

$$u(0,\ x) = u_0(x) \tag{9.6}$$

u_t を前方差分で近似し、u_{xx} を中央差分で近似すると、(9.5) は

$$\frac{u_i^{n+1} - u_i^n}{\Delta t} = \frac{u_{i-1}^n - 2u_i^n + u_{i+1}^n}{(\Delta x)^2}$$

と表される。これより

$$u_i^{n+1} = u_i^n + \Delta t \left[\frac{u_{i-1}^n - 2u_i^n + u_{i+1}^n}{(\Delta x)^2} \right] \tag{9.7}$$

となる。この式から $n+1$ 回目の近似値を計算する方法を陽解法という。(9.3) において

$$S(\Delta t,\ \Delta x,\ (n+1)\Delta t,\ i\Delta x,\ u_i^{n+1},\ [u_{i-1}^n,\ u_i^n,\ u_{i+1}^n]) =$$
$$\frac{u_i^{n+1} - u_i^n}{\Delta t} - \frac{u_{i-1}^n - 2u_i^n + u_{i+1}^n}{(\Delta x)^2} \tag{9.8}$$

である。

　数値計算では誤差が発生する。分点 $(n\Delta t,\ (i+1)\Delta x)$ における関数値を u_{i+1}^n と表し、$u(t, x)$ をテイラー展開すると

$$u_{i+1}^n = u_i^n + u_x(n\Delta t,\ x_i)\Delta x + \frac{1}{2}u_{xx}(n\Delta t,\ x_i)(\Delta x)^2 + \frac{1}{6}u_{xxx}(\Delta x)^3$$
$$+ \frac{1}{24}u_{xxxx}(\Delta x)^4 + (\Delta x)^4 \varepsilon(\Delta x)$$

$$u_{i-1}^n = u_i^n - u_x(n\Delta t,\ x_i)\Delta x + \frac{1}{2}u_{xx}(n\Delta t,\ x_i)(\Delta x)^2 - \frac{1}{6}u_{xxx}(\Delta x)^3$$
$$+ \frac{1}{24}u_{xxxx}(\Delta x)^4 + (\Delta x)^4 \varepsilon(\Delta x)$$

となる。辺々加えて整理すると

$$\frac{u_{i-1}^n - 2u_i^n + u_{i+1}^n}{(\Delta x)^2} = u_{xx} + \frac{1}{12}u_{xxxx}(\Delta x)^2 + O(\Delta x^2)$$

を得る。これより u_{xx} の打切り誤差は 2 次のオーダーとなる。同様に、

$$u_i^{n+1} = u_i^n + u_t(n\Delta t,\ x_i)\Delta t + \frac{1}{2}u_{tt}(n\Delta t,\ x_i)(\Delta t)^2 + (\Delta t)^2 \varepsilon(\Delta t)$$

から

$$\frac{u_i^{n+1}-u_i^n}{\Delta t} = u_t(n\Delta t, x_i) + \frac{1}{2}u_{tt}\Delta t + \Delta t \varepsilon(\Delta t)$$

となり、u_t の打切り誤差は1次のオーダーとなる。

関数 S が u_{i-1}^n, u_i^n, u_{i+1}^n に関して減少関数であれば、(9.8) のスキームは単調性の条件を満たす。明らかに S は u_{i-1}^n と u_{i+1}^n に関して減少関数である。つぎの CFL 条件を満たすと、u_i^n に関しても減少関数となる。

$$\Delta t \leq \frac{1}{2}(\Delta x)^2$$

時間間隔を格子間隔の2乗に比例して小さくすると、この条件は満たされる。CFL 条件に違反すると、積分を繰り返すうちに誤差は累積する。

陽解法の計算は簡単であるが、時間間隔を自由に選べない。つぎに説明する陰解法にはこうした制約はなく、時間間隔を大きくとっても数値的に安定した解が得られる。ただし単位時間増分当たりの計算量は増える。(9.5) の u_{xx} を $n+1$ 回目の中央差分で置き換えると

$$\frac{u_i^{n+1}-u_i^n}{\Delta t} = \frac{u_{i-1}^{n+1}-2u_i^{n+1}+u_{i+1}^{n+1}}{(\Delta x)^2}$$

となる。整理すると

$$u_i^n = (1+2r)u_i^{n+1} - r(u_{i-1}^{n+1}+u_{i+1}^{n+1}), \ r=\Delta t/(\Delta x)^2 \qquad (9.9)$$

陰解法は無条件に安定的であり、打切り誤差のオーダーは陽解法と変わらない。(9.3) において

$$S(\Delta t, \Delta x, (n+1)\Delta t, u_i^{n+1}, [u_{i-1}^{n+1}, u_i^n, u_{i+1}^{n+1}]) =$$
$$\frac{u_i^{n+1}-u_i^n}{\Delta t} - \frac{u_{i-1}^{n+1}-2u_i^{n+1}+u_{i+1}^{n+1}}{(\Delta x)^2} \qquad (9.10)$$

である。S は u_{i-1}^{n+1}, u_i^n, u_{i+1}^{n+1} に関して減少関数であり、単調性の条件を満たしている。このため熱伝導方程式には陰解法が使われる。

9.3 最適成長モデル

経済学への応用例として、つぎの最適成長モデルについて考える。

$$\max_{c} \int_0^\infty e^{-\rho t} u(c) dt$$

s.t. $\quad \dot{k} = f(k) - \delta k - c \quad$ (9.11)

$k(0) = k_0$

ここでcは消費を表し、kは資本ストックである。動的計画法を適用すると、ベルマン方程式は

$$\rho V(k) = \max_{c} \{u(c) + V'(k)(f(k) - \delta k - c)\} \quad (9.12)$$

と表される。消費が決まると、貯蓄は$s = f(k) - \delta k - c$で与えられる。消費は$c = (u')^{-1}(V'(k))$となる。定常状態の資本と消費は

$$f'(k^*) = \rho + \delta$$
$$c^* = f(k^*) - \delta k^*$$

から求める。数値計算を行うために、つぎの効用関数と生産関数を仮定する。

$$u(c) = \frac{c^{1+\gamma}}{1+\gamma} \qquad (\gamma < 0)$$
$$f(k) = Ak^\alpha \qquad (A > 0,\ 0 < \alpha < 1)$$

定常状態において

$$k^* = \left[\frac{\alpha A}{\rho + \delta}\right]^{\frac{1}{1-\alpha}}$$
$$c^* = A(k^*)^\alpha - \delta k^*$$
$$V(k^*) = \frac{(c^*)^{1+\gamma}}{\rho(1+\gamma)}$$

となる。以下に示す特殊なケースを除いて、(9.12) のベルマン方程式は解析解をもたない。このため差分法で近似解を求める。資本ストックをk_i, $i = 1, \ldots, N$で近似する。分点の間隔を$\Delta k = (k_{\max} - k_{\min})/N$とする。熱伝導方程式と同様に、陽解法と陰解法の二つの方法がある。

9.3.1 陽解法

$V(k_i)$の初期値をベクトル$V^0 = (V_1^0, V_2^0, \ldots, V_N^0)$で表し、収束条件を満たすまでつぎの計算を繰り返す[2]。

$$\frac{V_i^{n+1} - V_i^n}{\varDelta} + \rho V_i^n = u(c_i^n) + (V_i^n)'(f(k_i) - \delta k_i - c_i^n) \tag{9.13}$$

$$c_i^n = (u')^{-1}(V_i^n)' \tag{9.14}$$

$V'(k_i)$は風上差分で近似する。風上差分はつぎの前方差分と後方差分を使い分ける。

$$\text{前方差分}: (V_{i,F}^n)' = \frac{V_{i+1}^n - V_i^n}{\varDelta k}$$

$$\text{後方差分}: (V_{i,B}^n)' = \frac{V_i^n - V_{i-1}^n}{\varDelta k} \tag{9.15}$$

前方差分は資本の増加する方向に差分をとるのに対して、後方差分は資本の減少する方向に差分をとる。貯蓄の符号に基づいて使い分ける。

$$s_F^n = f(k_i) - \delta k_i - c_{i,F}^n, \ c_{i,F}^n = (u')^{-1}(V_{i,F}^n)'$$
$$s_B^n = f(k_i) - \delta k_i - c_{i,B}^n, \ c_{i,B}^n = (u')^{-1}(V_{i,B}^n)'$$
$$(V_i^n)' = \begin{cases} (V_{i,F}^n)' : s_F > 0 \\ (V_{i,B}^n)' : s_B < 0 \\ u'(f(k_i) - \delta k_i) : s_F \leq 0 \leq s_B \end{cases}$$

つまり貯蓄が正であれば資本は増加するので前方差分を使い、負であれば資本は減少するので後方差分を使う。$V(k)$は凹関数であり、$(V_{i,F}^n)' < (V_{i,B}^n)'$、$s_F < s_B$となる。$s_F \leq 0 \leq s_B$となる場合は、貯蓄はゼロとして$(V_i^n)' = u'(f(k_i) - \delta k_i)$とする。

$\varDelta$と$\varDelta k$がCFL条件を満たすと、V_i^nは$V(k_i)$に収束する。風上差分を適用して、$s > 0$の点では

$$\frac{V_i^{n+1} - V_i^n}{\varDelta} + \rho V_i^n = u(c_{i,F}^n) + \frac{V_{i+1}^n - V_i^n}{\varDelta k}(f(k_i) - \delta k_i - c_{i,F}^n)$$
$$c_{i,F}^n = (u')^{-1}(V_{i,F}^n)'$$

とする。つぎのアルゴリズムを実行する。

[ステップ1] Vとcの初期値を

$$V_i^0 = \frac{(A(k_i)^\alpha - \delta k_i)^{1+\gamma}}{\rho(1+\gamma)}$$

$$c_i^0 = A(k_i)^\alpha - \delta k_i$$

とする。

[ステップ2] (9.13)からV_i^1を求める。

[ステップ3] V_0とV_1の距離、$d = \max_{1 \leq i \leq N} |V_1^i - V_0^i|$を計算する。$d \leq \varepsilon$であれば$V_1$を解として終了し、そうでなければ新たに$V_i$と$c_i$を計算する。

Δを十分小さくとると、先に示した三つの条件は満たされる。陽解法の計算は簡単であるが、収束するまでに時間がかかる。このため実際には陰解法を使う。

9.3.2 陰解法

陰解法はつぎの漸化式を用いる。

$$\frac{V_i^{n+1} - V_i^n}{\Delta} + \rho V_i^{n+1} = u(c_i^n) + (V_i^{n+1})'(f(k_i) - \delta k_i - c_i^n) \tag{9.16}$$

$$c_i^n = (u')^{-1}(V_i^n)' \tag{9.17}$$

V_i^nをV_i^{n+1}で置きかえた点が陽解法と異なる。V_i^{n+1}を(9.16)から求めることはできない。このため、V_i^{n+1}を未知数とする連立1次方程式を解く。(9.16)に風上差分を適用すると

$$\frac{V_i^{n+1} - V_i^n}{\Delta} + \rho V_i^{n+1} = u(c_i^n) + (V_{i,F}^{n+1})'(f(k_i) - \delta k_i - c_{i,F}^n)^+$$
$$+ (V_{i,B}^{n+1})'(f(k_i) - \delta k_i - c_{i,B}^n)^- \tag{9.18}$$

$$c_i^n = (u')^{-1}(V_{i,F}^n)' \text{ or } (u')^{-1}(V_{i,B}^n)' \tag{9.19}$$

となる。ここで

$$(f(k_i) - \delta k_i - c_{i,F}^n)^+ = \max\{f(k_i) - \delta k_i - c_{i,F}^n, 0\}$$

$$(f(k_i)-\delta k_i-c_{i,B}^n)^- = \min\{f(k_i)-\delta k_i-c_{i,B}^n, 0\}$$

である。(9.15) を代入すると

$$\frac{V_i^{n+1}-V_i^n}{\Delta}+\rho V_i^{n+1}=u(c_i^n)+\frac{V_{i+1}^{n+1}-V_i^{n+1}}{\Delta k}(s_{i,F}^n)^+$$
$$+\frac{V_i^{n+1}-V_{i-1}^{n+1}}{\Delta k}(s_{i,B}^n)^-$$

となる。共通項を集めて整理すると

$$\frac{V_i^{n+1}-V_i^n}{\Delta}+\rho V_i^{n+1}=u(c_i^n)+x_i V_{i-1}^{n+1}+y_i V_i^{n+1}+z_i V_{i+1}^{n+1} \qquad (9.20)$$

$$x_i = -\frac{(s_{i,B}^n)^-}{\Delta k}$$

$$y_i = -\frac{(s_{i,F}^n)^+}{\Delta k}+\frac{(s_{i,B}^n)^-}{\Delta k}$$

$$z_i = \frac{(s_{i,F}^n)^+}{\Delta k}$$

を得る。(9.20) は行列とベクトルを用いて

$$\frac{1}{\Delta}(V^{n+1}-V^n)+\rho V^{n+1}=U^n+P^n V^{n+1} \qquad (9.21)$$

と表される。ここで P^n は $N\times N$ の三重対角行列である。

$$P^n = \begin{bmatrix} y_1 & z_1 & & & & \\ x_2 & y_2 & z_2 & & \text{\huge 0} & \\ & \ddots & \ddots & & & \\ & & \ddots & \ddots & \ddots & \\ & \text{\huge 0} & & \ddots & \ddots & z_{N-1} \\ & & & & x_N & y_N \end{bmatrix}$$

(9.21) から

$$S^n V^{n+1} = Q^n \qquad (9.22)$$

$$S^n = \left(\frac{1}{\Delta}+\rho\right)I - P^n$$

$$Q^n = U^n + \frac{1}{\Delta}V^n$$

となる。ただし $V^n = [V_1^n, V_2^n, \ldots, V_N^n]$、$U^n = [u(c_1^n), u(c_2^n), \ldots, u(c_N^n)]$ である。S^n の逆行列を用いて V^{n+1} は

$$V^{n+1} = (S^n)^{-1} Q^n \tag{9.23}$$

で与えられる。近似精度を上げるために分点を増やすと計算量は急激に増加する。しかし S^n はスパース行列であり、V^{n+1} を効率的に計算する方法がある。つぎのアルゴリズムを実行すると数回反復しただけで解が得られる。

［ステップ1］（9.16）から V_i^n を計算する。
［ステップ2］（9.19）から c_i^n を計算する。
［ステップ3］（9.23）から V^{n+1} を求める。
［ステップ4］$\|V^{n+1} - V^n\| \leq \varepsilon$ であれば停止する。そうでなければステップ1へ戻る。

　任意の Δ に対して、Barles＝Souganidis の3条件が成り立つ。実際に計算してみよう。資本ストックを $0.004 \leq k \leq 8.38$ の区間にとり、モデルのパラメータを $\alpha = 0.3$、$\rho = 0.05$、$\gamma = -3$、$\delta = 0.06$、$A = 1$ とする。定常状態の資本と消費は $k^* = 4.19$、$c^* = 1.29$ となる。$\Delta = 1{,}000$、$\varepsilon = 10^{-6}$ として上のアルゴリズムを実行すると、11回反復して収束する。比較のために陽解法を適用すると、1640回反復する必要がある。図9.1は消費の policy function を示している。消費は資本の単調増加な凹関数となる。資本が k^* より小さいと貯蓄は正で、大きいと負となる。したがってどのような初期値からはじめても、資本は時間とともに定常値に収束する。パラメータが $\alpha = -\gamma$、$\delta = 0$ であれば、解析解があり value function と消費の決定式は

$$V = \left(\frac{\alpha}{\rho}\right)^\alpha \left(\frac{A}{\rho} + \frac{1}{1-\alpha} k^{1-\alpha}\right)$$

$$c = \frac{\rho}{\alpha} k$$

と表される。消費の決定式は原点を通る直線で表される。この場合は解析解と比較して誤差を計算することができる。図9.2は、$\alpha = 0.5$、$\rho = 0.05$ のケースについて value function の相対誤差をプロットしている。定常点における相対誤差率は $7.83 \times 10^{-7}\%$ であり、平均すると 0.003％ の誤差が生じる。全体的に近似精度は高く、差分法により正確な解が得られる。パメータの値を変えても近似精度に

図9.1 消費のpolicy function

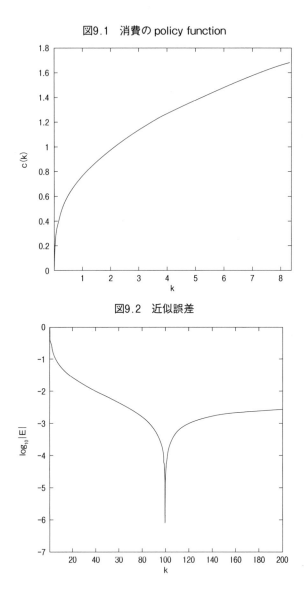

図9.2 近似誤差

関する結果は変わらない。

9.4 確率的最適成長モデル

つぎに全要素生産性が確率的に変化する場合について検討しよう。全要素生産性はさまざまな理由で変化する。例えば原油価格の高騰や自然災害により生産性は低下する。前節のモデルをつぎのように変更する。

$$\max_{c} E_0 \int_0^\infty e^{-\rho t} u(c) dt$$
$$s.t. \ dk = (zf(k) - \delta k - c) dt \qquad (9.24)$$
$$k(0) = k_0$$

ここで z は全要素生産性を表す。動的計画法を適用すると、ベルマン方程式は

$$\rho V(k, z) = \max_{c} \left\{ u(c) + \frac{1}{dt} E[dV(k, z)] \right\} \qquad (9.25)$$

と表される。ここで $\log(z)$ は $O-U$ 過程

$$d\log(z) = -\mu \log(z) dt + \sigma dW \qquad (\mu > 0, \ \sigma > 0) \qquad (9.26)$$

に従う。定常状態では

$$\log(z) \sim N(0, Var), \ Var = \frac{\sigma^2}{2\mu}$$

となる。全要素生産性と資本ストックの平均値は

$$zmean = \exp(Var/2)$$
$$k^s = \left(\frac{\alpha zmean}{\rho + \delta} \right)^{\frac{1}{1-\alpha}}$$

である。$V(k, z)$ に伊藤の公式を適用すると

$$dV(k, z) = \left(\frac{\partial V}{\partial k}(zf(k) - \delta k - c) - \frac{\partial V}{\partial z}(\mu z \log(z)) + \frac{1}{2} \frac{\partial^2 V}{\partial z^2} \sigma^2 z^2 \right) dt$$
$$+ \frac{\partial V}{\partial z} \sigma z dW$$

となる。両辺の期待値をとって (9.25) に代入すると

$$\rho V(k, z) = \max_{c} \left\{ u(c) + \frac{\partial V}{\partial k}(zf(k) - \delta k - c) - \frac{\partial V}{\partial z}(\mu z \log(z)) \right.$$
$$\left. + \frac{1}{2} \frac{\partial^2 V}{\partial z^2 z} \sigma^2 z^2 \right\} \tag{9.27}$$

を得る。消費と貯蓄は

$$c = (u')^{-1}(V_k(k, z))$$
$$s = zf(k) - \delta k - c(k, z)$$

で与えられる。

差分法を適用するために、区間 $[z_{\min}, z_{\max}]$ を M 個の小区間に分割する。分点の幅は $\Delta z = (z_{\max} - z_{\min})/M$ である。この場合も陽解法と陰解法の二つの方法があるが、計算速度が格段に速い陰解法を使用した。$V(k_i, z_j)$ の近似値を $V_{i,j}$ と表す。V_k については、貯蓄の符号に基づいて前方差分と後方差分を使い分けた。V_{zz} は次式で近似する。

$$\partial_{zz} V_{i,j} = \frac{V_{i,j+1} - 2V_{i,j} + V_{i,j-1}}{(\Delta z)^2} \tag{9.28}$$

数値計算では $V^0 = [V_{i,j}^0]$, $i = 1, \ldots, N$, $j = 1, \ldots, M$ から始めて、つぎの漸化式を収束するまで繰り返し計算する。

$$\frac{V_{i,j}^{n+1} - V_{i,j}^n}{\Delta} + \rho V_{i,j}^{n+1} = u(c_{i,j}^n) + \frac{V_{i+1,j}^{n+1} - V_{i,j}^{n+1}}{\Delta k}(s_{i,jF}^n)^+$$
$$+ \frac{V_{i,j}^{n+1} - V_{i-1,j}^{n+1}}{\Delta k}(s_{i,jB}^n)^- + \frac{V_{i,j+1}^{n+1} - V_{i,j}^{n+1}}{\Delta z} \eta_j$$
$$+ \left(\frac{\sigma^2 z_j^2}{2}\right) \frac{V_{i,j+1}^{n+1} - 2V_{i,j}^{n+1} + V_{i,j-1}^{n+1}}{(\Delta z)^2} \tag{9.29}$$

ここで

$$s_{i,jF}^n = z_j f(k_i) - \delta k_i - c_{i,jF}^n, \quad c_{i,jF}^n = (u')^{-1}(V_{i,jF}^n)'$$
$$s_{i,jB}^n = z_j f(k_i) - \delta k_i - c_{i,jB}^n, \quad c_{i,jB}^n = (u')^{-1}(V_{i,jB}^n)'$$
$$\eta_j = -\mu z_j \log(z_j)$$

である。右辺の共通項を集めると、

$$\frac{V_{i,j}^{n+1}-V_{i,j}^n}{\Delta}+\rho V_{i,j}^{n+1}=u(c_{i,j}^n)+\phi_{i,j}V_{i-1,j}^{n+1}+(\varphi_{i,j}+\theta_j)V_{i,j}^{n+1}+\omega_{i,j}V_{i+1,j}^{n+1}$$
$$+\psi_j V_{i,j-1}^{n+1}+\zeta_j V_{i,j+1}^{n+1} \tag{9.30}$$

となる。係数は

$$\phi_{i,j}=-\frac{(s_{i,jB}^n)^-}{\Delta k}$$

$$\varphi_{i,j}=-\frac{(s_{i,jF}^n)^+}{\Delta k}+\frac{(s_{i,jB}^n)^-}{\Delta k}$$

$$\omega_{i,j}=\frac{(s_{i,jF}^n)^+}{\Delta k}$$

$$\theta_j=-\frac{\eta_j}{\Delta z}-\frac{\sigma^2 z_j^2}{(\Delta z)^2}$$

$$\psi_j=\frac{\sigma^2 z_j^2}{2(\Delta z)^2}$$

$$\zeta_j=\frac{\eta_j}{\Delta z}+\frac{\sigma^2 z_j^2}{2(\Delta z)^2}$$

である。(9.30) は行列とベクトルを用いて

$$\frac{1}{\Delta}(V^{n+1}-V^n)+\rho V^{n+1}=U^n+P^n V^{n+1} \tag{9.31}$$

と表される。変形すると

$$S^n V^{n+1}=Q^n \tag{9.32}$$

$$S^n=\left(\frac{1}{\Delta}+\rho\right)I-P^n$$

$$Q^n=U^n+\frac{1}{\Delta}V^n$$

ここで $V^n=[V_{1,1}^n,\cdots\cdots,V_{N,1}^n,V_{1,2}^n,\cdots\cdots,V_{N,2}^n,\cdots\cdots,V_{1,M}^n,\cdots\cdots,V_{N,M}^n]$, $U^n=[u(c_{1,1}^n),\cdots\cdots,u(c_{N,1}^n),u(c_{1,2}^n),\cdots\cdots,u(c_{N,2}^n),\cdots\cdots,u(c_{1,M}^n),\cdots\cdots,u(c_{N,M}^n)]$ である。P^n は $P^n=W+R$ と表される。ただし

$$W = \begin{bmatrix} \varphi_{1,1} & \omega_{1,1} & & & & & & & & & \\ \phi_{2,1} & \varphi_{2,1} & \omega_{2,1} & & & & & & & & \\ & \ddots & \ddots & \ddots & & & & & 0 & & \\ & & \phi_{N,1} & \varphi_{N,1} & 0 & & & & & & \\ & & & 0 & \varphi_{1,2} & \omega_{1,2} & & & & & \\ & & & & \phi_{2,2} & \varphi_{2,2} & \omega_{2,2} & & & & \\ & & & & & \ddots & \ddots & \ddots & & & \\ & & & & & & \phi_{N,2} & \varphi_{N,2} & 0 & & \\ & & & & & & & \ddots & \ddots & \ddots & \\ & & & & & & & & 0 & \varphi_{1,M} & \omega_{1,M} \\ & & & 0 & & & & & & \phi_{2,M} & \varphi_{2,M} & \omega_{2,M} \\ & & & & & & & & & & \ddots & \ddots & \ddots \\ & & & & & & & & & & & \phi_{N,M} & \varphi_{N,M} \end{bmatrix}$$

$$R = \begin{bmatrix} \theta_1 & \cdots & \cdots & 0 & \zeta_1 & & & & & & & & & \\ 0 & \theta_1 & 0 & \ddots & \ddots & 0 & \zeta_1 & & & & 0 & & & \\ \vdots & \ddots & \ddots & \ddots & \ddots & \ddots & \ddots & & & & & & & \\ 0 & \ddots & 0 & \theta_1 & 0 & \ddots & \ddots & 0 & \zeta_1 & & & & & \\ \psi_2 & 0 & \ddots & 0 & \theta_2 & 0 & \ddots & \ddots & 0 & \zeta_2 & & & & \\ & \psi_2 & 0 & \ddots & 0 & \theta_2 & 0 & \ddots & \ddots & 0 & \zeta_2 & & & \\ & & \ddots & \ddots & \ddots & \ddots & \ddots & \ddots & \ddots & \ddots & 0 & \ddots & & \\ & & & \psi_2 & 0 & \ddots & 0 & \theta_2 & 0 & \ddots & \ddots & 0 & \vdots & \\ & & & & \ddots & \ddots & \ddots & \ddots & \ddots & \ddots & \ddots & \ddots & \vdots & \\ & & & & & \psi_M & 0 & \ddots & \ddots & \theta_M & 0 & \ddots & \vdots & \\ & & & & & & \psi_M & 0 & \ddots & \ddots & \theta_M & 0 & \vdots & \\ & 0 & & & & & & \ddots & \ddots & \ddots & \ddots & \ddots & 0 & \\ & & & & & & & & \psi_M & 0 & \cdots & 0 & \theta_M \end{bmatrix}$$

である。大規模な連立 1 次方程式を解かなければならないが、スパース行列の性質を利用した効率的な計算法が利用できる[3]。陰解法を使うと、有限回の反復計算で解が得られる。しかもうまく初期値を選ぶと数回反復しただけで収束する。実際にモデルの解を求めてみよう。パラメータを $\alpha = 0.3$、$\rho = 0.05$、$\gamma = -3$、$\delta = 0.06$、$\mu = 0.1$、$\sigma^2 = 0.02$、$Var = 0.1$ とした。z の平均値は 1.03 で、資本の平均値は $k^s = 4.34$ となる。$\Delta = 1,000$、$\varepsilon = 10^{-6}$ とすると 6 回反復しただけで収束条件を満たす。図9.3は消費の policy function である。横軸に資本ストックと

図9.3 消費の policy function

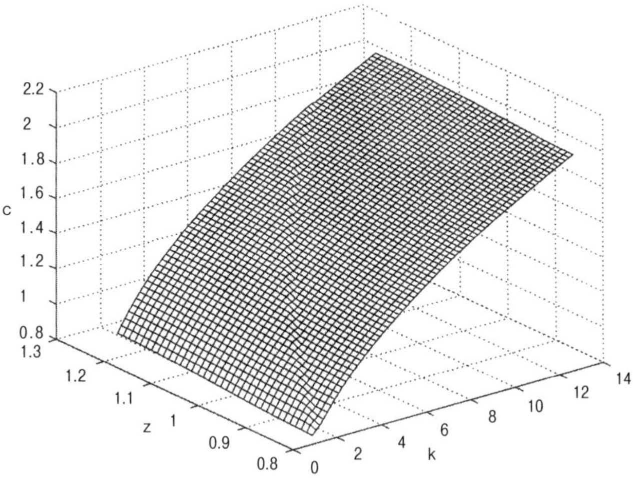

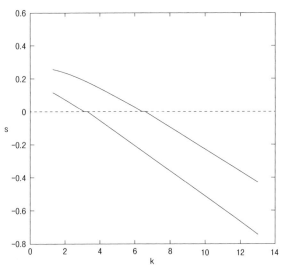

図9.4 貯蓄関数

全要素生産性をとり、縦軸は消費である。理論的に予想されるとおり、消費は資本と生産性の増加関数となる。パラメータの値を変えても関数の形はあまり変わらない。図9.4は $z = 0.95$, 1.10 としたときの貯蓄関数である。全要素生産性が上昇すると貯蓄も増加する。$Value function$ も資本と生産性の増加関数となる。

9.5 結語

ラムゼイモデルの解を差分法で求める方法について検討した。ベルマン方程式は解析的に解けないので数値的な方法を用いる。プロジェクション法や摂動法が使われることもあるが、基本は差分法である。ただし標準的な偏微分方程式と異なり、ベルマン方程式の場合は複雑な計算を行う必要がある。陰解法では大規模な連立1次方程式を解かなければならない。幸い係数行列はスパース行列であり、第6章で説明した効率的な計算方法を利用できる。ここではラムゼイモデルに適用したが、差分法はほかの多くのモデルにも適用可能な一般的な方法である。

[注]

1) これらの解法については釜(2015)を参照せよ
2) 以下の数値解法について、Achdou and Capuzzo-Dolcetta (2010), Achdou (2011), Achdou et al. (2013) を参考にした。
3) 大規模連立1次方程式の数値解法については第6章を参照せよ。

[参考文献]

釜国男 (2015)『経済モデルの数値解析』多賀出版。
Achdou, Y, I. Capuzzo-Dolcetta. (2010) "Mean Field Games: Numerical Methods", *SIAM Journal on Numerical Analysis*, Vol. 48, 1136-1162.
Achdou, Y. (2011) "Finite Difference Methods for Mean Field Games" in *Hamilton-Jacobi Equations: Approximations, Numerical Analysis and Applications*, 1-47 (eds L. Paola, A. N, Tchou), (Lecture Notes in Mathematics), Springer, Berlin.
Achdou, Y, F. Camilli, I. Capuzzo-Dolcetta. (2013) "Mean Field Games: Convergence of a Finite Difference Method", *SIAM Journal on Numerical Analysis*, Vol. 51, 2585-2612.
Barles, G and P. E. Souganidis. (1991) "Convergence of Approximation Schemes for Fully Nonlinear Second Order Equations", *Asymptotic Analysis*, Vol. 4, 271-283.

第10章　ホテリングモデルの数値解析

10.1　はじめに

　1972年に発表されたローマ・クラブ『成長の限界』は資源枯渇問題に警鐘を鳴らして注目されたが、幸いその悲観的な予想は実現していない。しかし資源問題がなくなったわけではない。技術の進歩で一時的に埋蔵量が増えても、遅かれ早かれ資源は枯渇する。自然環境保護や持続可能な開発にも、限られた資源の有効活用が前提となる。枯渇性資源の問題を最初に取り上げたのは、ハロルド・ホテリングである。ホテリングは1931年の古典的論文で、資源の最適採掘問題を論じた。その後、ダスグプタとヒール（1974）は資源の生産要素としての側面を強調したモデルを分析した。資源問題は異なる世代間の利害が対立する問題である。ある世代が資源を採掘すると、将来世代に残された資源は減少する。最近の研究ではこうした世代間の衡平性の問題が取り上げられている。

　資源に関する従来のモデルは同質的企業を仮定している。同質的企業を仮定すれば経済学の既存の方法で分析できるからである。しかし現実の資源市場には規模や国籍の異なる多くの企業が参加している。例えば、オイルマーケットではメジャーから零細企業までさまざまな企業が取引を行っている。このような市場を分析するには、異質的企業を仮定したモデルが必要である。しかし主に技術的な理由から、これまで同質的企業のモデルが使われてきた。マクロ経済学では、1990年代に Aiyagari（1994）、Huggett（1993）、Krusell = Krusell（1998）などの異質的主体のモデルが現われた。資産や所得の分布を分析するには、従来のモデルには限界があると考えられたからである[1]。これらは離散時間のモデルであるが、厳密な議論を行うには連続時間のモデルが望ましい。異質的主体の連続時間モデルを分析するには、Lasry = Lions（2007）の平均場ゲーム理論が有効である。これは微分ゲームの研究から生まれた理論であるが、いまではほかの多くの問題に応用されている。ここでは枯渇性資源の問題に応用する。最初に不確実性のない完全競争のケースについて検討する。この場合、資源の採掘量はいったん増加

したあと減少する独特のパターンに従う。次に資源量が確率的に変化するケースを取り上げる。確定的なケースは最大値原理を適用できるが、確率的なケースは平均場ゲーム理論を用いる。数値計算によって均衡価格と生産量を求めた。この場合も生産量は数十年でピークアウトし、価格は一貫して上昇する。最後に、一つの企業が資源を独占するケースについて考察する。

10.2 確定的モデル

10.2.1 モデルの構造

最初に、不確実性のない完全競争のケースを検討する。企業数は参入退出により長期的に変化するが、短期的には一定と仮定してもかまわない。各企業は資源を保有し、ある時点における資源の分布を $g(S)$ で表す。S は資源の埋蔵量で

$$\int_0^\infty g(S)\,dS = 1,\ S \geq 0$$

を満たす。採掘量を $q(t) \geq 0$ とすると、$dS(t) = -q(t)\,dt$ となる。採掘によって埋蔵量は減少して最終的にゼロとなる。企業は採掘量の決定にあたって利潤の現在価値を最大化する。

$$\max_{q(t)} \int_0^\infty [p(t)q(t) - C(q(t))]e^{-\rho t}\,dt$$

$$\text{s.t.}\quad \int_0^\infty q(t)\,dt = S \tag{10.1}$$

ここで $C(q(t))$ は採掘費用を表し、$\rho > 0$ は割引率である。価格 $p(t)$ は資源に対する需要と供給の関係で決まる。市場の需要関数を $D(t, p(t))$ と表す。需要量は価格の関数であり、需要関数は時間とともにシフトする。すべての企業の生産量を合計して総供給を求める。上の問題に対してつぎのハミルトン関数を定義する。

$$H(t, q, \lambda) = [p(t)q(t) - C(q(t))]e^{-\rho t} - \lambda q(t)$$

ここで

$$\lambda \geq 0,\ \lambda\left(S - \int_0^\infty q(t)\,dt\right) = 0$$

となる。利潤最大化の条件は

$$\partial H/\partial q = [p(t)-C'(q(t))]e^{-\rho t}-\lambda = 0$$
$$\dot{\lambda} = -\partial H/\partial S$$

である。λ は共役状態変数であり

$$p(t)-C'(q(t)) = \lambda e^{\rho t} \tag{10.2}$$

$$\lambda = \lambda(S) \tag{10.3}$$

となる[2]。普通の財と異なり、価格と限界費用は等しくない。つまり価格は限界費用より希少資源のレントを表す $\lambda e^{\rho t}$ だけ高くなる(ホテリング・ルール)。しかも両者の差は時間とともに拡大する。レントが発生するのは、現在資源を使うと将来利用可能な資源が減少するからである。$\lambda'(S)<0$ であり、資源に余裕があればレントは低くなる。市場均衡条件は

$$D(t, p(t)) = \int_0^\infty q(t, S)g(S)dS \tag{10.4}$$

$$q(t, S) = (C')^{-1}[p(t)-\lambda(S)e^{\rho t}] \tag{10.5}$$

$$\int_0^\infty q(t, S)dt = S \tag{10.6}$$

である。(10.4) の左辺は市場需要量で、右辺は総供給を表す。(10.5) は企業の生産量を表し、$(C')^{-1}$ は $C'(q(t))$ の逆関数である。適当な条件のもとで、(10.4)–(10.6) を満たす $p(t)$、$q(t, S)$、$\lambda(S)$ が存在する。しかし均衡価格や生産量を解析的な方法で求めることはできない。かわりに数値計算を行って近似解を求める。

つぎの費用関数と需要関数を仮定する[3]。

$$C(q) = aq + \frac{b}{2}q^2 \qquad (a, b > 0)$$

$$D(t, p) = \frac{He^{\mu t}}{p^\alpha} \qquad (\alpha, H > 0)$$

需要の価格弾力性は一定で、需要は毎期 μ の割合で増加する。(10.5) から生産量は

$$q(t, S) = \frac{[p(t)-a-\lambda(S)e^{\rho t}]}{b} \tag{10.7}$$

で与えられる。これを（10.6）に代入すると

$$\frac{1}{b}\int_0^\infty [p(t)-a-\lambda(S)e^{\rho t}]dt = S$$

が成り立つ。(10.7)によると、生産量は二つの要因によって決まる。一つは価格で、価格が上昇すると生産量は増加する。もう一つは希少レントで、レントが高くなると生産量は減少する。どちらの要因が強く作用するかで、二つのパターンが生じる。一つは生産量が時間とともに単調に減少するパターンである。もう一つは生産量がしばらく増加して、途中から減少するパターンである。パラメータの値で、どちらのターンになるか決まる。(10.4)から均衡価格は

$$p(t) = \left[\frac{He^{\mu t}}{\int q(t, S)g(S)dS}\right]^{\frac{1}{\alpha}} \tag{10.8}$$

となる。埋蔵量が少なくなると、生産は減少して価格は上昇する。実際には採算のとれなかった油田の開発で生産が拡大し、価格上昇に歯止めがかかる可能性が高い。

10.2.2 数値解

つぎにモデルの数値解を求めよう。差分法が標準的な方法であるが、ここでは価格調整を模した別の方法を使う。つまり需要が供給を上回ると価格を引き上げ、逆の場合は価格を引き下げる。また生産量が埋蔵量を上回るとレントを引き上げ、下回るとレントを引き下げる。具体的に説明すると、最初に$p(t)$と$\lambda(S)$に初期値を与えて$q(t, S)$を計算する。次に超過需要を求めて価格を調整する。また生産量と埋蔵量を比較してレントを変更する。つづいて新しい価格とレントから生産量を求めて再度、価格とレントを調整する。このような計算を繰り返して均衡価格とレントを決定する。式で表すと

$$\Delta p(t, s) = \Delta s\left[D(t, p(t, s)) - \int q(t, S, s)g(S)dS\right]$$

$$\Delta \lambda(S, s) = \Delta s\left[\int_0^\infty q(t, S, s)dt - S\right] \tag{10.9}$$

図10.1 総生産の変動

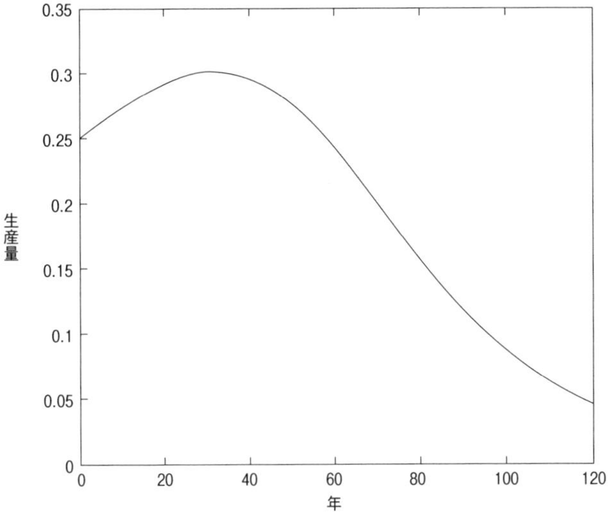

$$q(t,\ S,\ s) = \frac{[p(t,\ s) - a - \lambda(S,\ s)e^{\rho t}]}{b}$$

　精度と計算時間を考慮して、$\Delta s = 0.01$ とした。費用関数と需要関数の係数は $a = 10$、$b = 120$、$H = 40$、$\mu = 0.03$、$\alpha = 1.3$ とする。総需要は年率3％の割合で増加し、割引率は年5％とする。資源の埋蔵量を $S = (1,\ 2,\ \cdots\cdots,\ 50)$ で離散近似して、$g(S) = S(51-S)/22100$ とした。期間は $0 \leq t \leq 250$ 年とする。図10.1は総生産の変動を示している。生産量はしばらく増加したあと、30年でピークに達する。その後は減少して、200年くらいでゼロとなる。石油や石炭市場では、このようなパターンが実際に観察されている。図10.2は価格の動きを示している。生産の減少と需要の拡大によって、価格は毎年上昇する。ローマ・クラブの予想は、タイミングの点で間違ったようである。つぎに割引率の影響を調べるために、$\rho = 0.03,\ 0.05,\ 0.1$ の3つのケースを比較した。図10.3は、資源の残存率が時間とともに低下する様子を示している。モデルから予想されるとおり、割引率が高いほど残存率は速く低下する。これは現在の利潤を高く見積もって生産を拡大するからである。需要側の要因も無視できない。$\mu = 0$ で需要が拡大しないときは、資源は速いスピードで枯渇する。生産を先送りしてもメリットがないからである。

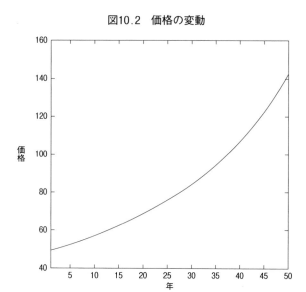

図10.2　価格の変動

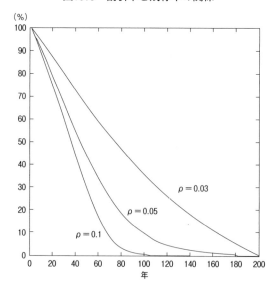

図10.3　割引率と残存率の関係

10.3 確率的モデル

10.3.1 モデルの構造

確定的なケースは最大値原理を適用できるが、不確実性がある場合は平均場ゲーム理論を用いる[4]。資源ストックはつぎの確率過程に従って変化する。

$$dS(t) = -q(t)dt + \sigma S(t)dW(t) \tag{10.10}$$

企業は将来予想される利潤の現在価値を最大化する。

$$\max_{q(t)} E\left(\int_0^\infty (p(t)q(t) - C(q(t)))e^{-\rho t}dt\right) \tag{10.11}$$

$$s.t. \quad q(t) \geq 0,\ S(t) \geq 0$$

動的計画法を適用して

$$V(t,\ S) = \max_{q(t)} E\left(\int_0^\infty (p(t)q(t) - C(q(t)))e^{-\rho t}dt\right)$$

とする。最適性原理により

$$V = \max_q E[(pq - C(q))\Delta t + e^{-\rho \Delta t}V(t+\Delta t,\ S+\Delta S)]$$
$$= \max_q E[(pq - C(q))\Delta t + (1 - \rho \Delta t)V(t+\Delta t,\ S+\Delta S)]$$

となる。$V(t,\ S)$ は2回連続微分可能であれば

$$V(t+\Delta t,\ S+\Delta S) \cong V + V_t \Delta t + V_S \Delta S + \frac{1}{2}V_{SS}(\Delta S)^2$$

ここで

$$\Delta S = -q\Delta t + \sigma S \Delta W$$
$$(\Delta S)^2 = q^2(\Delta t)^2 - 2\sigma q S(\Delta t)(\Delta W) + \sigma^2 S^2 (\Delta W)^2 = \sigma^2 S^2 \Delta t$$

である。整理すると

$$V = \max_q [(pq - C(q) - qV_S)\Delta t + (1 - \rho \Delta t)V + (V_t + \frac{1}{2}V_{SS}\sigma^2 S^2)\Delta t]$$

となる。両辺からVを引いてΔtで割ると、ハミルトン・ヤコビ・ベルマン（HJB）方程式

$$\rho V = \max_q [(pq - C(q)) - qV_S + V_t + \frac{1}{2}V_{SS}\sigma^2 S^2] \quad (10.12)$$

を得る。Sの密度関数$g(t, S)$はコルモゴロフ方程式

$$\frac{\partial g(t, S)}{\partial t} = -\frac{\partial}{\partial S}[-q(t, S)g(t, S)] + \frac{1}{2}\frac{\partial^2}{\partial S^2}[(\sigma S)^2 g(t, S)] \quad (10.13)$$

の解である。$t=0$における資源の分布を$g(0, S)$とする。前節と同じ費用関数を仮定すると、生産量は

$$q(t, S) = \frac{[p(t) - a - \partial V(t, S)/\partial S]}{b} \quad (10.14)$$

で与えられる。$\partial V(t, S)/\partial S$は資源の限界価値を表す。価格が上昇するか、レントが低くなると生産量は増加する。(10.14)を(10.12)に代入すると

$$\rho V = V_t + \frac{1}{2}V_{SS}\sigma^2 S^2 + \frac{(p(t) - a - \partial V/\partial S)^2}{2b} \quad (10.15)$$

を得る。一般に

$$p(t) - C'(q(t)) = \partial V(t, S)/\partial S$$

が成り立つ。$\partial V(t, S)/\partial S > 0$ であり、価格は限界費用より高くなる。完全競争市場では、財の価格は限界費用に等しいが、枯渇性資源の価格はレント分だけ限界費用より高くなる。総生産は資源の減少分と等しい。

$$q(t) = -\frac{d}{dt}\int_0^\infty g(t, S) S dS \quad (10.16)$$

均衡価格は

$$p(t) = \left[\frac{He^{\mu t}}{\int_0^\infty q(t, S)g(t, S) dS}\right]^{\frac{1}{\alpha}} \quad (10.17)$$

で与えられる。価格と生産量は$g(t, S)$の関数であり、(10.12)と(10.13)は$V(t, S)$と$g(t, S)$に関する連立方程式である。平均場ゲームモデルはHJB方程式とコルモゴロフ方程式によって表されるが、これらの方程式は解析解をもたない。このため数値計算を行って解を求めた。

10.3.2　数値解

資源ストックと時間を $S = [S_1, S_2, \cdots\cdots, S_n]$、$t = 1, 2, \cdots\cdots, 120$ と離散化する。前節と同じ費用関数と需要関数を仮定し（10.10）の拡散係数は $\sigma = 0.1$ とする。つぎのステップで均衡価格と生産量を求める。

(1)　$t = 1, 2, \cdots\cdots, 120$ について初期値 $p(t)^0$ を与える。
(2)　HJB 方程式から $V(t, S)^0$ を求める。
(3)　(10.14) から $q(t, S)^0$ を計算する。
(4)　コルモゴロフ方程式から $g(t, S)^0$ を求める。
(5)　(10.17) から $p(t)^1$ を計算して $p(t)^0$ と比較する。$\| p(t)^1 - p(t)^0 \| \leq \varepsilon$ であれば終了する。そうでなければ $p(t)^0 = p(t)^1$ としてステップ (1) へ戻る。

　図10.4は数値計算で求めた総生産の変動を示している。全体的に図10.1と変わらないが、ピークアウトする時期は遅くなる。不確定要因があると企業は慎重になり、その分資源は長期間枯渇しない。この場合も価格は毎年上昇する（図10.5）。図10.6は $t = 0$ と $t = 2$ における資源の分布を比較している。資源分布は時間とともに左へシフトして、最終的にデルタ関数へ収束する。価格に上限があれば均衡価格は有限区間内にあり、反復計算は速く収束する。しかし上限がないとなかなか収束しない。価格に上限を設定する経済的な理由はないので、別の需要関数に変更したほうがよいのかもしれない。

10.4　独占のケース

　最後に一つの企業が資源を独占するケースについて検討しよう。Pindyck (1980) と Stiglitz (1976) は独占のケースを分析している。独占企業は市場需要を観察して、油田ごとに採掘量を決定する。利潤は

$$\pi[g, q, p] = \int_0^\infty [p(t, S)q(t, S) - C(q(t, S))]g(t, S)dS$$

で与えられる。価格は一定ではなく、生産を拡大すると低下する。独占企業は利潤の現在価値

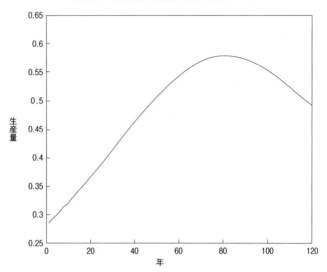

図10.4 総生産の変動(確率的ケース)

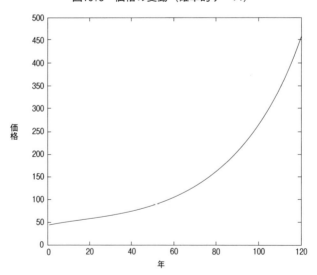

図10.5 価格の変動(確率的ケース)

図10.6 資源ストックの変化

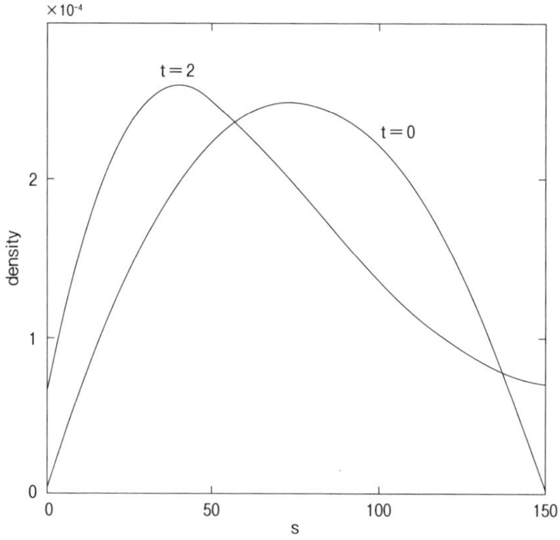

$$J[g, q, p] = E\left[\int_t^\infty e^{-\rho(s-t)}\left\{\int_0^\infty [p(t, S)q(t, S)\right.\right.$$
$$\left.\left. - C(q(t, S))]g(t, S)dS\right\}ds\right] \quad (10.18)$$

を最大化する。$g(t, S)$ は（10.13）のコルモゴロフ方程式を満たす。最大利潤を

$$V[g(t, \cdot)] = \max_{q(\cdot)} J[g(t, \cdot), q, p] = J[g(t, \cdot), q^*, p] \quad (10.19)$$

と表す。横断性条件は

$$\lim_{t \to \infty} e^{-\rho t} V[g(t, \cdot)] = 0 \quad (10.20)$$

である。$Nun\bar{o}$ （2013）の定理3によって、最適解はつぎの式を満たす。

$$\rho v(t, S) = p^*(t, S)q^*(t, S) - C(q^*(t, S)) - \lambda(t)\frac{q^*(t, S)}{D'(p)} + \frac{\partial v(t, S)}{\partial t}$$
$$- q^*(t, S)\frac{\partial v(t, S)}{\partial S} + \frac{(\sigma S)^2}{2}\frac{\partial^2 v(t, S)}{\partial S^2} \quad (10.21)$$

$D'(p)$ は需要関数の傾きを表し、$v(t, S)$ は V の g に関する汎関数微分である[5]。点 x における V の q に関する汎関数微分は

$$v(t, S) \equiv \frac{\delta V[g]}{\delta g(t, S)}$$

$$= \lim_{\varepsilon \to 0} \frac{V[g(S) + \varepsilon \delta(S-x)] - V[g(S)]}{\varepsilon}$$

で定義される。ここで$\delta(\cdot)$はデルタ関数である。価格と生産量はつぎの式を満たす。

$$p^{\cdot}(t, S) - C'(q^{\cdot}(t, S)) - \lambda(t)\frac{1}{D'(\bar{p})} - \frac{\partial v(t, S)}{\partial S} = 0 \tag{10.22}$$

$$q^{\cdot}(t, S)g(t, S) = -\lambda(t)\bar{p}(t)\delta[S - S^{-1}(\bar{p}(t))] \tag{10.23}$$

$\bar{p}(t)$は市場価格で

$$\bar{p}(t) = D^{-1}\left[\int_0^\infty q(t, S)g(t, S)dS\right]$$

で与えられる。(10.23)の両辺をSで積分すると

$$\int_0^\infty q^{\cdot}(t, S)g(t, S)dS = D(\bar{p}(t)) = -\lambda(t)\bar{p}(t)\int_0^\infty \delta[S - S^{-1}(\bar{p}(t))]dS$$

$$= -\lambda(t)\bar{p}(t)$$

これより

$$\lambda(t) = -\frac{D(\bar{p}(t))}{\bar{p}(t)} \tag{10.24}$$

となる。(10.22)に代入すると

$$p^{\cdot}(t, S) - C'(q^{\cdot}(t, S)) = \frac{1}{\mu} + \frac{\partial v(t, S)}{\partial S} \tag{10.25}$$

を得る。ここでμは需要の価格弾力性を表す。独占の場合も価格と限界費用は等しくない。需要の価格弾力性が低く、希少性のある資源ほど価格は限界費用より高くなる。独占的な市場では採掘量は抑えられ、資源は長期間保存される。資源維持の観点からは独占はポジティブに評価される。実際、希少性の高い資源については生産を抑制する政策がとられている。

10.5 結語

　現在のペースで進めば、一部の天然資源は遠くない将来に枯渇する可能性が高い。枯渇性資源の有効利用は古くから経済学者が取り組んできた問題である。最近では環境保護の観点から一部の資源開発に規制が加えられている。有効な対策を講ずるには資源問題の理論的な検討が必要である。この章では最大値原理と平均場ゲーム理論を用いて、資源価格と採掘量はどのように決まるのかを分析した。先行研究と異なるのは、同質的企業のかわりに異質的企業を仮定したことである。普通の財と異なり希少資源にはレントが発生する。このため価格は高くなり資源の利用は抑えられる。一つの企業が資源を独占する場合は、希少レントに加えて需要の価格弾力性も価格に影響を与える。生産量は枯渇性資源に特有なハバート・ピークをもつ。ハバートの理論によると、石油の生産量は埋蔵量の半分を採掘した時点でピークアウトする。モデルから計算した生産量はピークをもつが、価格は実際の動きと大きく食い違っている。モデルによると、石油価格は毎年上昇するはずであるが、実際には上下変動を繰りかえしている。二度の石油危機で高騰したあと、最近では下落傾向にある。普通の財と同じように、資源価格も需要と供給の関係で決まる。埋蔵量が増えなければ、価格は長期的に上昇する。経済成長にともなう需要の増加も、価格を上昇させる要因である。長期的にみれば技術進歩や油田開発によって供給量は増加する。また価格の高騰はエネルギー分野への新規参入をうながす。現在のモデルはこのような市場のダイナミズムを考慮していない点で限界がある。需要の短期的な変動も無視できない。景気変動にともなう需要の変動は、石油価格の短期的な変動を引き起こしている。石油市場は寡占化が進み、一部の産油国が価格と生産量に強い影響力を持っている。寡占の要素を取り入れるのは今後の課題である。

[注]

1）これらのモデルについては、釜（2015）の第11章を参照せよ。
2）希少資源の社会計画問題は

$$\max_{q(t)} \int_0^\infty W(q(t))e^{-\rho t}dt$$

$$s.t. \quad \int_0^\infty q(t)\,dt = S$$

と表される。ここで

$$W(q) = \int_0^q p(x)\,dx - C(q)$$

である。最適条件は

$$p(q) - C'(q) = \lambda e^{\rho t}$$

と表される。これより完全競争均衡では社会的価値が最大化されることが分かる。独占企業の場合、最適条件は満たされない。

3) Guéant et al. (2010) も同じ関数を用いている。
4) 平均場ゲーム理論について、Lasry and Lions (2007) が基本的な文献である。Guéant (2009) は簡単な応用例を紹介している。
5) 汎関数微分については、Lucas and Moll (2014) の説明が分かりやすい。

[参考文献]

釜国男 (2015)『経済モデルの数値解析』多賀出版。
Aiyagari, S. R. (1994) "Uninsured Idiosyncratic Risk, and Aggregate Saving", *Quarterly Journal of Economics*, Vol. 109, 659-684.
Dasgupta, P., and G.Heal. (1974) "The Optimal Depletion of Exhaustible Resources", *Review of Economic Studies*, Vol. 41, 1974, 3-28.
Guéant, O. (2009) "A Reference Case for Mean Field Game Models", *Journal of Mathematiques, Pures Appl*, Vol. 92, 276-294.
Guéant, O., Lions, P., Lasry, M." Mean Field Games and Applications". Paris-Princeton Lectures on Mathematical Finance 2010.
Hotelling, H. (1931) "The Economics of Exhaustible Resources", *Journal of Political Economy*, Vol. 39, 137-175.
Huggett, M. (1993) "The Risk-free Rate in Heterogenous-agent Incomplete-insurance Economies", *Journal of Economic Dynamics and Control*, Vol. 17, 953-969.
Krusell, P., and A. A. Smith. (1998) "Income and Wealth Heterogeneity in the Macroeconomy", *Journal of Political Economy*, Vol. 106. 867-896.
Lucas, R. E., and B. Moll. (2014) "Knowledge Growth and the Allocation of Time", *Journal of Political Economy*, vol. 122, 1-51.
Lasry, J. M., and P. L. Lions (2007) "Mean Field Games", *Japanese Journal of Mathematics*, Vol. 2, 229-260.
Nunõ Galo. (2013) "Optimal Control with Heterogeneous Agents in Continuous Time", Working Paper Series, No. 1608, ECB.
Pindyck, R. S. (1980) "Uncertainty and Exhaustible Resource Markets", *Journal of Political Economy*, Vol. 88, 1203-1225.

Stiglitz, J. E. (1976) "Monopoly and the Rate of Extraction of Exhaustible Resources", *American Economic Review*, Vol. 66, 655-661.

第11章　資産分布の数値解析

マクロ経済学では Bewley（1986）、Hugget（1993）、Aiyagari（1994）、Krusell＝Smith（1998）など一連の研究が端緒となって、不完備市場モデルの研究が進められている[1]。とくに保険市場のないモデルが注目される。従来のマクロ経済学では、代表的主体を仮定したモデルが使われてきた。これには二つの理由が考えられる。第1に、多くの問題で経済主体の異質性は重要な役割を持たないことである。異質性を考慮することでモデルが複雑になるだけであれば、異質性は無視したほうがよい。経済成長や景気変動は同質的主体のモデルで十分に分析できる。第2に、技術的なハードルが高いという問題がある。従来の研究では、離散時間のモデルで所得分布の変化を分析している。異質的主体モデルの構造はきわめて複雑で、簡単な問題しか扱えない。数値計算の面からは、Lasry＝Lions（2007）の平均場ゲーム理論（mean field game theory）に基づく連続時間モデルのほうが扱いやすい。コルモゴロフ方程式によって資産分布の時間変化を記述できるからである。離散時間のモデルについてはすでに検討したので[2]、ここでは連続時間の Hugget モデルについて数値解析を行う。

11.1　異質的消費者

消費者は区間 $[0, 1]$ に分布し、所得は確率的に変化する。このため所得の変動に備えて債券を保有する。貯蓄が正であれば債券を購入し、貯蓄が負あれば債券を発行して借入れを行う。それぞれの消費者はライフタイムの期待効用

$$E_0 \int_0^\infty e^{-\rho t} u(c_t) dt$$

を最大化する。ここで E_0 は条件付き期待値を表し、$\rho \geq 0$ は主観的割引率である。予算制約は次式で表される。

$$da_t = (y_t + r_t a_t - c_t) dt \tag{11.1}$$

ここで a_t は資産の保有量で、y_t は所得、r_t は実質利子率、c_t は消費である。資産保有には借入制約

$$a_t \geq b \tag{11.2}$$

が付く。ここで $b<0$ は借入限度を表す[3]。所得は外生的に与えられ、つぎの拡散過程に従う。

$$dy_t = \mu(y_t)dt + \sigma(y_t)dW_t, \ y_t \in [y_1, y_2] \tag{11.3}$$

ただし $y_1 \geq 0$、$y_2 > y_1$ であり、W_t は標準ブラウン運動である[4]。消費者は生涯の期待効用が最大となるように消費と貯蓄を決定する。

期間の長さは Δ であり、割引率を $e^{-\rho\Delta}$ とする。上の問題に動的計画法を適用すると、value function は

$$V(a_t, y_t) = \max_c \{u(c)\Delta + e^{-\rho\Delta}EV(a_{t+\Delta}, y_{t+\Delta})\}$$

$$a_{t+\Delta} = (y_t + r_t a_t - c_t)\Delta + a_t$$

と表される。$e^{-\rho\Delta} \cong 1-\rho\Delta$ であり

$$V(a_t, y_t) = \max_c \{u(c)\Delta + (1-\rho\Delta)EV(a_{t+\Delta}, y_{t+\Delta})\}$$

と書き表される。両辺から $(1-\rho\Delta)V(a_t, y_t)$ を差し引くと

$$\rho\Delta V(a_t, y_t) = \max_c \{u(c)\Delta + (1-\rho\Delta)E[V(a_{t+\Delta}, y_{t+\Delta}) - V(a_t, y_t)]\}$$

となり、Δ で割ると

$$\rho V(a_t, y_t) = \max_c \left\{u(c) + (1-\rho\Delta)\frac{E[V(a_{t+\Delta}, y_{t+\Delta}) - V(a_t, y_t)]}{\Delta}\right\}$$

ここで $\Delta \to 0$ とすると

$$\rho V(a_t, y_t) = \max_c \left\{u(c) + \frac{1}{dt}E[d(V(a_t, y_t))]\right\} \tag{11.4}$$

を得る。(11.3) をつぎのように特定化する。

$$dy_t = -\theta(y_t - \mu)dt + \sigma dW_t, \ (\theta > 0, \ \sigma > 0) \tag{11.5}$$

$y_t > \mu$ であれば $dy_t < 0$、$y_t < \mu$ ならば $dy_t > 0$ となり、所得は μ へ回帰する性質

がある。定常状態では

$$y_t \sim N\left(\mu,\ \frac{\sigma^2}{2\theta}\right)$$

となり、所得は平均 μ、分散 $\sigma^2/2\theta$ の正規分布に従う。$V(a_t,\ y_t)$ に伊藤の公式を適用すると

$$dV(a_t,\ y_t) = \left(\frac{\partial V}{\partial a}(y_t + r_t a_t - c_t) + \frac{\partial V}{\partial y}(\theta(\mu - y_t)) + \frac{1}{2}\frac{\partial^2 V}{\partial y^2}\sigma^2\right)dt$$
$$+ \frac{\partial V}{\partial y}\sigma dW_t$$

となる。期待値は

$$E[dV(a_t,\ y_t)] = \left(\frac{\partial V}{\partial a}(y_t + r_t a_t - c_t) + \frac{\partial V}{\partial y}(\theta(\mu - y_t)) + \frac{1}{2}\frac{\partial^2 V}{\partial y^2}\sigma^2\right)dt$$

となり、(11.4) に代入すると

$$\rho V(a_t,\ y_t) = \max_c \left\{ u(c) + \frac{\partial V}{\partial a}(y_t + r_t a_t - c_t) + \frac{\partial V}{\partial y}(\theta(\mu - y_t)) \right.$$
$$\left. + \frac{1}{2}\frac{\partial^2 V}{\partial y^2}\sigma^2 \right\} \tag{11.6}$$

を得る。消費に関する 1 階の条件は

$$u'(c) = V_a(a,\ y) \tag{11.7}$$

である。消費は資産と所得の関数であり、$c(a,\ y)$ と表す。貯蓄は

$$s(a,\ y) = y + ra - c(a,\ y) \tag{11.8}$$

で与えられる。借入制約が有効で、$a = b$ であれば

$$V_a(b,\ y) \geq u'(y + rb) \tag{11.9}$$

が成り立つ。所得の上限と下限では

$$V_y(a,\ y_1) = 0$$
$$V_y(a,\ y_2) = 0 \tag{11.10}$$

を満たさなければならない。これは所得に対する境界条件である。

資産と所得の分布は時間とともに変化する。定常状態の分布 $f(a, y)$ はつぎのコルモゴロフ方程式を満たす。

$$0 = -\frac{\partial}{\partial a}(f(a, y)s(a, y)) - \frac{\partial}{\partial y}(f(a, y)\mu(y)) + \frac{1}{2}\frac{\partial^2}{\partial y^2}(f(a, y)\sigma^2) \tag{11.11}$$

この偏微分方程式を数値的な方法で解いて近似解を求める。さらに $f(a, y)$ は規格化の条件

$$\int_{y_1}^{y_2}\int_{b}^{\infty} f(a, y)\,dady = 1 \tag{11.12}$$

も満たさなければならない。

市場均衡では

$$\int_{y_1}^{y_2}\int_{b}^{\infty} af(a, y)\,dady = 0 \tag{11.13}$$

が成り立つ。債券の供給量が需要量を上回ると利子率は低下し、下回ると利子率は上昇する。競争均衡では (11.6)、(11.7)、(11.11)、(11.13) が成り立つ。問題はこれらの条件を満たす $V(a, y)$、$f(a, y)$、r を求めることである。貯蓄によって資産の分布は変化し、資産分布は利子率を通じて貯蓄に影響を与える。いくつかの条件を満たすと競争均衡が存在する[5]。しかし解析的な方法で均衡解を求めることはできない。かわりに数値計算によって近似解を求めた。

11.2 数値解法

11.2.1 HJB方程式

最初に、HJB方程式の数値解法について説明しよう。(11.6) の偏微分方程式にはいくつかの解法がある。単独の式として解くだけであれば、数値シミュレーションや有限要素法が有効であるが、コルモゴロフ方程式と同時に解く必要があるので差分法を用いる。資産は $b \leq a < \infty$ の値を取り得るが、計算の必要上、区間 $[b, a_{\max}]$ に限定する。最初に、$\Delta a = (a_{\max} - b)/N$ の間隔で N 個の小区間に分割する。所得についても、$\Delta y = (y_2 - y_1)/M$ の間隔で M 個の小区間に分ける。$V(a_i, y_j)$ の近似値を $V_{i,j}$ と表す。資産に関する1次の微分係数を次式で近似する。

前方差分；$\partial_{aF} V_{i,j} = \dfrac{V_{i+1,j} - V_{i,j}}{\Delta a}$

後方差分；$\partial_{aB} V_{i,j} = \dfrac{V_{i,j} - V_{i-1,j}}{\Delta a}$ 　　　　　　　(11.14)

これらの近似を行うと、Δa のオーダーの打切り誤差が生じる。貯蓄の符号でどちらの方法を使うか決める。つまり貯蓄が正であれば前方差分を使い、負であれば後方差分とする。変数の符号によって近似式を使い分けるので、風上差分と呼ばれる。この方法を用いると計算速度は格段に速くなる。所得については

$$\partial_y V_{i,j} = \dfrac{V_{i,j+1} - V_{i,j}}{\Delta y}$$

$$\partial_{yy} V_{i,j} = \dfrac{V_{i,j+1} - 2V_{i,j} + V_{i,j-1}}{(\Delta y)^2} \quad (11.15)$$

で近似する。

適当に初期値を選んで反復計算を行うが、つねに収束するとは限らない。この点に関して第 9 章で説明した Barles＝Souganidis の定理が参考になる[6]。

HJB 方程式の解法として、陽解法と陰解法の二つの方法がある。順に説明しよう。

[陽解法]

$V(a, y)$ の初期値を $V^0 = [V^0_{i,j}]$, $i = 1, \cdots, N$, $j = 1, \cdots, M$ として、収束条件を満たすまでつぎの式を繰り返し計算する。

$$\dfrac{V^{n+1}_{i,j} - V^n_{i,j}}{\Delta} + \rho V^n_{i,j} = u(c^n_{i,j}) + \partial_a V^n_{i,j}(y_j + ra_i - c^n_{i,j})$$

$$+ \partial_y V^n_{i,j} \mu_j + \dfrac{\sigma^2}{2} \partial_{yy} V^n_{i,j} \quad (11.16)$$

ここで $\mu_j = \theta(\mu - y_j)$ であり、$c^n_{i,j}$ は $u'(c^n_{i,j}) = \partial_a V^n_{i,j}$ から求める。$V^{n+1}_{i,j}$ は $V^n_{i,j}$ の線形式として表すことができるので陽解法という。Δ と Δa、Δy が CFL 条件を満たすと、$V^n_{i,j}$ は $V(a_i, y_j)$ に収束する。貯蓄の符合によって、前方差分または後方差分を用いる。つまり

$$s_F = y_j + ra_i - c_{Fi,j}, \ \ u'(c_{Fi,j}) = \partial_{aF} V_{i,j}$$

$$s_B = y_j + ra_i - c_{Bi,j}, \ \ u'(c_{Bi,j}) = \partial_{aB} V_{i,j}$$

$$\partial_a V_{i,j} = \begin{cases} \partial_{aF} V_{i,j} : s_F > 0 \\ \partial_{aB} V_{i,j} : s_B < 0 \\ u'(y_j + ra_i) : s_F \leq 0 \leq s_B \end{cases} \tag{11.17}$$

とする。(11.9)の境界条件を考慮して、つぎの条件を課す。

$$u'(y_j + ra_1) = \partial_{aB} V_{1,j}$$

つぎのステップを実行して解を求める。

[ステップ1] $r = r^0$としてVの初期値を

$$V_{i,j}^0 = \frac{u(y_j + r^0 a_i)}{\rho}$$

とする。

[ステップ2] $c_{i,j}^0 = (u')^{-1}(\partial_a V_{i,j}^0)$を計算する。

[ステップ3] (11.16)から$V_{i,j}^1$を求める。

[ステップ4] $V^1 \cong V^0$であれば計算を終了し、そうでなければ利子率を調整してステップ2へ戻る。

陽解法の計算は簡単であるが、収束するまで多数回反復する必要がある。このため実際の計算には次に説明する陰解法を用いた[7]。

[陰解法]

陰解法では(11.6)を次式で近似する。

$$\frac{V_{i,j}^{n+1} - V_{i,j}^n}{\Delta} + \rho V_{i,j}^{n+1} = u(c_{i,j}^n) + \partial_a V_{i,j}^{n+1}(y_j + ra_i - c_{i,j}^n) + \partial_y V_{i,j}^{n+1} \mu_j$$
$$+ \frac{\sigma^2}{2} \partial_{yy} V_{i,j}^{n+1} \tag{11.18}$$

右辺は$V_{i,j}^{n+1}$を含んでおり、数値解をリカーシブに計算することはできない。この式を

$$\frac{V_{i,j}^{n+1} - V_{i,j}^n}{\Delta} + \rho V_{i,j}^{n+1} = u(c_{i,j}^n) + \partial_{aF} V_{i,j}^{n+1}(s_{F_{i,j}}^n)^+ + \partial_{aB} V_{i,j}^{n+1}(s_{B_{i,j}}^n)^-$$
$$+ \partial_y V_{i,j}^{n+1} \mu_j + \frac{\sigma^2}{2} \partial_{yy} V_{i,j}^{n+1} \tag{11.19}$$

と書き換える。ここで

$$(x)^+ = \max\{x, 0\}, \ (x)^- = \min\{x, 0\}$$

を意味する。(11.19) は $V_{i,j}^{n+1}$ に関する連立1次方程式である。(11.14) と (11.15) を代入すると

$$\frac{V_{i,j}^{n+1} - V_{i,j}^n}{\Delta} + \rho V_{i,j}^{n+1} = u(c_{i,j}^n) + \frac{V_{i+1,j}^{n+1} - V_{i,j}^{n+1}}{\Delta a}(s_{Fi,j}^n)^+$$

$$+ \frac{V_{i,j}^{n+1} - V_{i-1,j}^{n+1}}{\Delta a}(s_{Bi,j}^n)^- + \frac{V_{i,j+1}^{n+1} - V_{i,j}^{n+1}}{\Delta y}\mu_j$$

$$+ \frac{\sigma^2}{2}\frac{V_{i,j+1}^{n+1} - 2V_{i,j}^{n+1} + V_{i,j-1}^{n+1}}{(\Delta y)^2}$$

となる。$V_{i-1,j}^{n+1}$、$V_{i,j}^{n+1}$、$V_{i+1,j}^{n+1}$、$V_{i,j-1}^{n+1}$、$V_{i,j+1}^{n+1}$ について整理すると

$$\frac{V_{i,j}^{n+1} - V_{i,j}^n}{\Delta} + \rho V_{i,j}^{n+1} = u(c_{i,j}^n) + V_{i-1,j}^{n+1} A_{i,j} + V_{i,j}^{n+1}(B_{i,j} + \Phi_j)$$

$$+ V_{i+1,j}^{n+1} C_{i,j} + V_{i,j-1}^{n+1} \Psi + V_{i,j+1}^{n+1} \Omega_j \quad (11.20)$$

を得る。ここで係数は

$$A_{i,j} = -\frac{(s_{Bi,j}^n)^-}{\Delta a}$$

$$B_{i,j} = -\frac{(s_{Fi,j}^n)^+}{\Delta a} + \frac{(s_{Bi,j}^n)^-}{\Delta a}$$

$$C_{i,j} = \frac{(s_{Fi,j}^n)^+}{\Delta a}$$

$$\Phi_j = -\frac{\mu_j}{\Delta y} - \frac{\sigma^2}{(\Delta y)^2}$$

$$\Psi = \frac{\sigma^2}{2(\Delta y)^2}$$

$$\Omega_j = \frac{\mu_j}{\Delta y} + \frac{\sigma^2}{2(\Delta y)^2}$$

である。(11.10) の境界条件を考慮して

$$V_{i,0}^{n+1} = V_{i,1}^{n+1}$$
$$V_{i,M+1}^{n+1} = V_{i,M}^{n+1}$$

とする。所得の上限と下限では

$$\frac{V_{i,1}^{n+1} - V_{i,1}^n}{\Delta} + \rho V_{i,1}^{n+1} = u(c_{i,1}^n) + V_{i-1,1}^{n+1} A_{i,1} + V_{i,1}^{n+1}(B_{i,1} + \Phi_1 + \Psi)$$
$$+ V_{i+1,1}^{n+1} C_{i,1} + V_{i,2}^{n+1} \Omega_1$$

$$\frac{V_{i,M}^{n+1} - V_{i,M}^n}{\Delta} + \rho V_{i,N}^{n+1} = u(c_{i,M}^n) + V_{i-1,M}^{n+1} A_{i,M} + V_{i,M}^{n+1}(B_{i,M} + \Phi_M + \Omega_M)$$
$$+ V_{i+1,M}^{n+1} C_{i,M} + V_{i,M-1}^{n+1} \Psi$$

が成り立つ。ここで $V^n = [V_{1,1}^n \cdots V_{N,1}^n V_{1,2}^n \cdots V_{N,2}^n \cdots V_{1,M}^n \cdots V_{N,M}^n]$、$u^n = [u(c_{1,1}^n), \cdots, u(c_{N,1}^n), u(c_{1,2}^n), \cdots, u(c_{N,2}^n), \cdots, u(c_{1,M}^n), \cdots, u(c_{N,M}^n)]$ とおくと、(11.20) は

$$\frac{1}{\Delta}(V^{n+1} - V^n) + \rho V^{n+1} = u^n + P^n V^{n+1} \tag{11.21}$$

と表される。ここで P^n は先の係数を要素とする疎行列である。この式から V^{n+1} を計算する。大規模な行列計算が必要であるが、疎行列の性質を利用すれば効率的に計算することができる。陰解法を用いると有限回の反復計算で解が得られる。

11.2.2 コルモゴロフ方程式

先に述べたように、$f(a, y)$ はつぎのコルモゴロフ方程式を満たす。

$$-\frac{\partial}{\partial a}(f(a, y)s(a, y)) - \frac{\partial}{\partial y}(f(a, y)\mu(y)) + \frac{\sigma^2}{2}\frac{\partial^2}{\partial y^2} f(a, y) = 0$$

解析解のかわりに、つぎの式から近似解を求める。

$$-(f_{i,j}s_{i,j})' - (f_{i,j}\mu_j)' + \frac{\sigma^2}{2}(f_{i,j})'' = 0 \tag{11.22}$$

ここで $f_{i,j}$ は $f(a_i, y_j)$ の近似値である。これは $f_{i,j}$ に関する線形方程式であり、HJB 方程式のように反復計算する必要はない。風上差分を用いて

$$(f_{i,j}s_{i,j})' = \frac{f_{i,j}(s_{Fi,j})^+ - f_{i-1,j}(s_{Fi-1,j})^+}{\Delta a} + \frac{f_{i+1,j}(s_{Bi+1,j})^- - f_{i,j}(s_{Bi,j})^-}{\Delta a}$$

で近似する。(11.22) の二番目の項は

$$(f_{i,j}\mu_j)' = \frac{f_{i,j+1}\mu_{j+1} - f_{i,j}\mu_j}{\Delta y}$$

三番目の項は

$$(f_{i,j})'' = \frac{f_{i,j+1} - 2f_{i,j} + f_{i,j-1}}{(\Delta y)^2}$$

で近似する。これらの式を代入して整理すると、(11.22) は

$$P'f = 0 \tag{11.23}$$

と表される。経済的に意味のある解を得るために

$$f = U^{-1}q$$

を計算する。$q = [0, 1, 0, \ldots, 0]'$ であり、U は P' の第 1 列を 1, 0, ……, 0 で置き換えた行列である。P はすでに求めているので改めて計算する必要はない。

11.3 定常均衡

最初に定常状態について検討しよう。数値計算のポイントは、債券市場の均衡条件

$$S(r) = \int_{y_1}^{y_2} \int_b^\infty a f(a, y) \, da \, dy = 0$$

を満たす利子率を求めることである。利子率は貯蓄を通じて $f(a, y)$ を変化させる。このため債券の需要と供給は利子率の関数となる。所得リスクを保険でカバーできれば利子率は割引率と等しくなる。しかし保険が利用できないときは、予備的動機に基づく過剰な貯蓄で利子率は割引率より低くなる。図11.1は貯蓄と利子率の関係を示している。横軸は利子率で、縦軸に純貯蓄をとっている。利子率が高くなると、資産の分布は右へ移動して貯蓄は増加する。利子率がゼロに近づくと貯蓄は負となる。貯蓄曲線は $s = 0$ の線と 1 点で交わる。交点が均衡利子率である。均衡利子率は 2 分法で求めた。モデルのパラメータが変わると、貯蓄曲線はシフトして均衡利子率も変化する。後でパラメータと利子率の関係について調べる。

数値計算にあたってつぎの効用関数を仮定した。

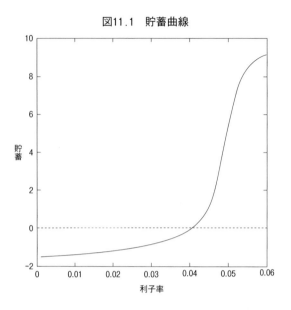

図11.1 貯蓄曲線

$$u(c) = \frac{c^{1-\theta}}{1-\theta} \qquad (\theta > 1)$$

パラメータは$\theta = 2$、$\rho = 0.05$、$0.5 \leq y \leq 1.5$、$\mu(y) = 0.4(1-y)$とする。平均所得は長期的に1となる。資産の範囲は$-2 \leq a \leq 10$とする。(11.5)の分散は$\sigma = 0.3$で、$I = 100$、$J = 50$とした。陰解法のアルゴリズムを実行すると、均衡利子率は$r^* = 4.07\%$となる。これは主観的割引率より約1パーセント・ポイント低い。Value functionは資産と所得の増加関数であり、$V_{aa} < 0$、$V_{yy} < 0$となる(図11.2)。資産や所得が増加すると、消費の拡大で効用が高くなるからである。図11.3は資産と所得の分布を示している。資産と所得は狭い領域に分布し、一部の消費者は限度一杯まで借り入れている。借入限度が引下げられると、限界的な消費者は増加する。パラメータの値が変わると利子率も変化する。表11.1は借入限度と利子率の関係を示している。リスク回避度が同じであれば、限度額が引き上げられると利子率は高くなる。債券に対する需要の増加と供給の減少で、貯蓄曲線が右側へシフトするからである。借入限度を一定とすると、リスク回避が強いほど利子率は低くなる。債券の需要は減少し供給は増加して、貯蓄曲線は左側へシフトする。$\theta = 0.2$、$b = -10$とすると$r^* = 4.99\%$となり、割引率とほとんど等しくなる。限度額が大きくなると、保険市場の欠落は重要な意味を持たなく

図11.2 Value function

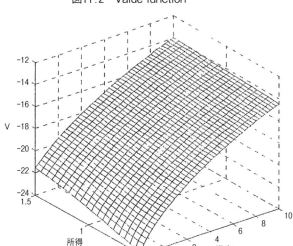

るからである。割引率も利子率に影響を与える。結果だけ示すと、$\rho = 0.01 ; 0.10\%$、$\rho = 0.02 : 1.32\%$、$\rho = 0.05 : 4.07\%$、$\rho = 0.06 : 4.98\%$となる。予想されるとおり、割引率が高くなると利子率も高くなる。債券の需要が減少する一方で、供給が増加して価格が低下するからである。所得のボラティリティも利子率に影響すると考えられる。この点を調べるために、$\mu = 1$に固定した状態で、所得の変動幅を変えて利子率を計算した。変動幅を h とすると、$h = 1.8 : 2.25\%$、$h = 1.2 : 3.60\%$、$h = 1.0 : 4.07\%$、$h = 0.6 : 4.78\%$、$h = 0.3 : 4.96\%$となる。したがって所得の変動が少なくなると、利子率は高くなり主観的割引率と差がなくなる。これは保険の必要性が薄れるからである。均衡状態で所得格差が生じる。これを見るために、最初に検討したケースについてローレンツ曲線を作成した（図11.4）。ジニ係数は $\gamma = 0.655$ となる。借入限度を $b = -1$ とすると（鎖線のケース）、$\gamma = 0.785$ となり格差は拡大する。一方、$b = -6$ に引き上げると（点線のケース）、$\gamma = 0.311$ まで格差は縮小する。したがって所得格差を是正するには借入限度を引き上げる政策が有効である。

図11.3 資産と所得の分布

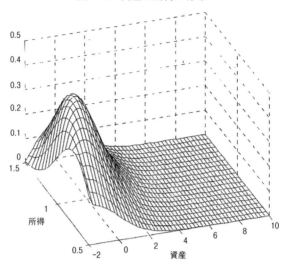

表11.1 債券の利子率

(単位は%)

b	θ			
	0.5	1	2	4
-2	4.80	4.58	4.07	2.82
-4	4.92	4.82	4.58	3.97
-6	4.95	4.89	4.72	4.26
-8	4.97	4.92	4.78	4.38

11.4 調整過程

前節では、短期的な調整が終わったあとの定常状態を分析した。理論的には長期均衡にいたる調整過程も興味がある。税制改正や生産性ショックの影響は直ぐには現れないからである。またつねに定常状態に収束するとは限らない。この節では調整過程の数値計算について簡単に説明する。時間を含んだ HJB 方程式はつぎの式を満たす。

$$\rho V(a, y, t) = \max_c \left\{ u(c) + \frac{\partial V}{\partial a}(y_t + r_t a_t - c_t) + \frac{\partial V}{\partial y}(\theta(\mu - y_t)) \right.$$

第11章 資産分布の数値解析 249

図11.4 所得のローレンツ曲線

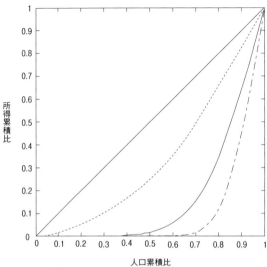

図11.5 資産分布の変化

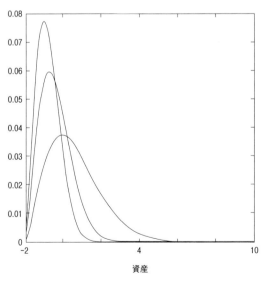

$$+ \frac{1}{2}\frac{\partial^2 V}{\partial y^2}\sigma^2 + \frac{\partial V}{\partial t}\Big\} \tag{11.24}$$

消費は最適条件

$$u'(c) = V_a(a, y, t) \tag{11.25}$$

を満たし、消費の決定式は時間とともに変化する。コルモゴロフ方程式は

$$\frac{\partial f(a, y, t)}{\partial t} = -\frac{\partial}{\partial a}(f(a, y, t)s(a, y, t)) - \frac{\partial}{\partial y}(f(a, y, t)\mu(y))$$

$$+ \frac{1}{2}\frac{\partial^2}{\partial y^2}(f(a, y, t)\sigma^2) \tag{11.26}$$

と表される。貯蓄は

$$s(a, y, t) = y + ra - c(a, y, t)$$

で与えられる。定常状態への移行過程を分析するには、初期時点の資産と所得の分布を与える必要がある。初期分布は

$$f(a, y, 0) = g(a, y) \tag{11.27}$$

とする。十分に長い時間が経過すると

$$\lim_{t \to \infty} V(a, y, t) = V(a, y)$$

となる。債券市場の均衡条件は

$$\int_{y_1}^{y_2}\int_{b}^{\infty} af(a, y, t)\,da\,dy = 0 \tag{11.28}$$

と表される。競争均衡は (11.24)、(11.26)、(11.29) と初期分布および終点条件を満たす $V(a, y, t)$、$f(a, y, t)$、$r(t)$ によって定義される。この場合も解析解は存在しない。このためつぎのステップを実行して数値解を求めた。

(1) 十分に長い期間 T をとり、$0 < t < T$ について利子率の初期値 $r^0(t)$ を与える。

(2) $r^0(t)$ と終点条件から後ろ向きに HJB 方程式を解いて $s^0(a, y, t)$ を求める。

(3) 貯蓄関数と初期分布から前向きにコルモゴロフ方程式を解いて $f^0(a, y, t)$ を求める。

(4) $S^0(t)$を求める。

(5) つぎの方法で利子率を調整する。

$$r^1(t) = r^0(t) - \xi \frac{dS^0(t)}{dt}, \ \xi > 0$$

$\|r^1(t) - r^0(t)\| \leq \varepsilon$ であれば終了する。そうでなければ $r^0(t) = r^1(t)$ としてステップ (2) へ戻る。

図11.5は資産分布が時間とともにシフトする様子を示している。左端は初期状態の分布で、ジニ係数は $\gamma = 0.834$ と高い。右端は定常状態の分布である。低い利子率からスタートすると、資産格差は次第に縮小する。反対に高い利子率からはじめると、資産分布は時間とともに左方向へシフトする。

11.5 結語

連続時間の Huggett モデルについて数値解析を行った。消費者は所得の変動にそなえて債券を保有する。貯蓄が正であれば債券を購入し、負であれば債券を発行する。

消費者の動学的最適化行動から HJB 方程式を導出した。所得と資産の分布はコルモゴロフ方程式に従って変化する。利子率は債券の需要と供給が等しくなるように決まる。解析解のかわりに差分法を用いて数値解を求めた。数値実験の結果、借入限度は利子率と所得分配に強い影響を与えることがわかった。Huggettのモデルによると、所得格差を是正するには、借入枠の拡大が有効である。残された課題はモデルを拡張して生産活動を考慮することである。企業は資本と労働を投入して財を生産し、家計に賃金と利潤を支払う。労働能力は確率的に変化し所得格差を発生させる。もう一つの課題は集計的リスクを考慮することである。RBC 理論によると、全要素生産性の変動は景気循環を引き起こす。Krusell＝Smith (1998) のモデルは固有リスクに加えて集計的リスクを考慮しているが、技術的な点で改善の余地がある[8]。連続時間で定式化すれば、ここで用いた数値解法が適用可能である。

補論　コルモゴロフ方程式

平均場ゲーム理論では、コルモゴロフ方程式が重要な役割を果たす。補論ではコルモゴロフ方程式を導出する初歩的な方法について説明しよう。

変数 x はつぎの確率微分方程式に従うとする。

$$dx = \mu(x)dt + \sigma(x)dW \tag{A.1}$$
$$x(0) = x_0$$

任意の関数 $p(x)$ に伊藤の公式を適用して、コルモゴロフ方程式を導出する。$p(x)$ は 2 回微分可能な関数とする。伊藤の公式により

$$dp(x) = \frac{\partial p}{\partial t}dt + \frac{\partial p}{\partial x}dx + \frac{1}{2}\frac{\partial^2 p}{\partial x^2}(dx)^2$$

が成り立つ。右辺に

$$\frac{\partial p}{\partial t} = 0$$
$$(dx)^2 = \mu^2(dt)^2 + 2\mu\sigma dtdW + \sigma^2(dW)^2 = \sigma^2 dt$$

を代入すると

$$dp(x) = \frac{\partial p}{\partial x}(\mu dt + \sigma dW) + \frac{1}{2}\frac{\partial^2 p}{\partial x^2}\sigma^2 dt$$

となる。両辺の期待値をとって t で微分すると

$$\frac{dE[p(x)]}{dt} = E\left(\frac{\partial p}{\partial x}\mu + \frac{1}{2}\frac{\partial^2 p}{\partial x^2}\sigma^2\right)$$

これを確率密度関数で表すと

$$\int_{-\infty}^{\infty} p(x)\frac{\partial f}{\partial t}dx = \int_{-\infty}^{\infty}\left(\frac{\partial p}{\partial x}\mu + \frac{1}{2}\frac{\partial^2 p}{\partial x^2}\sigma^2\right)f(t,x)dx \tag{A.2}$$

となる。境界条件を

$$f(t,\pm\infty) = 0,\ f_x(t,\pm\infty) = 0$$

とすると

$$\int_{-\infty}^{\infty}\frac{\partial p}{\partial x}\mu f dx = [p\mu f]_{-\infty}^{\infty} - \int_{-\infty}^{\infty} p\frac{\partial}{\partial x}(\mu f)dx$$

$$= -\int_{-\infty}^{\infty} p \frac{\partial}{\partial x}(\mu f)\,dx$$

$$\int_{-\infty}^{\infty} \frac{\partial^2 p}{\partial x^2}\sigma^2 f\,dx = \left[\frac{\partial p}{\partial x}\sigma^2 f\right]_{-\infty}^{\infty} - \int_{-\infty}^{\infty} \frac{\partial p}{\partial x}\frac{\partial}{\partial x}(\sigma^2 f)\,dx$$

$$= -\left[p\frac{\partial}{\partial x}(\sigma^2 f)\right]_{-\infty}^{\infty} + \int_{-\infty}^{\infty} p\frac{\partial^2}{\partial x^2}(\sigma^2 f)\,dx$$

$$= \int_{-\infty}^{\infty} p\frac{\partial^2}{\partial x^2}(\sigma^2 f)\,dx$$

となる。これらの式を（A.2）に代入すると

$$\int_{-\infty}^{\infty} p(x)\frac{\partial f}{\partial t}\,dx = \int_{-\infty}^{\infty} p(x)\left[-\frac{\partial}{\partial x}(\mu f) + \frac{1}{2}\frac{\partial^2}{\partial x^2}(\sigma^2 f)\right]dx$$

$$\int_{-\infty}^{\infty} p(x)\left[\frac{\partial f}{\partial t} + \frac{\partial}{\partial x}(\mu f) - \frac{1}{2}\frac{\partial^2}{\partial x^2}(\sigma^2 f)\right]dx = 0$$

を得る。この式が任意の $p(x)$ について成り立つためには、

$$\frac{\partial f}{\partial t} = -\frac{\partial}{\partial x}(\mu f) + \frac{1}{2}\frac{\partial^2}{\partial x^2}(\sigma^2 f) \tag{A.3}$$

でなければならない。これはコルモゴロフ方程式に他ならない。定常状態において

$$0 = -\frac{d}{dx}(\mu f) + \frac{1}{2}\frac{d^2}{dx^2}(\sigma^2 f) \tag{A.4}$$

が成り立つ。

応用例としてランジュバン方程式

$$dx = -bx\,dt + \sigma dW \qquad (b > 0)$$
$$x(0) = x_0$$

の定常分布を求めよう。（A.4）から

$$b\frac{d}{dx}(xf) = -\frac{\sigma^2}{2}\frac{d^2 f}{dx^2}$$

$$bxf = -\frac{\sigma^2}{2}\frac{df}{dx}$$

$$\frac{df}{f} = -\frac{2b}{\sigma^2}x\,dx$$

$$\ln f = -\frac{b}{\sigma^2}x^2 + C$$

から

$$f = \exp\left[-\frac{b}{\sigma^2}x^2 + C\right]$$

となる。規格化すると

$$f(x) = \frac{1}{\sqrt{\pi\sigma^2/b}}\exp\left[-\frac{x^2}{\sigma^2/b}\right] \tag{A.5}$$

これは平均 0 、分散 $\sigma^2/(2b)$ の正規分布である。

この例のように特殊なケースは陽表的な解があるが、一般的なケースで解析解を見つけるのは難しい。このため数値的な方法で近似解を求める。通常は差分法を使うが、コルモゴロフ方程式の場合はプログラミングに手間がかり計算時間も長くなる。かわりにシミュレーションによって密度関数を求める方法が考えられる。コンピュータでサンプルパスを生成して度数分布を求める方法である。この方法を使うと任意の時点で密度関数が得られる。

第7章で説明したオイラー・丸山スキームを使って、(A.1) の解を求めることができる。$[0, T]$ を離散化して、分点を $t_j = j\Delta t\,(t = 0, 1, \dots\dots, L)$、$\Delta t = T/L$ とする。$X(t_j)$ の近似値をつぎの漸化式から計算する。

$$X_{j+1} = X_j + \mu(X_j)\Delta t + \sigma(X_j)\Delta W_j$$
$$\Delta W_j = z_j\sqrt{\Delta t},\ z_j \sim N(0, 1) \tag{A.6}$$

$T = 3$、$\Delta t = 0.01$、$X(0) = 0$ として計算すると、図 A.1に示した密度関数(点線)が得られる。実線は (A.5) の厳密解である。二つの曲線は重なり合い、ほとんど区別できない。近似解は境界条件も満たしている。コンピュータ・シミュレーションは、多変数の確率微分方程式に有効である。

[注]

1) Heathcote, Storesletten and Violante (2009) は、異質的主体モデルに関する文献をサーベイしている。
2) 釜 (2015) の第11章を参照。

図 A.1 確率分布

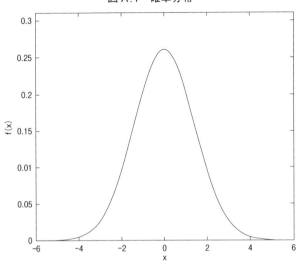

3) 借入限度は $b > -y_1/r$ を満たすものとする。
4) 負の所得を排除するために下限を設定した。数値計算の面からも有限区間にする必要がある。
5) 離散時間モデルの均衡解の存在条件については、Huggett (1993) を参照せよ。
6) Barles, G, and P. E. Souganidis (1991) を参照。
7) 陰解法のアルゴリズムについて、Achdou 他 (2013a), (2013b) を参照した。
8) 釜 (2015) の第11章を参照。

[参考文献]

釜国男 (2015)『経済モデルの数値解析』多賀出版。
Lasry, J. M. and Lions, P. L. (2007) "Mean Field Games", *Japanese Journal of Mathematics*, Vol. 2, 229-260.
Achdou, Y, I. Capuzzo-Dolcetta. (2010) "Mean Field Games:Numerical Methods", *SIAM Journal on Numerical Analysis*, Vol. 48, 1136-1162.
Achdou, Y. (2013a) "Finite Difference Methods for Mean Field Games" in *Hamilton-Jacobi Equations: Approximations, Numerical Analysis and Applications* (eds L. Paola, A. N, Tchou), (Lecture Notes in Mathematics), Springer, Berlin.
Achdou, Y, F. Camilli, I. Capuzzo-Dolcetta. (2013b) "Mean Field Games: Convergence of a Finite Difference Method", *SIAM Journal on Numerical Analysis*, Vol. 51, 2585-2612.
Aiyagari, S. Rao. (1994) "Uninsured Idiosyncratic Risk, and Aggregate Saving", *Quarterly Journal of Economics*, Vol. 109, 659-684.
Barles, G and P. E. Souganidis. (1991) "Convergence of Approximation Schemes for Fully

Nonlinear Second Order Equations", *Asymptotic Analysis*, Vol. 4, 271-283.

Bewley, T. (1986) "Stationary Monetary Equilibrium with a Continuum of Independently Fluctuating Consumers", in *Contributions to mathematical economics in honor of Gerard Debreu* (eds W. Hildenbrand and A. Mas-Colell), pp. 79-102. North Holland, Amsterdam.

Heathcote. J, K. Storesletten and G. L. Violante. (2009) "Quantitative Macroeconomics with Heterogeneous Households", *Annual Review of Economics*, Vol. 1, 319-354.

Huggett, M. (1993) "The Risk-free Rate in Heterogenous-Agent Incomplete-Insurance Economies", *Journal of Economic Dynamics and Control*, Vol. 17, 953-969.

Krusell, P and A. A. Smith. (1998) "Income and Wealth Heterogeneity in the Macroeconomy", *Journal of Political Economy*, Vol. 106, 867-896.

第12章　RBC モデルによる景気変動の分析

　最後に数値計算の応用として、RBC（Real Business Cycle）モデルについて検討する。RBC モデルはマクロ経済学に数値解析が導入されるきっかけとなった重要なモデルである。RBC 理論の先がけとなったのは、Kydland=Prescott（1982）の論文である。その後、Long=Plosser（1983）、King=Plosser（1984）、Hansen（1985）、King=Plosser=Rebelo（1988），Cooley=Hansen（1989）Christiano=Eichenbaum（1992），Benhabib=Rogerson=Wright（1991）など多くの論文が発表された。RBC モデルにはつぎのような特徴がある。（1）家計と企業は資源と生産技術の制約のもとで効用や利潤を最大化する。（2）景気変動は主に生産性ショックによって起こる。消費と余暇の異時点間代替は生産性ショックの効果を増幅する。（3）市場均衡と合理的期待、および完全競争を仮定する。RBC 理論はマクロ経済学の発展に大きく貢献した。初期の理論は景気変動の源泉として全要素生産性ショックを重視していたが、嗜好ショック（Bencivenga（1991））、政府支出ショック（Christiano=Eichenbaum（1992））、金融資産の投資収益ショック（Williamson（1987））などの要因を考慮した理論も現れている。実物的ショックに加えて、貨幣的ショックを取り入れた研究も進んでおり、価格硬直性を仮定したニューケインジアン・モデルも提案されている。このため RBC 理論と呼ぶのは不適切かもしれない[1]。数値計算やシミュレーションを駆使したマクロ経済学と解釈すべきであろう。米国に比べて、わが国ではこの分野の研究は立ち遅れている。大日（1991）、Hamori=Kitasaka（1997、1998）、副島（1997）、Abe（2004）など少数の研究があるにすぎない。最近では DYNARE という便利なソフトウェアが利用できる。ほかにもさまざまなプログラムがインターネットで公開されており[2]、以前に比べて技術的なハードルは低くなっている。この章の目的は実証的な動学的マクロ経済モデルの分析方法を日本のデータに基づいて説明することである。プロトタイプモデルから始めて、データにフィットするようにモデルを少しずつ修正した。使用したデータは少し古いが、基本的な考え方を説明するのに大きな障害にはならないであろう。

12.1 プロトタイプモデル

最初に、標準的な RBC モデルを日本経済へ適用した場合の問題点を明らかにしておこう。無限期間生存する同質的消費者からなる経済を想定する。簡略化のため、貨幣と政府および海外部門は捨象する。つぎのような効用関数を仮定する。

$$U = E_0 \sum_{i=0}^{\infty} \beta^t (\log(c_t) + A \log(l_t)) \tag{12.1}$$

ここで β は主観的割引率、c_t は消費、l_t は余暇、E_0 は条件付き期待値である。完全競争企業は生産関数

$$y_t = z_t k_t^\alpha n_t^{1-\alpha} \qquad (0 < \alpha < 1) \tag{12.2}$$

を用いて財を生産する。y_t は生産量で k_t は資本ストック、n_t は労働投入、z_t は全要素生産性である。全要素生産性はつぎの AR（1）に従う。

$$\log(z_{t+1}) = \rho \log(z_t) + \varepsilon_{t+1}, \ \varepsilon_{t+1} \sim N(0, \ \sigma^2) \tag{12.3}$$

資本の運動式は

$$k_{t+1} = (1-\delta) k_t + i_t \tag{12.4}$$

と表される。ここで $0 \leq \delta \leq 1$ は減価償却率で、i_t は粗投資である。財市場の均衡条件は

$$y_t = c_t + i_t \tag{12.5}$$

である。余暇と労働時間は

$$l_t + n_t = 1 \tag{12.6}$$

を満たす。

計画当局は（12.2）-（12.4）の制約のもとで生涯の期待効用を最大化する。ラグランジュ乗数法を適用すると、効用最大化の条件は

$$c_t^{-1} - \lambda_t = 0$$
$$A(1-n_t)^{-1} - \lambda_t (1-\alpha) z_t k_t^\alpha n_t^{-\alpha} = 0 \tag{12.7}$$

$$-\lambda_t + \beta E_t \lambda_{t+1}[\alpha z_{t+1} k_{t+1}^{\alpha-1} n_{t+1}^{1-\alpha} + 1 - \delta] = 0$$

である。最初の式から、消費の限界効用はシャドウプライスと等しくなる。二番目は、労働の限界不効用が限界生産力に等しいという条件である。三番目の条件により、資本の限界生産力は放棄した消費の機会費用と等しくなる。これらの条件と資源制約から消費と労働、資本、ラグランジュ乗数が決まる。便宜上、オイラー方程式と資源制約をつぎのように書きかえる。

$$\begin{aligned}
c_t &= (1-\alpha)(1-n_t)(y_t/n_t)/A \\
c_t^{-1} &= \beta E_t[c_{t+1}^{-1}(\alpha(y_{t+1}/k_{t+1}) + 1 - \delta)] \\
k_{t+1} &= y_t + (1-\delta)k_t - c_t \\
y_t &= z_t k_t^{\alpha} n_t^{1-\alpha}
\end{aligned} \qquad (12.8)$$

定常状態において、$k = k^*$、$n = n^*$、$c = c^*$、$y = y^*$ となる。これらの値と $z_t = 1$ を (12.8) に代入すると

$$\begin{aligned}
c^* &= (1-\alpha)(1-n^*)(y^*/n^*)/A \\
\beta^{-1} &= \alpha(y^*/k^*) + 1 - \delta \\
\delta k^* &= y^* - c^* \\
y^* &= (k^*)^{\alpha}(n^*)^{1-\alpha}
\end{aligned} \qquad (12.9)$$

が成り立つ。これより

$$\begin{aligned}
k^* &= \Psi/(\Omega + \phi \Psi) \\
c^* &= \Omega k^* \\
n^* &= \phi k^* \\
y^* &= (k^*)^{\alpha}(n^*)^{1-\alpha}
\end{aligned} \qquad (12.10)$$

となる。ここで

$$\begin{aligned}
\phi &= \left[\frac{1}{\alpha}\left(\frac{1}{\beta} + \delta - 1\right)\right]^{\frac{1}{1-\alpha}} \\
\Psi &= \frac{1-\alpha}{A\phi^{\alpha}} \\
\Omega &= \phi^{1-\alpha} - \delta
\end{aligned}$$

である。モデルの陽表的な解を求めることは難しい。このため、(12.8) を線形近似して、定常点の近傍における振る舞いを調べる。オイラー方程式と資源制約を対数線形近似すると

$$\hat{c}_t = \alpha \hat{k}_t - \left(\frac{n^*}{1-n^*} + \alpha\right)\hat{n}_t + \hat{z}_t$$
$$-\hat{c}_t = -E_t(\hat{c}_{t+1}) + \alpha\beta(y^*/k^*)E_t(\hat{y}_{t+1} - \hat{k}_{t+1})$$
$$\hat{k}_{t+1} = (y^*/k^*)\hat{y}_t + (1-\delta)\hat{k}_t - (c^*/k^*)\hat{c}_t \qquad (12.11)$$
$$\hat{y}_t = \hat{z}_t + \alpha \hat{k}_t + (1-\alpha)\hat{n}_t$$
$$\hat{i}_t = (y^*/i^*)\hat{y}_t - (c^*/i^*)\hat{c}_t$$
$$\hat{p}_t = \hat{y}_t - \hat{n}_t$$
$$\hat{z}_{t+1} = \rho\hat{z}_t + \varepsilon_{t+1}$$

となる。ただし、$\hat{x}_t \equiv \log(x_t) - \log(x^*)$ である。$p_t = y_t/n_t$ は労働生産性を表す。(12.11) から $\hat{c}_t$ を消去すると、次式が得られる[3]。

$$E_t(B\hat{k}_{t+1} + C\hat{k}_t + D\hat{n}_t + F\hat{z}_t) = 0$$
$$E_t(G\hat{k}_{t+1} + H\hat{k}_t + J\hat{n}_{t+1} + K\hat{n}_t + L\hat{z}_{t+1} + M\hat{z}_t) = 0 \qquad (12.12)$$
$$E_t\hat{z}_{t+1} = N\hat{z}_t$$

ここで

$$B = 1,\ C = \delta(1-\alpha) - 1$$
$$D = -(1-\alpha)\frac{y^*}{k^*} - \left(\frac{n^*}{1-n^*} + \alpha\right)\frac{c^*}{k^*},\ F = -\delta$$
$$G = -\alpha\left(1 + \beta(1-\alpha)\frac{y^*}{k^*}\right),\ H = \alpha$$
$$J = \alpha\beta(1-\alpha)\frac{y^*}{k^*} + \frac{1}{1-n^*} + \alpha,\ K = -\left(\frac{n^*}{1-n^*} + \alpha\right)$$
$$L = \alpha\beta\frac{y^*}{k^*} - 1,\ M = 1,\ N = \rho$$

である。

$$\hat{k}_{t+1} = P\hat{k}_t + Q\hat{z}_t$$

$$\hat{n}_t = R\hat{k}_t + S\hat{z}_t$$

と推測する。ただし P、Q、R、S は未定係数である。(12.12) に代入すると

$$B(P\hat{k}_t+Q\hat{z}_t)+C\hat{k}_t+D(R\hat{k}_t+S\hat{z}_t)+F\hat{z}_t=0$$
$$G(P\hat{k}_t+Q\hat{z}_t)+H\hat{k}_t+J(R(P\hat{k}_t+Q\hat{z}_t)+SN\hat{z}_t)+K(R\hat{k}_t+S\hat{z}_t)$$
$$+(LN+M)\hat{z}_t=0$$

が成り立つ。これらの式は $\hat{k}_t$ と $\hat{z}_t$ に関する恒等式であり、係数は

$$BP+C+DR=0 \tag{12.13}$$

$$GP+H+JRP+KR=0 \tag{12.14}$$

$$BQ+DS+F=0 \tag{12.15}$$

$$(G+JR)Q+JSN+KS+LN+M=0 \tag{12.16}$$

を満たす。(12.13) から R を求めて (12.14) に代入すると

$$P^2+\left(\frac{C}{B}+\frac{K}{J}-\frac{GD}{JB}\right)P+\frac{KC-HD}{JB}=0$$

を得る。この式から P を求めると

$$P=-\frac{1}{2}\left[-\left(\frac{C}{B}+\frac{K}{J}-\frac{GD}{JB}\right)\pm\sqrt{\left(\frac{C}{B}+\frac{K}{J}-\frac{GD}{JB}\right)^2-4\left(\frac{KC-HD}{JB}\right)}\right] \tag{12.17}$$

となる。一つの根は鞍点経路に対応し、もう一つの根は横断性条件を満たさない不安定な解である。安定根を採用して、$R=-(BP+C)/D$ を求める。これを (12.16) に代入すると

$$Q=\frac{DLN+DM-F(JN+K)}{BJN+BK-DG-DJR} \tag{12.18}$$

$$S=\frac{FG+FJR-B(LN+M)}{BJN+BK-DG-DJR} \tag{12.19}$$

を得る。

つぎに、内生変数の定常状態の値とデータが一致するようにパラメータを決める。完全競争のもとでは、αは国民所得の資本分配率に等しくなる。資本分配率は不況になると低下し、好況時には上昇する。このためデータ期間（1970：I－1999：I）の平均をとって、$\alpha = 0.328$とした[4]。一人当たり労働時間は、年間総実労働時間（全産業）から求めた。y_t は実質 GNP と就業者数の比率、k_t は就業者一人当たりの総資本（実質民間企業設備資本ストック＋公的固定資本ストック）である。民間・公的資本減耗の総資本に対する比率の平均値0.072をδとする。主観的割引率は、$\beta^{-1} = \alpha(y^*/k^*)+1-\delta$ の関係を用いて計算すると、$\beta = 0.901$ となる。定常状態では $A = (1-\alpha)[(1-n^*)/n^*](y^*/c^*)$ となるので、αと$n^* = 0.239$、および実質 GNP/民間最終消費の平均値1.703を代入して、$A = 3.656$とした。最後に$TFP = Y/K^{\alpha}L^{1-\alpha}$（$Y$は実質$GNP$、$K$は総資本、$L$は就業者数）を求め、$TFP$の対数をタイムトレンドに回帰させた式の残差を生産性ショックと見なした。(12.3)を推計すると、$\rho = 0.922$、$\sigma = 0.00867$ となる。z_t は強い正の系列相関をもち、生産性ショックの影響は直ぐには消滅しない。σは近似システムを解くのに必要ではないが、シミュレーションを行うときに使う。

12.2 景気変動の特徴

モデルのパフォーマンスを評価するには、日本の景気変動の特徴を押さえておく必要がある。このため、HP フィルター（Hodrick-Prescott filter）を使ってデータから循環要因を抽出し、統計的な性質を調べることにした[5]。使用したのは1970－1999年の季調済み四半期データである。図12.1は、就業者一人当たり実質 GNP の対数値（実線）と成長トレンド（破線）を示している。景気変動はトレンドからの乖離で定義される。実質 GNP は循環変動をともないながら成長している。表12.1は、実質 GNP と民間消費、民間投資、労働時間、労働生産性の関係を要約している。左側は実際の観測結果であり、右側については後で説明する。

第1列は循環要因の標準偏差であり、括弧内は実質 GNP と比較した変動度を表す。第2列は実質 GNP と他の変数の相関係数を示している。すべての変数が総生産と正の相関をもち、総生産は消費より若干変動が大きく、民間投資の変動は突出している。労働時間は実質 GNP に比べて変動が少なく、労働生産性より安定している。米国では、生産性の変動が労働時間の変動を上回る「生産性」パ

図12.1 一人当たり実質 GDP の成長と変動

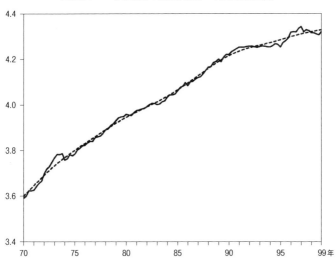

表12.1 日本の景気変動の特徴

変数	観測値 標準偏差(%)	相関係数	Divisible Labor 標準偏差(%)	相関係数	Indivisible Labor 標準偏差(%)	相関係数	政府消費 標準偏差(%)	相関係数
実質 GNP	1.31(1.00)	1.00	1.56(1.00)	1.00	1.68(1.00)	1.00	1.40(1.00)	1.00
実質民間消費	1.24(0.95)	0.74	1.10(0.71)	0.93	1.16(0.69)	0.92	1.08(0.77)	0.92
実質民間投資	5.15(3.93)	0.65	5.87(3.76)	0.88	6.50(3.87)	0.89	5.33(3.81)	0.90
労働時間	0.85(0.65)	0.62	0.56(0.36)	0.80	0.70(0.42)	0.80	0.48(0.34)	0.68
労働生産性	1.02(0.78)	0.76	1.16(0.74)	0.96	1.16(0.69)	0.92	1.13(0.81)	0.95

ズルが問題になっている。日本の場合は生産性と労働時間の相関係数は -0.03 と低く、相関関係はない（図12.2）。労働生産性は実質賃金に比例しているので、実質賃金と労働供給は相関していないと言いかえてもよい。同じ結果は米国でも報告されており、この事実を説明するモデルが提案されている。以下ではいくつかのモデルを取り上げて、なぜ日本の労働市場で観察されるのか考える。

12.3 基本モデル

前節のパラメータを（12.17）に代入すると、$P = 0.773$ の安定根が得られる。

図12.2 労働生産性と労働時間の関係

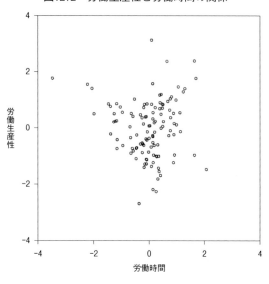

この値から他の係数を求めると、つぎの線形システムが得られる。

$$\hat{k}_{t+1} = 0.773\hat{k}_t + 0.422\hat{z}_t$$
$$\hat{c}_t = 0.480\hat{k}_t + 0.702\hat{z}_t$$
$$\hat{n}_t = -0.283\hat{k}_t + 0.552\hat{z}_t \qquad (12.20)$$
$$\hat{y}_t = 0.138\hat{k}_t + 1.371\hat{z}_t$$
$$\hat{i}_t = -2.156\hat{k}_t + 5.855\hat{z}_t$$
$$\hat{p}_t = 0.421\hat{k}_t + 0.819\hat{z}_t$$
$$\hat{z}_{t+1} = 0.922\hat{z}_t + \varepsilon_{t+1}$$

資本ストックと全要素生産性が増加すると、消費と総生産は拡大して労働生産性も上昇する。労働時間と投資に対する効果ははっきりしない。生産性の上昇は労働時間と投資を増大させるが、資本ストックはマイナスに作用する。いずれも理論的に予想される結果である。

つぎにモデルを数量的に評価するために、計算機で ε_t を発生させて、117期間についてシミュレーションを100回行い、HPフィルターで処理して各変数の標

図12.3 生産性と労働時間（プロトタイプモデル）

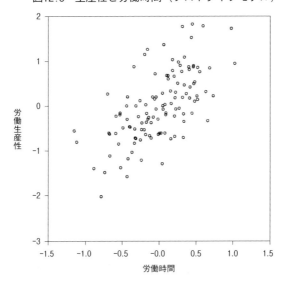

準偏差と相関係数の平均値を求めた（表12.1）。消費は生産より変動が小さく、投資の相対標準偏差は3.8と観測値とほぼ等しい。生産と消費、投資、労働時間、生産性の間には正の相関があり、プロシカルに変動する。ただし、相関係数が実際より高くなるのは若干問題である。大きな食い違いがあるのは、労働時間と実質賃金の関係である。両者をプロットした図12.3を見ると、明らかに正の相関がある。これは生産性ショックによって労働需要曲線がシフトして、供給曲線上の点が観察されるからである。しかし図12.2で示したように、実際にはほとんど相関はない。この点を改善するには、供給曲線をシフトさせる要因を考慮すればよい。そうした要因として考えられるのは、労働者の貨幣錯覚である。貨幣錯覚があれば、貨幣供給の増加は同一の実質賃金のもとで労働供給を増大させる。貨幣錯覚の他に、嗜好の変化も労働供給曲線をシフトさせる（Bencivenga（1992））。しかしマクロの現象を個人の嗜好ショックで説明するのは無理がある。有望なアプローチは家庭内生産である（Benhabib, Rogerson, Wright（1991）を参照）。食事の準備、掃除、洗濯、住宅の修理など家庭内の生産活動はGNPに含まれないが、その貨幣価値は相当な額に達する。余暇と市場生産と家庭内生産に費やすことのできる時間は限られている。このため賃金の上昇は家庭内生産から市場生産への

シフトを引き起こして、同一賃金のもとでより多くの労働が供給されるようになる。家庭内生産にもショックが加わるならば、賃金と労働時間の相関はさらに低くなる。もう一つの要因として考えられるのは、労働保蔵（labor hoarding）である。雇用と解雇には調整コストがかかり、企業内には一定の労働が保蔵されており、短期的な生産調整には保蔵労働を活用するという考えである。保蔵労働があれば労働投入のデータは実際の投入量を正確に反映しておらず、生産性と労働時間は相関しなくなる可能性がある[6]。日本企業、とくに大企業では最近まで終身雇用制度のもとで労働保蔵が広く存在したとみられる。わが国では労働時間を変更して生産調整を行うのが一般的であり、労働保蔵モデルは有望なアプローチであるのかもしれない。

表12.1によると、労働時間は生産性に比べて変動が小さく、Mc Callum（1988）の指摘したRBCモデルの問題点は見られない。しかし労働者はつねに雇用され労働時間のみ調整されるという仮定は現実的ではない。実際には雇用調整が行われ失業が存在する。こうした要素を取り入れたのが、Hansen（1985）のindivisible laborモデルである。一定時間働くか、失業するか、確率的に決まり消費者の効用関数は

$$u(c_t, n_t) = \log(c_t) - Bn_t \qquad (12.21)$$

と表される。余暇の異時点間代替の弾力性は無限大で、労働供給曲線は水平となる。シミュレーションの結果によると、indivisible laborでは変数の変動が大きくなり、問題のσ_n/σ_pは0.48から0.60となって観測値に近くなる。労働時間と生産性の相関係数は0.56と高く観測値から大きく乖離している。この原因は単一のショックを仮定していることにある。(12.20)の$\hat{n}_t$と$\hat{p}_t$の式を見ると、$\hat{z}_t$の係数はともに正で、生産性ショックを通じて正の相関が生じる。したがって生産性ショックと無関係な新しいショックを取り入れると相関は弱くなる可能性がある。いくつかの要因が考えられるが、ここでは政府支出に注目したい[7]。

政府支出（正確には政府最終消費支出）g_tは、つぎのルールに基づいて決定されるとする。

$$\log(g_{t+1}) = (1-\lambda)\log(g^*) + \lambda \log(g_t) + \eta_{t+1} \qquad (12.22)$$
$$\eta_{t+1} \sim niid(0, \sigma_\eta^2), \ Cov(\varepsilon_{t+1}, \eta_{t+1}) = 0$$

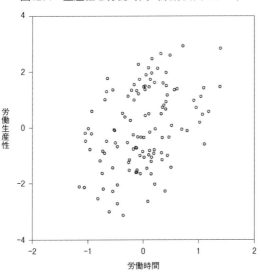

図12.4　生産性と労働時間（政府支出モデル）

支出は一括固定税によってまかなわれ、消費者の効用と生産には直接影響を与えない。財市場の均衡条件は

$$y_t = c_t + i_t + g_t \tag{2.23}$$

と表される。政府支出が増えると可処分所得は減少し、負の所得効果で労働供給は増加する。政府支出によって労働供給曲線がシフトし、生産性ショックによって労働需要曲線はシフトする。その結果、二つの曲線の交点で決まる実質賃金と労働時間の相関は弱くなる。(12.22) の係数を最小自乗法で推定すると、$\lambda = 0.98$、$\sigma_\eta = 0.013$ となる。残差は (12.3) の ε_{t+1} と無相関である。g_t/y_t の平均値を g^* とした。表12.1を見ると、結果はおおむね基本モデルと変わらないが、全要素生産性と労働時間の相関係数は0.39とさらに低くなる（図12.4）。

したがって政府支出ショックを考慮すると、実質賃金と労働時間は現実に近い変動を示すようになる。ここでは検討しなかったが、日本の輸出と景気の関係からみて、交易条件ショックも無視できない要因であるのかもしれない[8]。

12.4 結語

　第3節で示したように、日本の景気変動には米国とは異なる特徴がある。すなわち日本では、実質賃金に比べて労働投入の変動が大きくなる「生産性パズル」は観察されない。米国ではこの現象をめぐってさまざまな議論が展開されているが、日本ではパズル自体が存在しない。したがって、生産性パズルを論拠としたRBC理論に対する批判は当てはまらない。しかしながら、もう一つのアノマリーは日本でも観察される。つまりRBC理論によると労働投入は実質賃金と正の相関をもつはずであるが、実際には相関関係は見られない。標準的なモデルでは景気変動の要因として生産性ショックを重視しているが、政府支出のように労働供給曲線をシフトさせる要因を考慮すればアノマリーはなくなると考えられる。前節の結果によると、たしかに政府支出を考慮すれば相関係数は低くなる。しかしまだ不十分なところがあり、今後さらに研究する必要がある。当面の検討課題は、国際貿易における交易条件ショックと家庭内生産の影響を調べることである。とくに貿易依存度の高いわが国では、景気変動の国際的な側面を検討するのは重要である。この問題でもRBC理論が有益な洞察を与えてくれるであろう。

[注]

1) 最近の文献はカバーしていないが、RBC理論の詳細な展望と批判はStadler（1994）を参照した。
2) 例えば釜（2015）で説明したSchmitt-Grohe = Uribe（2004）の政策関数の二次近似プログラムやBurnside（1999）の計算ソフトが公開されている。
3) 未定係数法を用いる方法について、Fernandez-Villaverde他（2006）を参照した。
4) 実際にはSNA勘定の雇用者所得と国民所得（雇用者所得＋財産所得＋企業所得）から求めた労働分配率から計算した。
5) HPフィルターは、対数変換した観測値y_tを$y_t = g_t + c_t$と成長趨勢g_tと変動要因c_tに分解する。$g_t(t=1, \ldots, T)$は

$$\sum_{t=1}^{T}(y_t - g_t)^2 + \lambda \sum_{t=1}^{T}[(g_{t+1} - g_t) - (g_t - g_{t-1})]^2$$

が最小となるように決定する。調整係数λが大きいほどg_tは線形トレンドに近くなる性質があり、四半期データでは$\lambda = 1600$とするのが慣例である。詳しくはHodrick = Prescott（1997）を参照されたい。

6） 詳しくは Burnside 他（1993）を参照。
7） Christiano=Eichenbaum（1992）を参照。
8） 日本の景気変動では石油価格の影響がしばしば強調される。石油価格が上昇すると、同じ量の資本と労働のもとで生産量は減少するので、負の生産性ショックである。石油ショックにより労働需要曲線はシフトして、雇用と生産は減少する。反対に石油価格の下落は雇用と生産を拡大させる。RBC 理論によると、第1次石油ショックによる石油価格の高騰が1973-1975年の景気後退を引き起こした。

[参考文献]

大日康史（1991）「Real Business Cycle 理論の日本経済への適用可能性」、同志社大学『経済論叢』42巻2号、pp. 32-64。

釜国男（2015）『経済モデルの数値解析』多賀出版。

副島豊（1997）「金融技術革新がマクロ経済変動へ与える影響――マクロ動学モデルによる評価――」日銀金融研究所『金融研究』16巻3号、pp. 87-122。

Abe, Naohito. (2004) "The Multi-Sector Business Cycle Model and Aggregate Shocks: An Empirical Analysis", *Japanese Economic Review*, Vol. 55, 101-118.

Bencivenca, V. (1992) "An Econometric Study of Hours and Output Variation with Prefernce Shocks", *International Economic Review*, Vol. 33, 449-471.

Benhabib, J. Rogerson, R. and Wright, R. (1991) "Homework in Macroeconomics: Household Production and Aggregate Fluctuations", *Journal of Political Economy*, Vol. 99, 1166-1187.

Burnside, C. Eichenbaum, M. and Rebelo, S. (1993) "Labor Hoarding and the Business Cycle", *Journal of Political Economy*, Vol. 101, 245-273.

Burnside, C. (1999) "Real Business Cycle Models: Linear Approximation and GMM Estimation", The World Bank, mimeo.

Christiano, L. and Eichenbaum, M. (1992) "Current Real-Business-Cycle Theories and Aggragate Labor Market Fluctuations", *American Economic Review*, Vol. 82, 430-450.

Cooley, T. and Hansen, G. (1989) "The Inflation Tax in a Real Business Cycle Model", *American Economic Review*, Vol. 79, 733-748.

Fernandez-Villaverde, Aruoba, S and Rubio-Ramirez. (2006) "Comparing Solution Methods for Dynamic Equilibrium Enomies", *Journal of Economic Dynamics & Control*, Vol. 30, 2477-2508.

Hamori, S. and Kitasaka, S. (1997) "The Characteristics of the Business Cycle in Japan", *Applied Economics*, Vol. 29, 1105-1113.

――――. (1998) "A Numerical Analysis of the Monetary Aspects of the Japanese Economy:the Cash-in-Advance Approach", *Applied Financial Economics*, Vol. 8, 51-59.

Hansen, G. (1985) "Indivisible Labor and the Business Cycles", *Journal of Monetary Economics*, Vol. 16, 309-327.

Hodrick, R. and Prescott, E. (1997) "Post-War U. S. Business Cycles: An Empirical Investigation", *Journal of Money,Credit and Banking*, Vol. 29, 1-16.

King, R. Plosser, C. and Rebelo, S (1988) "Production, Growth, and Business Cycles:. The Basic Neoclassical Model", *Journal of Monetary Economics*, Vol. 21, 195-232.

Kydland, F. and Prescott, E. (1982) "Time to Build and Aggregate Fluctuations", *Econometrica*, Vol. 50, 1345-1370.

Long, J. and Plosser, C. (1983) "Real Business Cycles", *Journal of Political Economy*, Vol. 91, 39-69.

McCallum, B, T (1989) "Real Business Cycle Models," in *Modern Business Cycle Theory*, Ed. Robert J. Barro, Harvard University Press, pp. 16-50.

Schmitt-Grohe, and Uribe, M (2004) "Solving Dynamic General Equlibrium Modelds Using a Second-Order Approximation to the Policy Function", *Journal of Economic Dynamics & Control*, Vol 28, 755-775.

Stadler, G. (1994) "Real Business Cycles", *Journal of Economic Literature*, Vol. 32, 1750-1783.

Williamson, S. (1987) "Financial Intermediation, Business Failures, and Real Business Cycles", *Journal of Political Economy*, Vol. 95, 1196-1216.

索　引

ア行

アーノルディ過程　158
アイヤガリ（Aiyagari, Rao）　221, 237
アルゴリズム　18, 39, 145, 211
アロー（Arrow, Kenneth）　166
安定的アーム　106, 110
鞍点経路　105, 118
鞍点問題　165
異質的企業　221
異質的消費者　237
1次元探索　3
一般化最小残差法　163
伊藤積分　171
伊藤の公式　174
陰解法　94, 208, 211
indivisible labor モデル　266
宇沢（Uzawa, Hirofumi）　166
宇沢・ルーカスモデル　113
オイラー・丸山スキーム　176
オイラー法　183
オイラー方程式　62, 67
黄金分割法　6
　　　――のプログラム　7
横断性条件　107, 109, 231
オプション　85
　　　――の価格　94
　　　――の仕組み　85
　　　――のペイオフ　86
重み付き残差法　73
オルンシュタイン・ウーレンベック過程　44, 178

カ行

解析解　65, 76, 177
ガウス・ザイデル法　69

拡散過程　171
拡散係数　44
拡張点　19
確率的最適成長モデル　137, 215
　　　――のプログラム　43
確率的制御問題　132
確率微分方程式　171
　　　――一意解の存在条件　174
　　　伊藤型――　173
　　　ストラトノビッチ型――　173
　　　――の数値解法　176
　　　多変数の――　185
風上差分　210, 241
滑降シンプレックス法　18
借入制約　238
ガレルキン法　72
緩和法　108
幾何ブラウン運動　86, 175, 180
キッドランド（Kydland, Finn）　257
基底関数　74
キャンドラー（Candler, Graham）　140
境界条件　68, 106, 136
共役勾配法　144
共役状態変数　223
行列　40, 93
　　　悪条件の――　152
　　　三重対角――　93, 159, 212
　　　下三角――　153
　　　対角――　153
　　　――の条件数　152
　　　――のノルム　151
近似　99
　　　――解　68, 72, 74, 83
　　　――精度　112, 129
クリロフ部分空間　156
クルーセル（Krusell, Per）　237
クローデン（Kloeden, Peter）　182

景気変動　257
　　　――の特徴　262
限界費用　223, 228
減価償却率　258
厳密解　151
行使価格　86
勾配ベクトル　9, 14
後方差分　91, 210, 241
効用関数　35, 125, 258
コール・オプション　85
枯渇性資源　221
コックス・ロス・ルービンシュタインモデル　96
固有値　111, 116
固有ベクトル　111, 116, 132
コルモゴロフ方程式　44, 194, 197
　　　――の導出　252

サ行

サード（Saad, Yousef）　168
最急降下法　13
　　　――のプログラム　16
最小点　3, 8, 13
最大値原理　106, 227
最適成長モデル　34, 124, 208
　　　――のプログラム　36, 37
最適性の原理　28
最適レギュレータ　131
サイモン（Simon, Herbert）　192
差分スキームの収束条件　205
差分法　68, 91
サラ-イ-マーティン（Sala-i-Martin）　106
三角形の列　22
産業連関モデル　143
残差　73
算術ブラウン運動　175
3点分布確率変数　181
3分割法　3
　　　――のプログラム　4
時間消去法　105
資産分布　237, 249
資産市場の均衡条件　240
ジップ指数　197

ジップの法則　192, 200
ジブラの法則　201
資本　35
　　　定常状態の――　110
ジャッド（Judd, Kenneth）　106
収縮点　19
収束次数　178
重点サンプリング法　101
主観的割引率　237, 258
需要関数　223
準ニュートン法　11
準モンテカルロ法　101
状態変数　32, 105
消費　216
　　　――関数　112
　　　定常状態の――　110
　　　――の1階条件　33, 239
　　　――の policy function　214, 219
常微分方程式　111
初期条件　45, 88
初期値　112, 210
人口分布　191
人的資本　113
数値解　224, 229
　　　――の安定性　183
　　　――の収束性　178
数値計算　3, 105, 143
数値積分　24
スティグリッツ（Stiglitz, Joseph）　229
ステップ幅　11, 173
ストラトノビッチ積分　172
スミス（Smith, Anthony）　221, 237
正規分布　45, 254
制御変数　105, 130
制御変量法　100
生産関数　125, 258
生産性ショック　262
「生産性」パズル　262
正定値行列　12, 17
　　　――の条件数　152
政府支出ショック　267
制約付き最適化　21
積分方程式　171

積分領域の分割　77
摂動法　126
遷移確率密度関数　44
遷移行列　41
漸化式　187
線形回帰モデル　143
前処理　153, 156
前処理付き共役勾配法　151
前方差分　210, 241
全要素生産性　215, 258
層化抽出法　100
相関係数　134
疎行列（スパース行列）　156, 213

タ行

大規模連立1次方程式　143
対数正規分布　187
チャンパーノウン（Champernowne, David）　192
中央差分　92
調整過程　248
貯蓄　209, 216, 239
貯蓄曲線　246
貯蓄率　111
定常状態　114, 195, 239
定常分布　197
テイラー展開　8, 91, 127, 207
停留関数　61, 70
テスト方程式　183
デルタ関数　232
動学的一般均衡理論　205
同質的消費者　258
動的計画法　27, 121
　　　——の原理　27
ドリフト係数　44
トリムボーン（Trimborn, Timo）　108

ナ行

2項モデル　96, 99
二重指数関数型変換　24
2世代モデル　201

2点分布確率変数　181
ニュートン法
　　　1変数関数の——　8
　　　——のプログラム　10
　　　多変数関数の——　9
熱伝導方程式　206

ハ行

ハービッツ（Hurwicz, Leonid）　166
Barles=Souganidis の定理　206, 241
ハミルトン・ヤコビ・ベルマン方程式　122, 228
ハミルトン関数　105, 113, 222
Value function　32, 112
パレート（Pareto, Vilfredo）　191
パレート分布　191
汎関数　61
　　　2変数の——　67
汎関数微分　231
反射壁　194
反射点　19
ハンセン（Hansen, Gary）　266
ヒューゲット（Huggett, Mark）　221, 237
費用関数　223
標準ブラウン運動　44, 86, 238
　　　——のサンプルパス　174
　　　——の性質　133
ピンダイク（Pindyck, Robert）　229
不安定アーム　106
不完全コレスキー分解　154
不完備市場モデル　237
負相関変量法　100
プット・オプション　85
ブラック・ショールズ方程式　86
プラテン（Platen, Eckhard）　182
プロトタイプモデル　258
分散　193
ペイオフ　86
平均場ゲーム理論　237
べき乗則　192
　　　——からの逸脱　197
べき分布　191

ベクトルの内積　144
ヘッセ行列　9
ペナルティ関数　22
ペナルティ法　22
ベルマン（Bellman, Richard）　32
ベルマン方程式　32, 209, 215
変数変換　24
偏微分方程式　61
　　　——の直接解法　70
変分問題　61
ポアソン方程式　67, 73
方向ベクトル　146
ポートフォリオ選択問題　165
ポッターの方法　131
ホテリング（Hotelling, Harold）　221
　　　——ルール　223
ボラティリティ　86
Policy 反復法　38

マ行

マクロ経済学　32, 237
マッカラム（McCallum, Bennett）　266
マリガン（Mulligan, Casey）　106
マンデルブロ（Mandelbrot, Benoît）　192
未定係数　125, 261
ミルスタイン・スキーム　180
無限期間の最適化問題　32
森正武　24
モンテカルロ・シミュレーション　100
モンテカルロ法　99

ヤ行

ヤコビ法　69
有限要素法　73
陽解法　92
ヨーロピアン・タイプ　86
予算制約　237
弱い近似　181

ラ行

ラグランジュ乗数法　28, 31
ラスリー（Lasry, Jean）　237
ラプラス方程式　67
　　　——の有限要素法による解　83
ラムゼイモデル　109
　　　——の位相図　110
ランジュバン方程式　45, 178, 253
ランダム成長仮説　192
ランチョス過程　160
リオン（Lions, Pierre）　237
リカッチ方程式　131
利子率　245, 251
　　　実質——　238
　　　均衡——　246
リスク中立確率　97
リスタート　163
リッツ法　70
リバース・シューティング　106
ルーカス（Lucas, Robert）　113
連続時間 DP　121
レント　223
連立 1 次方程式の数値解法　143
労働時間　113, 258
労働生産性　260
労働保蔵　266
ローレンツ曲線　247
ロピタルの定理　107

英字

BFGS 法　12
CFL 条件　208
CG 法　144
CR 法　164
DFP 法　12
DP　27, 121
FOM 法　160
GMRES 法　163
HJB 方程式　122, 125, 136, 240
HP フィルター　262
LQ 制御問題　130

索　引　275

MATLAB　46
　　——のコマンド　46
RBC モデル　257
SDE　171, 176, 187

　　——の数値解析　176
　　多変数——　187
SOR 法　69

［著者紹介］

釜　国男（かま　くにお）

現　在　創価大学教授
著　書　『経済行動の数量分析』多賀出版、2001年
　　　　ウィリアムソン『マクロ経済学Ⅰ、Ⅱ』東洋経済新報社、2012年
　　　　『経済モデルの数値解析』多賀出版、2015年

コンピュテーショナル・エコノミクス

2018年3月20日　第1版第1刷発行

Ⓒ著　者　釜　　国　男
発行所　多賀出版 株式会社
〒102-0072　東京都千代田区飯田橋3-2-4
電　話：03（3262）9996代
E-mail:taga@msh. biglobe. ne. jp
http://www. taga-shuppan. co. jp/

印刷／文昇堂　製本／高地製本

〈検印省略〉　　　　落丁・乱丁本はお取り替え致します。

ISBN978-4-8115-7971-9　C1033